Elke Haut

Kneipengeflüster
Roman

Elke Haut

Kneipengeflüster

Roman

Rediroma-Verlag

Bibliografische Information der Deutschen Nationalbibliothek:
Die Deutsche Nationalbibliothek verzeichnet diese Publikation in der Deutschen Nationalbibliografie; detaillierte bibliografische Daten sind im Internet über http://portal.dnb.de abrufbar.

ISBN 978-3-98527-506-9

Umschlagillustration:
Wirestock Creators (shutterstock.com)

www.rediroma-verlag.de
12,95 Euro (D)

Inhalt

PROLOG

Es war ein seltsamer Sonntagnachmittag im April. Der Himmel verfinsterte sich, und ein bedrohlicher Wind pfiff von den Dächern. Die Bäume bogen sich und es rauschte in ihren Ästen. Nun setzte auch noch ein fieser Regenschauer ein und ihr Schirm sträubte sich beim Öffnen. Tapfer kämpfte Olga sich durch alle Hindernisse. Wie froh war sie, als sie endlich die Tür von jenem so vertraut gewordenen Bikerlokal öffnen konnte.

Dabei war sie alles andere als eine Motorradfahrerin. Gleich würde sie mit einer Gruppe höchst interessanter Menschen zusammenkommen, die sie rein zufällig an der Theke kennen gelernt hatte. Sie kamen ins Gespräch. Gemeinsame Neigungen, sowie Erfahrungen, die alle hartgesotten werden ließen, brachten sie einander näher.

Abgeklärt, voller Vorstellungskraft und noch immer nicht ohne Illusionen, trafen sie sich später in regelmäßigen Abständen, zum Austausch ihrer Gedanken. Außer dem Gewinn an Jahren verband sie noch eine lebenswichtige Eigenschaft, ihre Fantasie.

So bildeten sie den Club der Kneipenflüsterer.

Als Treffpunkt diente ihnen eine in die Jahre gekommene Kneipe, genannt *Kolben*, zu der sie es alle nicht weit hatten. Der Besitzer stellte ihnen für ihre Zusammenkünfte den hinteren Raum zur Verfügung.

Ging es vorne an der Theke hoch her, blieb man hier ungestört.

Allein, um Gesellschaft zu finden, kamen sie nicht zusammen. Immer lag ein Grauen über ihren sonderbaren Gesprächen, erschloss sich ihnen bei aufmerksamem Zu-

hören. Türen öffneten sich, zu denen jeder Einzelne von ihnen seinen speziellen Schlüssel in der Hand hielt.
Was sie preisgaben waren Spinnereien, Geschehenes und Vergangenes. Besonders dachten sie daran, dem nicht Ausgesprochenen seinen Raum zu lassen.

Olga war schon seit einigen Jahren pensionierte Krankenschwester. Jetzt freute sie sich richtig darauf, wieder einem langweiligen Sonntag entkommen zu können. Während sie ihren Regenschirm beim Schließen kräftig schüttelte, damit er nicht mehr tropfte, ging sie festen Schrittes und hocherhobenen Hauptes hinein. Sie mochte den kauzigen Polizisten Peter, der als einziger von ihnen eine Harley besaß. Jedoch ängstigten sie der unheimliche Bestatter Harald und der noch gruseligere Pathologe Martin.

Kunstmaler Damian war ebenfalls gewöhnungsbedürftig. Hingegen bedauerte sie den armen Priester Stephan, denn der hatte wirklich seinen Beruf verfehlt. Ganz zu schweigen von dem rätselhaften Schauspieler Richard, und erst die Frauen, Julia und Sonja …
Von denen hatte niemand mitgemacht, was sie in ihrem Dasein ertragen musste.
Schwebten gleich wieder Geschichten zwischen ihnen hin und her wollte sie genau darauf achten, ob sich nicht neues Unheil dahinter verbarg.

Als sie eintrat, richteten sich alle Augen auf Olga. Aus diesem Grund war sie ungern die Letzte bei den Treffs. Gerade für heute hatte sie angekündigt, etwas zu erzählen. Sie wollte einfach mutig mit einer Story beginnen und die anderen auch einmal in Erstaunen versetzen.

Kaum hatte sie sich auf einen Stuhl an dem langen Tisch gesetzt, forderte der schon ungeduldig wartende Polizist Peter sie mit aufmunternden Bewegungen seiner Arme auf, endlich zu beginnen:

MAGIE DES SCHLAFES

Erna arbeitete als Krankenschwester im Hospital, genauer gesagt, sie war Nachtschwester. Eine hagere, hochgewachsene Person mit schrägen Ansichten, aber auch viel Aufopferungsgabe. Schließlich diente sie den Leukämiekranken Kindern, mit ihren kahlen Köpfen. Weil sie allein lebte, ließ sie sich gerne zum Nachtdienst einteilen. Viel Schlaf brauchte sie nicht, da genügte die gepolsterte Liege im Schwesternzimmer.

Wegen ihrer Schlaflosigkeit schlich sie ruhelos, mehrmals in der Nacht, durch die kahlen Gänge ihres Reichs. Öffnete behutsam, aber auch sehr wachsam, jedes einzelne Zimmer zu ihren Schützlingen.

Lagen sie friedlich in ihren Betten, manchmal Daumen lutschend, oft im Schlaf vor sich hin lächelnd, obwohl ihr Schicksal es gerade nicht gut mit ihnen meinte, überkam Erna eine Dankbarkeit, die sie sich nicht erklären konnte.

Früher, als sie noch keine krebskranken Kinder zu betreuen hatte, war ihr Leben sinnlos und hatte nichts Heldenhaftes an sich. Ihr reizloser Körper verlangte schon lange nicht mehr nach Liebe. In ihren alten Knochen knirschten die Gelenke wie nicht geölte Scharniere. Ein Schminkset, das jüngere Kolleginnen ihr einmal zum fünfundzwanzigsten Jubiläum geschenkt hatten, war noch wie neu. Sie nahm es immer mit, morgens zum Hospital und abends wieder nach Hause. Dabei blieb es mit ihren Bemühungen um äußere Schönheit, beim Mitnehmen von Schminke.

Sie bildete sich ein, dass sie sich geschminkt hätte, obwohl das Beauty-Case in ihrem Mini-Cooper von keinem

Gebrauch zeugte. Sie hätte niemandem gestattet, in ihr Köfferchen hineinzusehen. Mit Sicherheit waren darin längst alle Tiegel und Töpfchen eingetrocknet.

Vom Schminken verstand sie einfach nichts. Ihre Gleitsichtbrille hatte mittlerweile derart dicke Gläser, dass sie ohne diese nicht viel sah.

Trotzdem war sie ihren attraktiven, jüngeren Kolleginnen dankbar, dass sie so liebevoll an sie gedacht hatten.

Auf der Leukämiestation lagen die Kinder in ruhigem Schlaf. Erna stellte fest, dass die meisten von ihnen auf dem Rücken schliefen. Mit geballten Fäusten, Mulden in die Bettdecke grabend, richteten sich ihre geschlossenen Augen zur Zimmerdecke.

Manchmal betrachtete sie deren Lider, sah die feine Äderung der zarten Haut in ihnen und wäre gerne mit ihren knochigen Fingern darübergefahren.

Leukämiekranke Kinder hatten die schönsten und eindrucksvollsten Augen. Blauäugige kleine Patienten rührten sie noch mehr an. Deshalb blieb sie jetzt vor dem Kinderbett von Anton stehen, um ihn ganz vorsichtig mit ihrer Taschenlampe anzuleuchten. Er war noch nicht lange auf der Station, aber unwiderstehlich liebenswert. Wenn er tagsüber glücklich vor sich hin spielte, glich seine Augenfarbe violetten Veilchen.

Sie hatte ihm einen Plüschdelfin geschenkt, den er mit ins Bett nahm. Gerade auf Antons Augenlidern konnte sie alle zarten Adern studieren. Sie war vernarrt in den Jungen und verbrachte jede freie Minute ihrer Dienstzeit in seiner Nähe. So ein Kind hätte sie haben wollen und dazu den passenden Mann, aber den würde es für sie bestimmt nicht mehr geben.

Hoffentlich konnte Anton seine Chemo überleben. Der Junge war gerade dreizehn Jahre, und sie sah sich immer häufiger als seinen rettenden Engel. Nie bekam er Besuch, obwohl er nach den Unterlagen kein Waisenkind war. Sie nahm sich vor, ihn eines Tages einfach mit nach Hause zu nehmen. Sofort würde ihre bescheidene Wohnung in anderem Glanz erscheinen.

Dafür müsste Anton erst einmal wieder gesund werden. Jetzt stand sie vor seinem Bett. Er schlief friedlich. Impulsiv musste sie seine kindlichen Schultern berühren. Plötzlich überkam sie ein vorher nicht gekanntes Gefühl. Sie hob den Kopf des mageren Jungen vorsichtig aus dem Kopfkissen und küsste ihn schnell auf den Mund.

Er lag schon in der tiefen REM-Schlaf-Phase, angedeutet durch das leichte Flattern seiner Oberlider.

Ihre spontane Berührung weckte ihn und er öffnete seine Augen. Als er die über sich gebeugte Frau erblickte, stieß er heraus:

»Mama, du bist jetzt doch wieder gekommen? Ich warte schon so lange auf dich, geh nicht mehr fort.«

Erna schluckte trocken und beeilte sich zu antworten:

»Mein Kind, ich verlasse dich nie. Wenn du gesund wirst, nehme ich dich mit zu mir.«

Sie drückte den kranken Jungen an ihre Brust und spürte gleichzeitig eine innere ungeheure Kraft. Kurz darauf löste sich der Kranke aus ihren Armen und sank zufrieden weiterschlafend zurück.

Bevor sie am Morgen ging, brachte sie den Kindern noch das Frühstück an die Betten, nicht ohne sich liebevoll von allen zu verabschieden. Zum Nachmittag war ein Clown bestellt, der sie mit seinen Späßen unterhalten sollte und ihnen hoffentlich für Stunden Schmerzen und Übelkeit hinwegfegte.

Anton verhielt sich manchmal schon wie ein junger Mann und kümmerte sich um die Kleineren, wenn sie weinten oder auch zu wenig Besuch von ihren Angehörigen bekamen.

Er erhielt nie Besuch und an seine Kindheit konnte er sich seltsamerweise nur schemenhaft erinnern. Seine Mutter hatte ihn und den Vater wegen eines anderen Mannes verlassen. Damit hinterließ sie einen unglücklichen Saufbold und einen unseligen kleinen Jungen als Pfand einstiger Liebe.

Er hatte noch seine Großmutter, die ab und zu nach dem Rechten sah. Als sie starb, wurde er in ein Heim gesteckt und der Vater in die Entzugsanstalt. In der Erinnerung liebte Anton seine schöne junge Mutter mit kindlicher Inbrunst.

Jede zweite Nacht träumte er von ihren weißen Armen. Die wiegten ihn in seinen ersten Lebensjahren und legten ihn zum Schlafen ins Bett. Genauso ermunterten sie ihn morgens, wenn er schlecht gelaunt aufstehen musste, mit energischem Griff.

Während Erna das Frühstück hereinbrachte, fühlte er sich frischer und ausgeschlafener, als in den Wochen davor.

Heute Nacht hatte er Wunderbares geträumt, war der Mutter begegnet, und sie versprach wiederzukommen.

»Na, mein Jungchen, wir haben diesmal aber besonders gut geschlafen.« Erna nahm das Tablett vom Wagen und setzte sich kurz auf Antons Bettkante.

»Du solltest besser nicht gleich aufwachen, wenn ich nachts meine Runde mache. Ihr Kinder braucht jede Stunde Schlaf.«

Anton richtete sich im Bett auf und ließ das Kopfteil mittels der Fernbedienung folgen.

»Ich habe lange nicht mehr so gut durchgeschlafen wie in der letzten Nacht, und meine Träume erst …«

Warum Erna jetzt schlechte Laune bekam, wollte sie nicht wahrhaben. Der Junge hatte sie klar angesehen und mit ihr gesprochen.

»Du bist nicht aufgewacht, als wir uns heute Nacht unterhielten?«

Anton lachte: »Wo denken Sie hin, ich schlief wie ein Murmeltier.«

In ihrer adrett eingerichteten Wohnung angekommen, stellte Erna zuerst ihr nie genutztes Beauty-Case im Badezimmer ab. Okay, sie wusste ja, dass es eine Marotte war und die Schminke längst total ausgetrocknet sein musste. Nachdem sie geduscht und eine warme Mandelmilch getrunken hatte, legte sie sich zu Bett. Vor dem Einschlafen galten ihre letzten Gedanken noch ihrem Äußeren.

Vielleicht sollte sie sich doch nach dem Aufwachen einmal schminken und sich auch schöner anziehen.

Anscheinend hatte sie in den vergangenen Wochen, wahrscheinlich immer schon, keinen Eindruck bei ihren Kranken und besonders nicht bei Anton hinterlassen.

Sie war sehr gewissenhaft und hatte noch nie irgendwelche Tabletten verwechselt oder gar vergessen. Vermutlich wurden Menschen nur nach ihrem Aussehen beurteilt und nicht nach ihrer Zuverlässigkeit. Der richtige Hüftschwung mit passendem Augenaufschlag brachte immer noch überzeugendere Beweise zu allgemeiner Aufmerksamkeit.

Antons Augen hatten sie in der vergangenen Nacht mit größtem Entzücken angeschaut. Sie wollte mit dem Teufel im Bunde sein, wenn der Junge nicht hellwach mit ihr geredet hatte.

Von nun an war Erna einer Droge verfallen.

Abends fand sie sich früher als notwendig im Krankenhaus ein, weil sie vor dem Schichtwechsel noch mit ihrer Kollegin Ida sprechen wollte. Zu ihr hatte Erna ein freundschaftliches Verhältnis und man traf sich auch privat. Ida war mehr als zwanzig Jahre jünger, in bester Laune und berichtete überschwänglich vom Verlauf eines fröhlichen Nachmittags.

Der als Clown verkleidete Zauberer hatte alle Kinder um sich versammelt und ihnen mit seinen Späßen die Zeit vertrieben.

Jakob Händel gehörte zum festen Programm. Er kam einmal im Monat ins Hospital, auch an Feiertagen wie zu Ostern oder Weihnachten. Früher war er Artist. In seiner letzten Nummer schwang er sich als Laternenmann durchs Zirkuszelt, mittels eines zwölf Meter hohen, am Boden befestigten Glasfiberstabes.

In schwindelnder Höhe zauberte er aus seiner Laterna Magica die wundervollsten Lichtreflexe und zog wie im freien Flug Kometenschweife hinter sich her.

Als abschließende Krönung entfaltete sich daraus ein Regenbogen, auf dem er wieder zur Erde herunter lief. Ein gefährliches Unterfangen, wobei der Stab eines Tages zerbrach und er zu Boden stürzte.

Er hatte mehrere angebrochene Rückenwirbel, lag über ein Jahr im Stahlkorsett. Damit war seine Karriere zu Ende. Mit der monatlichen Rente seiner Unfallversicherung konnte er zufriedenstellend leben.

Um nicht untätig zu sein, ließ er sich als Zauberer ausbilden. Seitdem wurde er zu Events, Kindergeburtstagen und sehr oft vom Hospital gebucht. Die Arbeit mit den leukämiekranken Kindern liebte er besonders.

Bei seinen häufigen Auftritten lernte er Schwester Ida kennen, und mit ihr hatte er seit Kurzem ein Verhältnis.

Niemandem blieb verborgen wie sehr sie ihn anhimmelte, wenn er die Kleinen in seine Welt hineinzauberte. Erna hatte nichts anderes erwartet, als die mollige Ida sogleich ins Schwärmen kam.

Jedes Kind durfte sich auf seinen Arm mit Fingerfarben ein Symbol aufmalen und musste es anschließend ganz schnell verstecken. Er hatte sich sogar die Augen verbunden um nichts zu sehen.

Ida rief begeistert aus: »Du glaubst es einfach nicht, er hat alle aufgemalten Zeichen richtig erraten.«

»Was malte sich denn Anton auf seinen Arm?«, fragte Erna.

»Warte, ich glaube ein Auge. Ja, jetzt weiß ich es genau, es war ein blaues Auge. Ich musste ihm noch behilflich sein, weil der Ärmel seines Morgenmantels immer wieder beim Zeichnen runterrutschte.«

Erna schaute sich plötzlich um und man merkte, dass sie nach etwas suchte.

»Da habt ihr aber heute gründlich sauber gemacht. Letztens, als der Zauberer hier war, durfte ich seine hinterlassenen Spuren beseitigen.«

Ida warf ihre blonden Locken in den Nacken und schmunzelte schelmisch:

»Sie haben alle mit angepackt, liegen auch schon satt und geduscht in ihren Betten«, und dachte wahrscheinlich: »Gut, dass das alte Mädchen keine Kinder hat, war eben schon ein mächtiges Durcheinander.«

Warum regte sie sich eigentlich auf? Es war völlig in Ordnung, wenn die Kinder sich amüsierten, je mehr, desto besser, und Ida war eine verantwortungsvolle Schwester. Sie gönnte ihr das neue Glück mit dem Artisten wie keiner anderen. Aber jetzt wartete sie mit Spannung darauf, ihren ersten nächtlichen Rundgang antreten zu können.

Unkonzentriert kramte sie auf ihrem Schreibtisch herum und musste heute, ganz gegen ihre Gewohnheit, lächeln, weil Ida im Schwesternzimmer nie Ordnung hielt.

Diese Unart konnte sie der Kollegin nicht austreiben, achtete aber wegen ihrer besonderen Freundschaft darauf, dass niemand vom übrigen Personal die Nase daran bekam.

Sicher hatte der junge Zauberer mit dafür gesorgt, dass zumindest im Besucher- und Aufenthaltsraum alles picobello war. Bestimmt war auch Anton, als eines der älteren Kinder, beim Aufräumen zur Hand gegangen.

Soso, ein Auge hatte der Junge sich auf den Arm gemalt. Veilchenblau konnte es nicht werden, das gab das primitive Blau der Fingerfarbe nicht her. Wie sollte er selbst auch wissen, dass seine Augen nur bei größter Freude oder hellstem Entzücken dieser Verwandlung fähig waren.

Der arme Anton war schon viel zu lange im Hospital, und eine wesentliche Besserung seiner Krankheit stand nicht in Aussicht. Man hielt ihn auch während der Chemo-Pausen hier, da sich für ihn keine geeignete Bleibe fand. Deshalb wurde es zur Gewohnheit, ihm immer einen kleinen Neuling auf das Zimmer zu legen, da er sich als Profi mit allem auskannte.

Zurzeit hatte er einen sechsjährigen portugiesischen Zimmernachbarn namens Marco, mit braunen Augen und einer olivfarbenen Haut. Erna hätte gerne gewusst, was der Kleine sich nachmittags auf seine pummeligen Ärmchen gemalt hatte. Vielleicht war es eine bunte Blume oder ein Fischerboot seiner Heimat. Gut, dass die Kinder schon in ihren Betten lagen, als sie ihren Dienst anfing.

Schnell war es so weit für ihren ersten Kontrollgang. Wie immer begann Erna mit Antons Zimmer. Sein Wohlergehen war für sie wie ein Stimmungsbarometer, an dem sie das Befinden aller anderen Kinder ablas. Er schlief wunderbar ruhig. Im Hintergrund in einem zweiten Bett schnarchte auch Marco. Zu ihm wollte sie anschließend gehen. Anton mochte nicht, wenn sie ihm diskret mit ihrer Taschenlampe auf die geschlossenen Augen leuchtete, da er davon regelmäßig wach wurde. Sie hatte es schon von der Seite versucht, auch darauf reagierte er empfindlich.

Aber zumindest, und das war Vorschrift, musste der Lichtstrahl seine dunklen Wimpern streifen, damit Erna sich seines Tiefschlafs versichern konnte. Immer wollte sie anschließend auf Zehenspitzen sofort den Raum verlassen, aber jedesmal wurde der Junge wach.

Allerdings schlief er schnell wieder ein. Sie blieb dann kurze Zeit an seinem Bett stehen, wischte manchmal ein paar Schweißtropfen von seiner Stirn, wünschte gemurmelt schöne Träume und schickte ihn sogleich in seinen Schlafrhythmus zurück.

Diese Nacht war es auch nicht anders. Marco schnarchte leicht vor sich hin. Da er noch nicht an der Reihe war, ging sie zu Anton, der schlafend, mit fest zugekniffenem Mund, in seinen Kissen lag. Mit der rechten Hand hielt er Ernas geschenkten Delfin an einer Flosse fest und seine seidigen blonden Wimpern flatterten an ihren Oberlidern wie gefangene Schmetterlinge.

Ernas Puls raste, wird er wieder seine Mutter in ihr sehen? Öffnete er überhaupt seine Augen, um sie so verheißungsvoll anzuschauen, wie in der vergangenen Nacht? Es war nun einmal Vorschrift, alle anzuleuchten, auch wenn sie sie damit weckte. Tat sie es nicht, würde niemand davon erfahren und er könnte ruhig weiterschlafen. Wären da nicht die rollenden Bewegungen seiner Augäpfel unter den zarten Lidern gewesen, die sie faszinierten. Ihre Neugier, die dünne, trennende Haut darüber sich öffnen zu sehen und endlich in den Spiegel seiner Seele blicken zu dürfen, wuchs ins Ungeheure.

Als sie ihre Lichtquelle auf ihn richtete, wurde er wach und blinzelte sie an. Sofort schloss er aber wieder seine Augen, um sie danach weit zu öffnen. Jetzt schien er wach zu sein und hatte wohl in ihr seine Mutter erkannt:

»Mama, du bist wieder da? Ich weiß jetzt, wie ich dich zurückbekommen kann. Heute hatten wir einen Zauberer, der errät jedes Geheimnis. Man muss es vorher aufmalen und dann vor ihm verstecken. Da dachte ich sofort an dich. Eine Mutter kann alle geheimen Wünsche ihrer Kinder erraten, ohne sie vorher aufgemalt zu sehen.«

Erna hatte nicht damit gerechnet, dass Anton auf den verflossenen Nachmittag eingehen würde.

Verdattert antwortete sie:

»Was Zauberer machen, ist nicht wirklich, das sind alles nur Illusionen.«

Ihr Mund war trocken, umsonst versuchte sie zu schlucken. Anton ergriff ihre weißen Arme mit festem Druck seiner Hände und schwärmte weiter:

»Mama, wir werden gemeinsam leben, und du kannst dich nicht dagegen wehren, weil ich jetzt ein Zauberer bin. Ich werde dich für immer festhalten.«

Unverändert schien der Junge sie immer noch im Dunkeln anzusehen. Was Erna jetzt machte, hätte sie nicht tun sollen. Heftig befreite sie sich aus seiner Umklammerung und stöhnte:

»Ich bin nicht deine Mutter, wenn du mich willst, könnte ich sie werden.«

Anton starrte sie unverändert weiter an:

»Mama, morgen gehen wir schwimmen, ich habe meinen Delphin dabei.«

Darauf schloss er die Augen, legte sich auf die linke Seite und schlief weiter.

Als Erna von seiner Bettkante aufstand, taumelte sie schweren Schrittes noch zu Marco hinüber. Immer das gleiche Zeremoniell: anleuchten, abwarten und wieder weitergehen.

Am nächsten Morgen kam Ida zur Ablösung. Wie gewohnt übergab Erna nach dem Frühstück die Kinder in ihre Obhut. Das Essen wurde diskret von der Küche gebracht und genauso wieder abgeholt. Darum brauchten sich die Schwestern nicht zu kümmern. Immer hatten sie zwei oder drei Praktikanten, die mit einfachen Service-Diensten vollauf beschäftigt waren.

Ida und Erna standen am Anfang und Ende einer funktionierenden Kette, und die Oberschwester ließ sich so wenig als möglich auf der Station blicken. Die leukämiekranken Kinder bedurften in ihrer ausgiebigen Freizeit zwischen den Behandlungen hauptsächlich psychologischer Betreuung. Dafür gab es Fachpersonal.

Ida hatte wenig geschlafen und am Vorabend mit ihrem Artisten ein Glas zu viel geleert. Im Gespräch hörte Erna heraus, dass es ernst mit den beiden wurde. Wer freute sich mehr darüber als sie. Trennten sich die Krankenschwestern nach informativen Worten morgens und abends, nannten sie ihren verantwortungsvollen Job im Wechsel Schlüsselübergabe. Mit der Türklinke in der Hand drehte Erna sich noch einmal um:

»Übrigens, hast du schon einmal bemerkt, dass unser kleiner Anton im Schlaf spricht?«

Ida wirkte nicht verwundert:

»Du meinst er leidet an Somniloquie oder macht seltsame Dinge?«

Erna wollte unbeteiligt wirken und schaute fest auf den Boden:

»Ja, er spricht im Schlaf mit offenen Augen, als würde er dich als Person erkennen.«

Ida lachte:

»Die erkennen niemanden, sie werden nur vom Mond beeinflusst, während sie komische Dinge stammeln. Vielleicht entsinnst du dich noch. Ich musste deinen Nachtdienst übernehmen, weil du stark erkältet warst. Da erzählte Anton mir jede Nacht etwas im Schlaf.«

Erna war erschüttert:

»Und er sah dich dabei mit offenen Augen an?«

»Klar, ich habe nie etwas Traurigeres erlebt, er muss wohl sehr an seiner Mutter gehangen haben, der Arme.« Nach dem Gespräch ging Ida zur Tagesordnung über und Erna vergaß fast ihr Beauty-Case, hätte sie es ihr nicht hinterhergereicht.

So ging es viele Wochen. Eine Nacht in Antons Krankenzimmer glich der anderen. Vor allen Dingen nahm Erna sich vor nie wieder krank zu werden, damit ihr Dienst von keinem anderen übernommen werden konnte. Über ihre mütterlichen Gefühle sprach sie mit niemandem. Ihr war, als hätte sie den Jungen geboren, und sein Wohlergehen lag ihr am Herzen.

Sie hatte sogar angefangen, dezent von den noch verwendbaren Kosmetika ihres Koffers Gebrauch zu machen. Dazu benötigte sie natürlich Ratschläge von Ida, die ihr erfahren und freundschaftlich zur Seite stand. Allerdings glaubte Erna nicht daran, dadurch schöner und begehrenswerter zu werden. Darum ging es nicht.

Sie war klug genug zu wissen, dass aus einem vertrockneten Aprikosenkern so schnell, wenn überhaupt, kein Baum wachsen könnte. Ida machte ihr aber Mut. Erst gestern wurde Erna von einem Oberarzt wahrgenommen, der sie vorher noch nie in ein privates Gespräch verwickelt hatte.

Anton war zu ihrem Lebensinhalt geworden. In zwei Jahren ging sie in Rente. Sollte er gesund werden, würde sie alles veranlassen, den einsamen Jungen zu sich zu nehmen. Seine kindlichen Worte erweckten bei ihr Mutterinstinkte und niemand durfte ihr das streitig machen.

Als sie damals nachts wegen ihrer Krankheit von Ina vertreten wurde. meinte er bestimmt immer nur sie, Erna. Die Kinder merkten, dass die Körperbemalung mit den Fingerfarben mehr Spaß in ihr trostloses Dasein brachte. Seit der junge Zauberer sie regelmäßig besuchte, übten sie das Bemalen mit Freude aus. Unter ihnen gab es mittlerweile richtige kleine Künstler mit erstaunlichen Ergebnissen ihrer Fingerfertigkeit.

Selbstverständlich konnten sie keine Zaubereien in Gang setzen, obwohl sie versuchten, hinter die Geheimnisse zu gelangen. Das wurde von Jakob nicht verraten und verbarg sich in den schwarzen Büchern der Illusionisten.

Anton wünschte sich innigst, später in die Liga derer aufgenommen zu werden die fähig waren, mit ihrem Hokuspokus die ganze Welt auf den Kopf zu stellen. An seinen Zukunftsplänen war seit Kurzem der Artist mehr als beteiligt und ermutigte ihn zu dem späteren Schritt. Der Junge wies ein gerüttelt Maß an Begabung auf und nutzte bei Jakobs Auftritten jede Gelegenheit, sich als sein Assistent nützlich zu machen. Der behinderte Akrobat hatte den bescheidenen Schüler gerne um sich, denn niemals zuvor waren ihm eindrucksvollere Augen begegnet.

Sie erinnerten ihn an die Regenbogenreflexe während seines Lichtspiels mit der Laterne. Gerne tauchte er in sie hinein, lief nochmals in Gedanken die Leiter hoch und wieder hinunter in das nachtblaue Dunkel.

Zauberei war keine einfache Sache, erforderte viel Menschenkenntnis und vor allem Einfühlungsvermögen. Mit dem Gedankenlesen der aufgemalten Symbole überzeugte er alle Kinder.

Bei anderer Gelegenheit drehte Jakob den Spieß um und verwirrte sie vollends. Dabei sollten sie sich ein Symbol aufzeichnen und gleichzeitig an etwas anderes denken. Das dann allerdings auf einen Zettel schreiben.

Die Verwirrtaktik fanden die Kleinen noch spannender und begriffen nach gelöstem Rätsel gar nichts mehr.

Sie malten auf was man sehen sollte, woran man aber nicht denken wollte. Zum Beispiel den Tod in vielerlei Gestalt. So drückten sie ihre Hoffnungen und Wünsche aus. Hinter einer knallroten Hibiskusblüte konnte sich gleichzeitig ihre ganze Krankheit verstecken. Alles stand sinnbildlich für ihr Leiden. Ihr Tun nannten sie Kriegsbemalung und steigerten sich in heldenhafte Vorstellungen hinein.

Seitdem Anton sich offensiver verhielt, vertrug er seine Therapie mit weniger Übelkeit. Durfte er den Ärzten glauben, auch mit mehr Erfolg. Eigentlich hatte er längst aufgegeben, nun bekam er neue Hoffnung. Erna sah nicht gerne, wenn die Kinder ihre kahlen Schädel so krass mit Farben verunstalteten. Die weniger zeichnerisch Begabten ließen sich ihre Sinnbilder von den anderen aufmalen. Das Ergebnis wirkte an manchen Tagen, und vor allen Dingen in der Nacht, mehr als gruselig.

Bei ihren Rundgängen fürchtete Erna sich davor, denn man gestattete ihnen, ihre aggressive Darstellungskunst auch während des Schlafens zu behalten. Sie zweifelte, ob damit ein richtiger Weg beschritten wurde. Sie war zu konservativ, um dieser Therapie folgen zu können. Für sie bedeutete es nur mehr Arbeit, und die beschmierten Betten mussten viel öfter bezogen werden. Dabei hatte sie mit den kleinen Bettnässern doch schon genug zusätzliche Arbeit.

Nachts war sie allein auf der Station und weitere Hilfe lehnte sie ab. Keiner hatte bisher bemerkt, wie gut sie trotzdem mit allem zurechtkam. Ida vielleicht, aber die hielt sich beflissentlich in stiller Bewunderung zurück.

Die jungen Dinger, Ina natürlich eingeschlossen, gehörten einer anderen Generation an, das spürte sie täglich mehr. Leuchtete Erna den Kindern mit ihrer Taschenlampe in die blassen Gesichter, schreckten sie die gemalten Zeichen. Selbst die kleinen Mädchen machten es auf ihre Art den Jungs nach. Sie wählten Blumen, Schmetterlinge und Schlangen, denen sie grelle Farben gaben. Kopf und Stirn beschmierten sie mit weißer Clownfarbe. Das duldete Erna ausnahmsweise, denn kein Krankenhaus sonst würde diese Schweinerei durchgehen lassen. Seltsamerweise schliefen die Kleinen jetzt viel ruhiger die Nacht durch. Diesen positiven Effekt machte Erna sich zu Nutze.

Aber Anton gehörte ihr nicht mehr!

Eine kaum zu beherrschende Eifersucht auf etwas Unbekanntes nagte an ihrer Seele.

Heute Nacht würde sie ihm ins Gesicht leuchten: Was er auch immer auf seinen Kopf gemalt hatte, mit einem Waschlappen entfernen.

Entschlossen trat sie ein. Es war Vollmond.

Die Jalousien der Fenster waren halb geöffnet und warfen milchige Lichtstreifen auf die Betten der beiden schlafenden Kinder. Marco pfiff leicht durch die Lücken seiner Milchzähne, während Anton verkrampft mit den Kiefermuskeln kaute.

Er musste eine Knirschschiene tragen, die er wieder nicht angelegt hatte, und auch das durfte sie ihm nicht mehr durchgehen lassen. Als sie ihn langsam von unten nach oben anleuchtete, um den Moment höchsten Entzückens noch ein wenig hinauszuzögern, fuhr sie entsetzt zurück.

Er lag auf dem Rücken, hatte wieder mit dieser grässlich weißen Farbe Kopf und Stirn beschmiert und erinnerte sie an einen indischen Guru.

Mitten auf seiner Stirn prangte, deutlich mit blauer Farbe gemalt, ein drittes Auge. Damit starrte er sie wie lebendig an. Sie richtete ihre Taschenlampe genauer darauf. Ja, sie sah es ganz genau, das Adlerauge bewegte sich. Sie wurde kopflos, bekam noch nicht einmal mit, dass Anton zum ersten Mal nicht aufgewacht war. Es schien, als würde die aufgemalte magische Iris von einem Augenwinkel zum anderen rollen, bis sie wieder in der Mitte stehen blieb. Fluchtartig verließ Erna das Zimmer.

Am nächsten Morgen kam Ida mit einer unerwarteten Neuigkeit. Jakob hatte ihr einen Heiratsantrag gemacht, und den aus zweierlei Gründen. Zum einen, weil er sie liebte, aber dafür brauchten sie nicht unbedingt zu heiraten. Wichtiger war ihm, dass sie dann Anton nach seiner hoffentlich baldigen Genesung mit weniger Schwierigkeiten ein neues Zuhause bieten konnten.

Als Erna davon erfuhr, brach sie ohnmächtig zusammen und erholte sich nur langsam.

Zum Glück hatte sie niemanden in ihre geheimen Pläne eingeweiht und brauchte sich jetzt wegen ihrer Adoptions-Ambitionen nicht zu schämen. Am meisten war sie enttäuscht, dass der Junge noch nicht einmal bemerkt hatte, wie sehr sie an ihm hing.

Man attestierte ihr ein Burnout-Syndrom, weshalb sie früher pensioniert wurde. Anton noch einmal zu sehen, vermied sie beflissentlich. Trotzdem verzichte sie nicht darauf zu erfahren, wie es Anton auf seinem weiteren Lebensweg erging.

Ida und Jakob heirateten tatsächlich. Anton wurde gesund und später ein großer Illusionist. Unter dem Namen seines Entdeckers und Lehrers vollendete er dessen nicht zu Ende geträumtes Lebenswerk.

Polizist Peter, der neben Olga saß, wenn sie ihre Geschichten austauschten, schubste sie mit der Schulter an, »Und Sie waren nicht zu Tode traurig, als Anton von den Pflegeeltern angenommen wurde?«

Olgas Mienenspiel veränderte sich trotzig:

»Wer sagt denn, dass ich diese seltsame Person war.«

»Na ja,« entgegnete der Polizist besänftigend, »weil Sie doch auch Krankenschwester sind.«

»Alles Zufall, mein Lieber. Duplizität der Gedanken, wenn Sie so wollen. Wäre ich wirklich diese Frau, hätte ich in der dummen Geschichte meinen Namen verwandt, das glauben Sie doch wohl.«

Der Motorrad-Besitzer wirkte wenig überzeugt, bestellte sich sein viertes Bier und fügte hinzu:

»Was ich zu erzählen habe ist natürlich wahr, und mir kurz nach meiner Pensionierung passiert. Hier also meine Geschichte:

MORD IN DEN ARDENNEN

Um meine neue Harley einzuweihen, fuhr ich für einige Tage in die nahe gelegenen Ardennen. Ohne Ziel wollte ich mich treiben lassen. Durch Zufall landete ich in einem mittelalterlichen Dorf. Zwischen engen kurvenreichen Landstraßen schmiegten sich zu allen Seiten sanfte Hügel und ausgedehnte Täler. Ich war in der tiefsten Wallonie angekommen. Um hier ein paar Tage bleiben zu können, würde ich sicher eine Pension finden.

Von meinen früheren nächtlichen Streifendiensten war ich einiges gewohnt. Bei Überwachungen eine Nacht im Auto zu verbringen, war bestimmt nicht die angenehmste Sache der Welt. Da bot mir schon die kleinste Klause in einem Kloster mehr Komfort. Ähnliches schien es in dem Dorf nicht zu geben.

In der Ferne grasten auf saftigen Weiden friedliche Rinderherden. Ganz dicht fuhr ich an mächtigen Zuchtbullen vorbei, die mich gefährlich wirkend anglotzten. Zwischendurch sah ich Schafherden mit ihren belgischen Hütehunden. In einer Seitenstraße landete ich vor einer Anhöhe mit einer historischen Kirche. Dahinter, durch eine Natursteinmauer getrennt, lag ein Friedhof.

Ich parkte meine Maschine an der Straße und ging zu Fuß hinauf. An der moosbewachsene Friedhofsmauer entdeckte ich ein Fahrrad. Sicher hatte ein Besucher der Kirche Sehnsucht nach einem kurzen Gebet, wollte vielleicht auch beichten. Als ich über das weite Tal blickte wusste ich sofort, hier wollte ich rasten. Weit und breit war keine Menschenseele zu sehen. Das verlassene Damenfahrrad erregte meine Aufmerksamkeit und störte meine friedvollen Gedanken. Eigentlich wollte ich nur die nachmittägliche Sonne genießen, die mich wohlwollend erwärmte. Während ich mich auf die Mauer stützte, lehnte ich mich noch weiter vor. Von oben schaute ich auf einen sehr alten Friedhof. Er bestand aus Gruften und schweren Steinplatten als Auflagen für die Gräber. Anscheinend beerdigten sie hier ihre Toten auf Nimmerwiedersehen. Dieser seltsame Gedanke, im Sinne des Wortes, schlich sich bei mir ein. Wie viele Menschen würden gerne ihre böse verstorbene Schwiegermutter unter schwerem Granit verschwinden lassen.

Verlassener hatte ich noch nie einen Friedhof gesehen, der bestimmt selten besucht oder gepflegt wurde.

In dieser steinernen Totenstadt entdeckte ich bei genauerem Hinsehen nur hässliche Wachsblumen. Sie schienen wahllos, ich würde sagen, achtlos hingestellt. Eigentlich waren sie keinem Grab richtig zugeordnet. Zusätzlich hatten Wind und Wetter sie vor langer Zeit erbleichen lassen und der Ausdruck ihrer Trostlosigkeit deprimierte mich gänzlich.

Der Verfall des Friedhofs war nicht zu übersehen, und seine terrassenartige Anlage, in Stufen abfallend, wurde nicht durch einen Baum oder Strauch geschützt. Ich fror plötzlich, wollte aber doch die Kirche mit ihrem zwiebelartigen Turm besichtigen. Die Pforte war verschlossen, also konnte die Person, zu der das Fahrrad gehörte, hier nicht anwesend sein.

Ich ging zurück, schloss meine Maschine ab und wählte zum Ort einen unbequem steilen und steinigen Pfad hinauf. Ich hoffte, dadurch einen kürzeren Weg zum Dorfplatz zu finden. Auf halbem Weg entdeckte ich linksseitig in der von Hecken bepflanzten Gasse ein breites schmiedeeisernes Tor. Daneben saßen in Augenhöhe auf einem wildbewachsenen Gemäuer zwei weiße Katzen. Sie wollten nicht gestört werden. Als sie mich bemerkten, blinzelten sie mich verärgert mit ihren aquamarinblauen Augen an. Ich ging schnell vorbei, weil ich sie verstanden hatte.

Der Weg wurde immer holpriger.

Angekommen öffnete sich meinem Blick ein riesiger Stadtplatz. Jetzt bereute ich, den kleinen Umweg zum Zentrum, nicht gleich mit meinem Motorrad gemacht zu haben. Sicher würde ich hier ein Zimmer in einer Pension finden. Glücklicherweise entdeckte ich einen Kiosk. Da ich sehr durstig war, steuerte ich ihn an.

Daneben gab es einen Pavillon mit Sitzplätzen zum Verweilen. Gegenüber lag das respektable Gebäude der Stadtverwaltung. Unweit entdeckte ich ein sehr gepflegtes Privatschloss, rückseitig mit Blick auf einen ansehnlichen Weiher.

Hier wollte ich bleiben!

Mit einer Flasche Bier setzte ich mich in den einladenden Pavillon und sah mich schon wieder gegenüber einer Kirche sitzen. Sie war längst nicht so alt wie die Friedhofskirche vorhin, wahrscheinlich 19. Jahrhundert, im neugotischen Stil. Hier wirkte alles moderner, zeitgemäß und ließ den dörflichen Charakter fast vergessen.

Nach kurzem Ausruhen brachte ich die leere Bierflasche zum Kiosk zurück und erkundigte mich nach einem Zimmer. Neben mir stand ein dunkelhaariger, mittelgroßer Mann mit leicht gebeugtem Rücken. Weil er meine Frage gehört hatte, sprach er mich auf Deutsch an:

»Sie können bei uns wohnen, ist nicht weit von hier. Sollten Sie ein Auto besitzen, müssten Sie es dahinten vor dem

Jugendheim parken, besser noch gleich auf unserem Innenhof.«

»Ich habe nur ein Motorrad.«

»Ach so, damit kommen Sie auch von der Gasse aus rein, aber durch das Scheunentor von der Straße aus geht es einfacher, dann brauchen Sie nicht den steinigen Berg hoch.«

Als würden wir uns länger kennen, sprach der Mann mit angenehm warmer Stimme weiter:

»Meine Frau führt eine Imkerei und hält zusätzlich auf unserem Hof eine kleine Ziegenherde für Milchprodukte. Ich selbst bin Küster an der Friedhofskirche und zusätzlich an dieser Kirche hier. Neuerdings auch noch Hausmeister im Jugendheim.«

Ich wunderte mich, dass er ein so gutes Deutsch sprach, was nicht nötig gewesen wäre, da mein Französisch sich hören lassen konnte.

Wir wurden schnell einig. Eines seiner drei Pensionszimmer stand frei. Mir gefiel der Gedanke, zwischen Bienenstöcken und meckernden Ziegen, im schattigen Ambiente eines Innenhofes zu rasten. Mittlerweile wusste ich, wo sich die Unterkunft befand.

Schließlich durfte ich vorhin durch ein hohes schmiedeeisernes, von zwei weißen Katzen bewachtes Tor, hineinsehen. Der Küster sprach weiter und bedauerte, dass er mich nicht in das bäuerliche Anwesen der Herrin über Bienen und deren Schwester begleiten konnte. Er hatte noch im Vereinsheim zu schaffen, wo die Jugendlichen gerade auf vier Platten ein Tischtennisturnier veranstalteten. Anschließend sollte mit ein paar Kästen *Jupiler*-Bier der Sieg gefeiert werden. Bei der ausgelassenen Feier war seine Autorität als Hausmeister unbedingt gefragt.

Ich entschloss mich zum Aufbruch, da die uralten Bäume auf dem Platz schon längere Schatten warfen und ich schließlich noch den holprigen Weg zu meiner Maschine hinuntergehen musste. Bei der Gelegenheit konnte ich auch gleich einen zweiten längeren Blick in die Anlage des Vierkanthofs werfen. Die übelgelaunten Katzen auf der Mauer waren längst verschwunden. Deshalb ging ich näher an das Tor heran. Was ich vermutete, schien mir jetzt noch einladender zu sein. Ich freute mich auf meine Bleibe.

Während ich meine Schritte beschleunigte und die Umgehungsstraße überquerte, entdeckte ich am Himmel, nahe der komisch verdrehten Spitze der mittelalterlichen Friedhofskirche, ungewöhnlich viele Krähen. Die gab es vorhin noch nicht.

Auch auf der Mauer hatten sie sich niedergelassen. Sie senkten ihre schnabelbewehrten Köpfe, als würden sie mehrfach hintereinander nicken. Ich dachte: Die picken aus den Ritzen der Steine kleines Getier heraus.

Als ich näher heranging, blieben sie sitzen. Ich hätte die Vögel fast mit meinen Händen berühren können. So beugte ich mich zum zweiten Mal am heutigen Tag über die Brüstung der uralten Steine.

Dann entdeckte ich den Grund ihres Interesses!

Eigentlich wollte ich mich nicht mehr umschauen. Plötzlich fiel mir das verlassene Damenfahrrad ein, was ich schon vergessen hatte.

Der Zusammenhang mit den schwarzen Vögeln und dem abgestellten Drahtesel wurde so zwingend, dass ich einen Verdacht bekam. Das Rad lehnte immer noch an der Mauer, als würde es auf jemanden warten. Neugierig schaute ich wieder auf den alten Friedhof hinunter.

Oft wurde ich zu Leichenfunden gerufen. Die verdeckt Daliegenden waren am schauerlichsten. Zeichneten sich ihre toten Körper mehr oder weniger unter den Hüllen verschiedenster Materialen ab, erfasste mich immer die Furcht vor dem Unerwarteten.

Kam anschließend der Pathologe, war das Schlimmste schon vorbei. Wie grässlich und verstümmelt die freigelegten Leichen auch aussehen mochten, der erste Augenblick der Entdeckung war am Grauenvollsten. Ich konnte mich während meiner Dienstzeit nie davon befreien, dass die Ermordeten mir noch etwas zu sagen hatten, mich wie einen Vertrauten in ihr letztes Geheimnis einbeziehen wollten.

Schwerfällig plumpsten die Krähen im Sturz, als würden sie nicht fliegen, eher fallen, auf die unter mir liegenden Steingruften. Die in einer grauen Felddecke eingeschlagene und mit einer Kordel wie ein Paket verschnürte Leiche glich einer vasenförmigen Mumie und ich vermutete eine Frauenleiche. Wie sie da auf der Grabplatte ruhte, ohne Blutlache, einfach nur fein säuberlich abgelegt, erweckte bei mir, wegen des verdeckten Körpers, schon wieder Neugier.

Als Polizist ging ich natürlich zum Friedhof hinunter ohne hier etwas zu berühren. Sofort rief ich den Küster an, der mir glücklicherweise seine Handynummer gegeben hatte. Er schien im Dorf ein wichtiger Mann zu sein und würde alles Weitere veranlassen.

Als er ankam, hatte er längst die örtliche Polizei verständigt. Mit ohrenbetäubendem Sirenenlärm ihres Wagens trafen sie kurz darauf ein. Den Beginn friedvoller Urlaubstage hatte ich mir weniger aufregend vorgestellt.

Erst nach Berichterstattung an die Kollegen fuhr ich über die Umgehungsstraße direkt ins Dorf. Wahrscheinlich war es vernünftig, die Harley am Jugendheim abzustellen.

Da ich diesmal mit dem Fall nichts zu tun hatte, ging ich einigermaßen ruhig zum Scheunentor meiner Pension.

Die Frau des Küsters öffnete mir in einer weißen Imker-Montur. Sie sah aus, als würde sie von einer Mondlandung kommen. Sie ließ mich herein und schloss schnell die in der Scheune eingelassene Tür, weil eine der Ziegen sie neugierig begleitete. Ihre Kleidung roch nach Rauch und ich dachte sofort an meine heißgeliebte Pfeife. Das sagte ich ihr in fließendem Französisch.

Sie schlug ihren Helm zurück und antwortete mir ebenfalls in ihrer Sprache:

»Mein Mann avisierte Sie schon, seien Sie herzlich bei uns willkommen. Ihr Pfeifchen können Sie hier in Ruhe genießen.«

So viel lockeres Verhalten hatte ich nicht erwartet. Es duftete nach Honig und Blütenstaub, vermischt mit der Strenge des Geruchs der Ziegen.

Auf dem Innenhof des Gutes blühten die Rhododendren und Rosensträucher in betörendem Duft. Einige alte Lindenbäume verschenkten ihr süßes Aroma weit über die seitlich angrenzenden Wiesen, hinein in die Wildkräuter der ungemähten Felder. Eine Geruchsexplosion beinahe vergessener Natur.

Ich musste auf die Bäuerin einen verwunderten Eindruck gemacht haben, weil ich beim Anblick des schönen Innenhofs wie angewurzelt stehen blieb. Sie überspielte mein Erstaunen und ging mit gleicher Selbstverständlichkeit zu einem anderen Thema über:

»Sie müssen wissen, wir sind hier alle Vegetarier. Wenn Sie Fleisch essen wollen, kann ich Ihnen eine Wirtschaft empfehlen, da gibt es Hausmannskost. Übrigens, woher sprechen Sie so gut französisch, Sie sind doch Deutscher?«

»Ich habe Verwandte in der Deutschsprachigen Gemeinschaft in Eupen, die ich schon als Kind besuchte. Da lernt man früh beide Sprachen.«

»Bestimmt nicht jeder, also seien Sie herzlich willkommen.«

Damit nahm sie endlich ihre Imker-Haube vom Kopf, klemmte sie unter ihren Arm und ging voraus zu den Gästezimmern.

Nachdem ich mich häuslich eingerichtet hatte, suchte ich die Gaststube auf. Ich war sehr gespannt, was ich hier über die Entdeckung der Leiche erfahren würde. Wenn überhaupt, war es erst frühestens morgen in der Zeitung zu lesen. An etwas beteiligt zu sein, ohne im Mittelpunkt des Geschehens zu stehen, war für mich eine völlig neue Erfahrung.

Abends lernte ich auch die anderen zwei Pensionsgäste kennen. Die Schwägerin des Küsters hatte auf einem langen Buffet fleischlose Köstlichkeiten zubereitet. Es duftete nach heißer Kichererbsensuppe und Gemüsebratlingen.

Für mich als ausgemachter Fleischesser ein ganz neues Geschmackserlebnis unter vegetarisch eingestellten Menschen. Meine Zimmernachbarn waren zwei Lehrer mittleren Alters aus Deutschland, die noch nicht den Ruhestand eines pensionierten Beamten genießen durften.

Als Hobbyradfahrer berechneten sie gerade eine neue Tour durch die Ardennen. Ihre teuren E-Bikes glänzten unübersehbar auf dem Hof und wirkten neu, als würden sie zwischen den Touren unaufhörlich geputzt. Wegen der vielen Lindenbäume, deren Blüten schon abfielen, war das sogar nötig. Ich jedenfalls beglückwünschte mich, mein Motorrad nicht unter den Bäumen abgestellt zu haben. Während ich die Bratlinge verdrückte, die mir auch schmeckten, sah ich immer wieder zu den Wirtsleuten hinüber, die sich lebhaft gestikulierend unterhielten. Ich war enttäuscht, dass der Küster mich nicht sofort nach meinem Eintreten über den Stand der Dinge informiert hatte. Schließlich war ich es, der ihn in Kenntnis setzte. Wer weiß, wie lange die Leiche noch unentdeckt auf der Grabplatte gelegen hätte.

Also sprach ich ihn an:

»Konnte der Körper schon identifiziert werden oder war es nur eine Puppe in einem grauen Cocon?«

Der Küster bemerkte meine Ungeduld und reagierte sofort:

»Sie müssen entschuldigen, ich wollte Sie nicht auf die Folter spannen, hätte Sie auch gleich informiert. Es wird Ihnen nicht erspart bleiben, für eine Aussage morgen früh auf die Wache zu kommen. Die Tote ist unser Hausmädchen Amalie. Wir mochten sie alle sehr gerne. Zu unserem Bedauern war sie sehr leichtfertig und ihr unnatürliches Ende wundert niemanden. Sie wurde erwürgt, lag nackt in eine Decke gewickelt und verschnürt, aber das haben Sie ja schon selbst gesehen. Solche Feld- und Wanderdecken gibt es bei uns in allen Haushalten. Man findet sie in jedem Kuh- oder Pferdestall, selbst die Schafzüchter verzichten an kalten Herbsttagen nicht auf deren Wärme.«

»Ja, die Art ähnelt unseren Militärdecken. In meinem Zimmer am Fußende des Bettes liegt auch eine.«

Der Küster fügte lakonisch hinzu:

»Na sehen Sie, kein guter Hinweis als Indiz für einen Mord. Für Sie ist das morgen nur eine Routine. Schließlich wollen wir Ihren Urlaub nicht stören.«

Ich verbarg mein geheimes Interesse an dem Fall und entgegnete ihm:

»Sollten Sie Hilfe brauchen, bin ich natürlich zur Stelle.«

Ich merkte, wie ich schon wieder im Geschehen war und sich mein Pulsschlag spürbar erhöhte:

»Sah das eingewickelte Mädchen aus, als hätte sie gerade erst ihr Leben ausgehaucht? Oder lag sie schon länger da?«

Der Küster verstand nicht was ich meinte.

Abwertend schnippte er mit den Fingern:

»Amalie war eine Schlampe und niemand hätte für sie eine Münze zu viel gezahlt.«

Ich erwiderte unsicher: »Ach, so eine war sie.«

»Nein, Sie verstehen mich falsch, belohnt wurde nach Gutdünken ihrer Liebhaber. Amalie konnte mit Geld nichts anfangen. Sie war ein Naturkind. Das Liebespiel war für sie nichts anderes als ein Vergnügen nach ihren Regeln.«

Jetzt wurde ich neugierig: »Erzählte sie Ihnen das? Woher wissen Sie von ihrer Neigung?«

Der Küster errötete, schaute zu seiner Frau hinüber und verstummte, anscheinend hatte er schon zu viel gesagt.

Nun mischten sich die anderen Gäste ein.

Einer der Lehrer fragte beiläufig:

»Wo bleibt Amalie heute Abend? Ich vermisse sie schon den ganzen Tag. Nach dem Ziegenmelken brachte sie gestern noch frische Milch auf mein Zimmer.«

Er war Biologielehrer am Gymnasium und leberkrank, mit eigenen Worten, was nicht unbedingt an seinem Alkoholkonsum liegen würde. Erbliche Belastungen, so erfuhr ich, geboten ihm Vorsicht, besonders im Hinblick auf seine Cholesterine.

Fachkundig in Ernährungsfragen wusste er, dass Produkte aus Ziegenmilch wegen der darin enthaltenen Orotsäure, regelrecht als Labsal für die Leber bezeichnet wurden.

Anscheinend übte das Äußere von Amalie ebenfalls einen großen Zauber auf ihn aus.

Langsam entwickelte ich einen Verdacht. Seinen Zimmernachbarn, den anderen Lehrer, schien auch einiges mit der verstorbenen Schönen zu verbinden, weil er sich in das Gespräch einmischte:

»Ich dachte es mir, lieber Freund, dir machte sie auch schöne Augen.«

»Das musst gerade du Schlawiner sagen, wir sind doch nicht erst seit gestern hier. Meinst du, ich hätte nicht bemerkt, dass sie uns beide besuchte. So dick sind die Wände hier nicht, konnte euch lachen hören.«

Der Geschichtslehrer winkte ab und grinste:

»Wir sind schon zwei Schwerenöter, tun es gerne, aber sprechen nicht darüber.«

Genauso wie ich hatte auch der Küster deren Geplänkel mitbekommen und fühlte sich veranlasst, seinen Pensionsgästen reinen Wein einzuschenken.

»Meine Herren, Amalie wird Sie nicht mehr bedienen können. Sie wurde ermordet und heute Nachmittag von diesem Herrn auf dem Friedhof gefunden.«

Es entwickelte sich eine bedrückende Stimmung. Die beiden Freunde gingen, früher als gewöhnlich, zu ihren Zimmern. Ich blieb noch auf eine Karaffe Landwein und setzte mich mit dem Küster und beiden Schwestern in den luftigen Patio.

Verträumt sprach er auch gleich weiter:

»Sie duftete wie frisch gemähtes Gras und blieb in ihrer Lasterhaftigkeit die verführerischste Unschuld schlechthin. Eigentlich hatten alle angenommen, Amalie würde irgendwann den Sohn des Schafzüchters heiraten, mit ihm vielleicht sogar glücklich werden. Manch einer nahm an, seine Einfältigkeit könnte ihn zum Dorftrottel machen, womit man ihm unrecht tat. Er ist der gutmütigste aller Dorfbewohner und hilft oft meiner Frau bei den Bienen. Sie kennen doch den Ausdruck, *der kann keiner Fliege was zu Leide tun.* Ein netter Kerl und irgendwie kann ich jetzt die Amalie verstehen.

Es ist ja nicht schlecht, ein Schafhüter zu sein. Jedenfalls reichte seine Natürlichkeit aus, ihr viel Freude zu bereiten. Sie erzählte mir oft, dass sie in ihm einen ebenbürtigen Partner sah. Es gab schon weniger Gründe für eine zufriedenstellende Ehe. Nie war Amalie etwas anderes als eine Magd auf Bauernhöfen. Der Gedanke, in eine Schafzüchterfamilie einheiraten zu können, gefiel ihr offensichtlich.«

Während der Küster das erzählt hatte, musste ich immer wieder die Schwester seiner Gattin anschauen. Ich wusste nicht wie sie hieß, aber ihre ganze Art, allein wie sie herumschaute … das fand ich bezaubernd.

Die hübsche Schwester der Imkerin war Goldschmiedin, besaß hier ihr Atelier und gefiel mir spontan. Sie hatte ein Glas zu viel getrunken und wurde leutselig. In diese Frau hätte ich mich verlieben können, wäre sie mir in jungen Jahren begegnet.

Einer der Zuhörer im *Kolben,* es war der Kunstmaler Damian, schaute auf die Uhr und machte Anstalten aufzustehen:

»Leute, wisst ihr wie spät es ist? Peter, Ihre Erlebnisse müssen warten, mir fallen jetzt schon die Augen zu. Außerdem, schauen Sie aus dem Fenster, Nebel ziehen auf. Sie sollten beim nächsten Treffen weitererzählen. Ihre Geschichte ist hochinteressant und mir scheint, da kommt noch was. Bei der Polizei müsste man sein, die haben immer Spannendes zu berichten.«

Peter protestierte:

»Meine Geschichte würde ich gerne heute noch zu Ende erzählen. Ich spendiere auch eine Runde.«

Damian gab sich geschlagen:

»Okay, dann eben auf ein neues Bier.«

Nachdem alle ihre Getränke bekommen hatten, erzählte Peter weiter:

»Die elegante, wunderschöne Schwester der Imkerin gefiel mir sehr. Sie verfügte über ein besonderes Garn für ihr Spinnennetz. Bisher war ich Junggeselle geblieben, weil ich eine Partnerin nicht mit den Gefahren meines Berufes belasten wollte. Manche Frau hätte mich schon haben wollen, aber ich schreckte vor einer festen Bindung zurück.

Gerade war es auch wieder so. Ich hatte ebenfalls zu viel Rotwein getrunken und mein Verhalten schien aufdringlich zu werden. Anscheinend hatte ich vergessen, mit Frauen geschickt umzugehen. Zu sehr war ich der Weiblichkeit entwöhnt. Jedenfalls entfachte sich zwischen uns nicht mehr als ein Strohfeuer. Außer einem gehörigen Kater am Morgen, zumindest meinerseits, blieb nichts zurück.

In der Nacht wurde es kühl. Trotzdem hatte ich das Fenster leicht geöffnet. Ich schlug die wollene Felddecke, die am dem Fußende meines Bettes lag, über meine Daunendecke. Bevor ich einschlief, vernahm ich draußen den klagenden Ruf eines Käuzchens. Dann träumte ich allerlei verworrenes Zeug.

Am nächsten Tag nach dem Frühstück, stellten sie mir auf der Gendarmerie viele Fragen, die ich nicht beantworten konnte. Ich war nur rein zufällig an der mittelalterlichen Kirche mit der genauso alten Mauer und ihrem Friedhof vorbeigekommen.

Viel ließ sich über das Fahrrad oder meinen Leichenfund nicht berichten. Ich konnte nur wiederholen, was ich ihnen schon gestern an der Fundstelle erzählt hatte.

Als die Polizisten erfuhren, dass ich ein pensionierter Kollege war, fanden sie mein Interesse an der Angelegenheit vollkommen verständlich. Ich war sehr beruhigt, dem Kreuzfeuer ihrer Fragen schnell entkommen zu sein. Schließlich kam auch ich als Täter in Verdacht. Noch blieb ich ein wichtiger Zeuge, und nur deshalb gaben sie mir sogar Einblick in die bisherigen Erkenntnisse.

Gestern Abend hatte die Gendarmerie den Sohn des Schafzüchters verhaftet und in Untersuchungshaft genommen. Als man ihn in seiner Hütte am Waldrand fand, lag er mit bleichem Gesicht bäuchlings auf einer Pritsche, unter ihm ein Bündel von Kleidungsstücken, das er zusammengerafft mit den Händen festhielt. Er wirkte nicht wie ein Mörder, eher wie ein Verzweifelter. Trotzdem gestand er sofort, Amalie aus Eifersucht umgebracht zu haben.

Niemand bezweifelte seine Untat.

Die Ortspolizisten kannten das leichtsinnige Mädchen gut genug, um den Aussagen des einfältigen Mannes Glauben zu schenken. Sie brachten ihm sogar Verständnis entgegen. Er war ein hübscher Bursche und man vermutete, dass die verführerische Amalie auch noch andere Vorzüge an ihrem Zukünftigen entdeckt hatte.

Ich wollte mich gerade verabschieden, als sie ihn mit Handschellen an seinen kräftigen Handgelenken hereinführten. Also blieb ich noch. Er schaute trotzig entschlossen um sich, während er immer wieder beteuerte, Amalie ermordet zu haben. Die Polizisten mussten ihn mit Gewalt auf einen Stuhl drücken, damit er sich endlich beruhigte. Seine prachtvollen weizenblonden Haare fielen in Locken über die Ohren und vor seine Stirn.

Unter dem karierten Hemd zeichneten sich kräftige Muskeln ab und der blaue Overall passte ihm wie angegossen. Er wirkte sehr sympathisch. Was er freiwillig gestand, war jetzt natürlich eine andere Sache.

Deshalb nahm ich einen der Gendarmen diskret zur Seite, um mehr über ihn zu erfahren. Der nickte sofort verstehend und flüsterte mir ins Ohr:

»Sauerstoffmangel bei der Geburt. In der Nacht, als seine Mutter ihn zur Welt bringen sollte, war Vollmond. In unserem Dorf bekommt keine Frau bei vollem Mond ihr Kind. Wegen dieses Aberglaubens, hielt sie die Wehen lange zurück. Wahrscheinlich erlitt sein Gehirn dadurch einen Schaden.«

Ich konnte meinen Blick nicht von dem netten Burschen lösen. Sie hatten also ihren Täter gefunden. Mit dem Gefühl, dass vielleicht ein Irrtum vorliegen könnte, verließ ich die Polizeiwache.

Endlich lagen alle pathologischen und histologischen Befunde vor. Amalie hatte vor ihrem Tod Geschlechtsverkehr, wobei sie mit den Händen gewürgt und ihr das Zungenbein gebrochen wurde. Die DNA der Spermienprobe stimmte nicht mit der ihres Zukünftigen überein. Deshalb sollten, als nächste Maßnahme, alle Männer des Dorfes für einen Speicheltest auf die Wache kommen. Das brauchte natürlich Zeit.

Die Tote wies mehrere Frakturen auf, sowie innere Verletzungen und Hämatome. An ihrer rechten Wade klaffte ein Riss, der sich bis zur Ferse zog. Das musste durch einen Sturz über die Mauer passiert sein, denn an einer Stelle der Steine klebte Blut, sowie ein Stofffetzen ihres geblümten Kleides. Hier hatte man also die Leiche über die Brüstung entsorgt. Unverständlich war, warum sie als Bündel in einer Decke verschnürt, wie feierlich angeordnet, auf einer Grabplatte lag. War der Mörder anschließend die Treppen zum Friedhof hinuntergegangen und hatte sie in aller Seelenruhe entkleidet und gleich darauf verpackt?

Mir schien das alles viel zu konstruiert. Außerdem hielt ich den verhafteten Burschen nicht für schuldig. Nahm er einen Mord auf sich, den er nicht begangen hatte? Warum, das musste ich herausfinden.

Der junge Schäfer tat mir leid. Die Befragungen wurden immer schwieriger und dadurch unglaubwürdiger. Ich wollte alles daran setzen, damit er schnell wieder auf freien Fuß kam. Langsam hatte ich den Eindruck, sie wollten unbedingt in ihm den Täter sehen. Er äußerte sich weder zum abgestellten Fahrrad, noch zu den vom Sturz verursachten Spuren. Er beharrte darauf, sie auf dem Friedhof im Streit und aus Eifersucht erwürgt zu haben. In einem Impuls tiefer Verzweiflung, dass sie ihm nun nie mehr gehören würde, hätte er sie ausgezogen, um sie noch einmal nackt in seinen Armen halten zu dürfen.

Anschließend hätte er ihren Körper in seine Felddecke eingewickelt und mit einer Kordel verschnürt. Damit wollte er ihr die letzte Ehre erweisen. Als Andenken wollte er ihre Kleidung behalten, betonte aber:

»Nur keine Schuhe, sie trug keine Schuhe!«

Bei den eindrucksvollen, jede Silbe betonenden Worten schaute er mich an, als hätte er mir damit ein Indiz übermitteln wollen. Plötzlich dachte ich, hatten hier zwei Menschen zur gleichen Zeit eine Tat begangen, und nur einer war schuldig. Jetzt nahm ich mir erst recht vor, der Sache auf den Grund zu gehen. Ich hatte mich länger als nötig in der Polizeistation aufgehalten und mein Interesse wurde bereits auffällig.

Diesmal ging ich durch das schmiedeeiserne Tor zurück zur Pension, vorbei an den zwei Katzen auf der Mauer, die mich überhaupt nicht beachteten. Im Haus schienen alle ausgeflogen zu sein, das passte.

Hier schloss niemand die Tür ab, und ich ging schnurstracks hinauf zu den Zimmern.

An diesem Morgen waren beide Lehrer sehr früh zu ihrer Ardennen-Tour aufgebrochen. Der Biologe konnte es nicht sein. Schließlich beteuerte er, dass er zur Tatzeit im Zimmer gewesen war, weil er auf seine Portion Ziegenmilch warten wollte. Natürlich hätte er das nur einfach zu sagen brauchen, gesehen hatte ihn niemand. Mein Bauchgefühl riet mir, dass ich ihm mehr glauben konnte als seinem Freund. Der hatte kein Alibi für die Tatzeit.

Verliebt in Amalie waren vermutlich beide. Allerdings neigte der Geschichtslehrer zur Eifersucht und ich glaubte nicht, dass er das Dienstmädchen gerne mit seinem Kollegen geteilt hatte. Zuerst ging ich in das Zimmer des leberkranken Ziegenmilchtrinkers, um mit meiner kriminalistischen Erfahrung den Raum zu durchsuchen.

Sein Kopfkissen roch nach süßlichem Parfüm und auf dem Bettlaken fand ich ein blondes langes Haar und noch ein paar kürzere, leicht gekräuselte. Die konnten auch von ihm selber sein.

In meiner Motorradweste mit den vielen Taschen hatte ich immer alles dabei, was man für eine Untersuchung benötigte. Ein paar Vinylhandschuhe, mindesten ein halbes Dutzend Plastik-Tütchen, Pinzette und so weiter. Ich tütete die gefundenen Haare ein und nahm auch noch eine Probe von seiner Haarbürste im Bad.

Sonst fiel mir nichts auf, was mein besonderes Interesse gefesselt hätte. Er schien ein ordentlicher Mensch zu sein, weil alles aufgeräumt war. Anschließend ging ich in den Raum nebenan. Hier herrschte Unordnung.

Jetzt verstand ich. So schnell hatten die Wirtsleute noch keinen Ersatz für Amalie finden können, und der Biologe hatte sein Zimmer selber in Ordnung gebracht. Wahrscheinlich kümmerte sich momentan niemand um den Service. Bestimmt musste ich mein Bett auch selbst in Ordnung bringen. Als eingefleischter Junggeselle störte ich mich nicht daran.

Auf den zweiten Blick allerdings machte dieses Durcheinander einen ganz anderen Eindruck auf mich. Der Lehrer hatte etwas gesucht und nicht gefunden oder wurde überrascht. Dadurch konnte er sein Zimmer nicht mehr aufräumen. Ich suchte weiter und entdeckte etwas, das man in einem männlich bewohnten Zimmer nicht unbedingt vermutete. Den abgebrochenen Absatz einer weiblichen Sandalette! Er war aus Kork, und der dazu passende Schuh eignete sich bestimmt nicht zum Radfahren. Natürlich nahm ich den Fund an mich und ging zurück in mein Zimmer. Ich war überzeugt, hiermit ein wichtiges Indiz in Händen zu halten.

Nacheinander trudelten sie alle zum Essen ein. Wegen der Tagestouren gab es hier nur Halbpension und die warme Mahlzeit wurde abends gereicht.

Der Küster erwartete uns schon und zeigte uns beim Betreten des Raumes ein Paar Damensandalen. Er wollte wissen, ob einer von uns diese Schuhe schon einmal gesehen hatte.

Die Goldschmiedin, die wegen des Personalmangels eingespannt war und die Suppe hereinbrachte, sprudelte sofort heraus:

»Das sind Sandaletten von unserem Dienstmädchen, die trug sie immer bei der Arbeit im Haus. Ich wunderte mich oft, wie sie mit den unbequemen Schuhen zurechtkam.« Als Künstlerin verfügte sie über die beste Beobachtungsgabe:

»Wo hast du die entdeckt, lieber Schwager?«

Der Küster wirkte entrüstet, beinahe beleidigt:

»Auf einer Bank im Seitenschiff unserer Kirche.«

Der Biologe stellte fest:

»Aber da fehlt ein Absatz am rechten Schuh«

Jetzt mischte sich auch die Imkerin ein:

»Wie oft ermahnte ich Amalie, sie dürfte auf keinen Fall beim Radfahren diese Sandaletten tragen und müsste anständiges Schuhwerk anziehen. Das war ihr doch offensichtlich dabei passiert. Wahrscheinlich hatte sie die kaputten Schuhe einfach in der Kirche ausgezogen. Schusselig wie sie war vergaß sie dann, diese beim Fortgehen mitzunehmen. So etwas konnte nur ihr passieren!«

Der Küster hatte sich beruhigt, stimmte seiner Frau zu, und fand ihr Verhalten seltsam. Dann ging er zur Tür hinaus, weil er natürlich den Fund gleich bei den Gendarmen abliefern wollte. Die Sandalen gehörten eindeutig Amalie, und das einbehaltene Fahrrad zeigte bisher nicht beachtete, feinste Korkpartikel am rechten Pedal.

Jetzt hatte ich ein wichtiges Indiz. Natürlich reichte das nicht aus, um den Lehrer überführen zu können. Ich hielt ihn im Augenwinkel, wunderte mich über sein Desinteresse an dem Gespräch und wollte erst über einen Plan nachdenken. Ich hätte natürlich gleich dem Küster hinterhergehen und meine Proben nebst Absatz bei der Polizei abliefern können. Lange durfte ich meine Beweise nicht zurückhalten und musste jetzt eine schnelle Entscheidung treffen.

Auch wollte ich den Inhaftierten aus seiner misslichen Lage erlösen. Sie mussten ihn endlich freilassen Ich spürte aber auch, dass gerade er uns auf den Weg zum wahren Mörder führen könnte. Amalie war also barfuß, als sie erwürgt über die Mauer gestoßen wurde.

Das zeigte die Verletzung an ihrer Ferse und am Tatort fand man keine Schuhe. Deshalb wurde auch nicht weiter nachgeforscht. Jedenfalls fuhr sie oft mit Sandaletten. Wieso fand man sie sonst in der Kirche?

Wovor fürchtete sich der blonde Hüne, dass er sich immer wieder selbst der Tat beschuldigte?

Ich wollte heute noch meinen Fund abgeben und ging zu

den Gendarmen. Sie hatten schon alle Feierabend, nur der mir wohlgesonnene Ohrflüsterer saß noch am Schreibtisch und ließ mich, auf mein Bitten hin, zu dem Angeklagten.

Er lag in der Zelle auf einer dürftigen Pritsche und starrte die Decke an. Man hatte ihm ein Beruhigungsmittel verabreicht, und er wirkte entspannt.

Als ich ihm den Absatz zeigte, was ich behutsam machte, fuhr er erkennend hoch und war bereit auszusagen:

»Ich hatte mich hinter Büschen versteckt und sah Amalie mit einem Fremden zur Kirche hochfahren. Sie stiegen ab und lehnten ihre Räder gegen die Mauer.

Amalie war mit einem unbekannten bösen Mann unterwegs, der sie bestimmt verführen wollte. Schon wieder ließ so ein Teufel meine Amalie nicht in Ruhe und quälte ihre Seele. Ich durfte sie doch nicht verraten! Um mit ihren Worten zu sprechen, kämen wir sonst beide ins Fegefeuer.«

Ich verstand nichts:

»Wie, die Männer, mit denen Amalie zusammen war, bedrohten euch?«

Geheimnisvoll flüsterte er:

»Sie machten ihr die Hölle heiß, bloß niemandem etwas zu sagen und anschließend erzählte sie mir davon.

Ich schlich ihnen hinterher.

Als der Fremde mit ihr in der Kirche verschwand nahm ich an, sie wollte ihm die Sehenswürdigkeiten zeigen. Am Eingangsportal drehte er sich zu allen Seiten um, als müsste er sich vergewissern, dass ihnen keiner gefolgt war.«

Jetzt wurde es für mich spannend:

»Er sah sich um und hatte Angst, dass ihn jemand beobachten würde?«

»Weiß ich nicht, Amalie ging neben ihm und hinkte ein wenig. Plötzlich bückte sie sich, zog ihre Schuhe aus und nahm sie in die Hand. Gleichzeitig hob der Mann etwas vom Boden auf und steckte es schnell ein. Mehr konnte ich nicht sehen.«

»Das kann doch nur der Absatz gewesen sein, den ich hier habe. Vielleicht wollte er ihr den Schuh später reparieren. Waren sie lange in der Kirche?«

»Eine Weile schon. Als er herauskam, trug er meine Liebste auf seinen Armen, ging links zur Friedhofsmauer und warf sie einfach drüber. Er schaute ihr noch nicht einmal nach, rieb sich die Hände, schnappte sein Fahrrad und fuhr davon.«

»Wie kommst du denn jetzt darauf zu behaupten, dass du ihr Mörder bist?«

»Hätte ich meine Angst besiegt und wäre den beiden gefolgt, könnte ich sie jetzt lebend in meinen Armen halten. Wie von Sinnen ging ich die Treppen zum Friedhof hinunter zu ihr. Sie lebte nicht mehr. Ich zog Amalie aus, da mir jetzt nur ihre Kleider als Erinnerung bleiben würden. Ich fühlte mich schuldig, weil ich sie vorher nicht beschützt hatte. Darum hüllte ich sie in eine Decke ein und verschnürte ihren Körper mit einem Strick. Dinge, die ich wegen der Schafe immer bei mir trage. Ich kann nicht erwarten, dass jemand meine Verzweiflungstat versteht. Warum war ich nicht mutiger gewesen. Wer sollte mir glauben, kein Mensch. Nur vor Gott kann ich meine Feigheit abgelten, indem ich die Tat auf mich nehme.«

Endlich wurde der Schäfer am nächsten Tag freigelassen, weil ich den Beamten meinen Beweis, den fehlenden Absatz zur Überführung des wahren Täters liefern konnte.

Mein Zimmernachbar war verblüfft, als die Polizei ihm Handschellen anlegte. Sofort nahm man eine Speichelprobe von ihm. Natürlich deckte sich seine DNA mit den bei Amalie festgestellten Spermaspuren. Als man ihm zusätzlich noch den Absatz zeigte, gestand er seine Tat.

Nun sah ich doch einen reuigen Mörder. Während seines Geständnisses gab er an, das Mädchen hätte ihn wegen seines geschichtlichen Interesses in die Kirche gelockt und ihn im Beichtstuhl frech verführt. Sie wollte von ihm beim Geschlechtsakt gewürgt werden, um in dieser Kultstätte endlich einmal einen heftigen Orgasmus zu erleben. Damit hatte er nicht gerechnet! Übermannt von ihrer Begeisterung, und weil sie ihn ermutigte, hörte er nicht mehr mit dem Würgen auf, bis ihr Körper plötzlich erschlaffte. In seiner Panik schaffte er den leblosen Körper nach draußen und warf sie einfach über die Mauer. Schließlich konnte er die Leiche doch nicht in der Kirche liegen lassen.

Weil die Beweisstücke für den ordnungsgemäßen Verlauf des Prozesses bei der Justiz verbleiben mussten, durfte der Schäfer vorerst die Kleider von Amalie nicht behalten. Seine Familie sorgte aber für ein feierliches Begräbnis unweit der Grabplatte, auf der man ihren Körper gefunden hatte.

Damian wirkte enttäuscht:

»Ich nehme an, Sie erzählen uns nur einen Bruchteil von dem, was Sie damals erlebt hatten. Zwei reuige Täter an einer Leiche sind schließlich einer zu viel. Das ließ Wollust und Liebe zur gleichen Zeit geschehen. Mir war in meiner Ehe etwas passiert, was schon an Zauberei grenzte.«

Der Kunstmaler brannte darauf, endlich mit seiner Geschichte anzufangen:

DIE PRIESTERIN

Zu Beginn muss ich den alten Franz Grillparzer zitieren:
Eifersucht ist eine Leidenschaft,
die mit Eifer sucht, was Leiden schafft!

Meine große Liebe lernte ich in der Karibik kennen. Ich besuchte einen befreundeten Maler aus der Studienzeit, den es nach Haiti verschlagen hatte. Eigentlich wollte er dort nur Urlaub machen, woraus für ihn ein Leben lang wurde. Als anerkannter Landschafts- und Porträtmaler konnte er amerikanische und europäische Galerien für sich begeistern. Seine künstlerische Ausdruckskraft in der Darstellung ließ sich kaum überbieten.

Durch die Auswanderung nach Haiti kam für ihn die Fülle sonnendurchglühter Farbigkeit hinzu. Mittlerweile konnte er es sich leisten, einen lockeren Lebensstil zu führen.

Er hatte eine Haitianerin geehelicht, deren jüngere Schwester nach wenigen Wochen, die ich bei ihm verbrachte, sehr schnell meine Geliebte wurde. Nach einer feierlichen Zeremonie in ihrem Dorf heirateten wir wie in einem Rausch.

Lea kannte als Anhängerin des Voodoo nur einen Gott. Ihr kreolisch genannter *Bondyè* war als Guter Gott so mächtig, dass auch sie sich nie direkt mit ihren Bitten an ihn wandte. Dafür hatte man in ihrer Glaubensgemeinschaft die *Loa*, göttliche Geisterwesen als Vermittler.

Keiner sollte glauben, dass ich an dem Hokuspokus meiner Angetrauten besondere Freude empfand. Aus Neugier nahm ich an ihren schwarzen Messen teil. Mich faszinierte das intelligente Mädchen als Model: Sie wurde die Muse meiner Malkunst und meine innigste Vertraute in zärtlichen Stunden. Wir waren ein Herz und eine Seele.

Vom Urlaub zurück, belebte sich mein bäuerliches Anwesen in der Eifel durch ihr Dasein mit Frohsinn, Musik und Tanz. Sie konnte die phantasievollste Bettgespielin sein, obwohl ich sehr schnell merkte, dass Lea in ihrer zwingenden Liebesbereitschaft mehr von mir verlangte, als ich ihr zu geben bereit war. Kam sie mir auch in allem entgegen, empfand ich ihre Besitzergreifung oft störend. Immer häufiger verließ ich abends mein Haus auf ein Glas Bier, suchte die Zurückgezogenheit einer Kneipe. Früher wäre mir das nicht eingefallen, da ich in meinem Atelier eine Zapfanlage besaß und bevorzugt mein Bier zu Hause trank.

Einmal folgte sie mir, was ich ihr sehr verübelte. Wir hatten den ersten heftigen Krach in unserer Beziehung. Deshalb machte sie das nie wieder. Ob ich mich dabei wie ein Macho fühlte? Vielleicht!

Als Künstler durfte ich mich nicht einschränken lassen. Schließlich lebte auch sie nicht schlecht von meinen Einkünften. Gehörte ihr bereits mein Körper, wollte ich ihr nicht auch noch meine Inspirationen opfern.

Trotzdem blieb ich, ihr zum Gefallen und zur Wiedergutmachung in den nächsten Tagen brav in meinem Atelier und arbeitete fleißig.

Daran schien sie gefallen zu finden und auch ich hätte zufrieden sein können. Ich war es aber nicht! Etwas hatte sich zwischen uns gestellt, und ich wollte mich von ihr nicht erpressen lassen. Also riskierte ich erneut einen abendlichen Ausbruch in die Kneipe.

Abzusehen war, wann es eine neue Auseinandersetzung geben würde. Ich wusste, Lea würde sich revangieren.

Zum heimischen Frühschoppen ging mir morgens, als begeisterter Fan des edlen Gesöffs, nichts über ein Eifeler Bier aus dem Hahn. Jedoch versiegte das Gerstengebräu in meiner Zapfanlage. Weil wirklich kein Tropfen mehr herauskam, bestellte ich am Nachmittag für die Reparatur einen Spezialisten.

Der fand allerdings nichts Ungewöhnliches an der Anlage, denn bei ihm floss das Bier, sowie er den Hahn aufdrehte. Um nicht ganz unnötig angereist zu sein, nahm er sämtliche Teile auseinander, reinigte vor allen Dingen den Zuflussschlauch. Als er sich schulterzuckend verabschiedete, stand Lea lächelnd im Türrahmen und beobachtete uns.

Seitdem ich aus Haiti zurück war, konzentrierte sich meine künstlerische Tätigkeit auf die Portrait-Malerei. Irgendwie hatte ich meine Lust und Freude an leuchtenden Farben verloren, ohne die ich nur triste Landschaften produzieren konnte. Ich entsann mich akademisch erlernter zeichnerischer Qualitäten, legte viel Wert auf Anatomie und Genauigkeit meiner Darstellungen.

Lea war überglücklich, mir Modell sitzen zu dürfen, und wir verbrachten wieder viele Stunden miteinander.

Sie verfügte über wunderschöne schmale Hände, mit schlank zulaufenden Fingerspitzen. Ihre Füße glichen denen der Venus von Milo, ganz zu schweigen von ihrem graziösen Körper. Erneut begeisterte sie mich mit ihren langen braunen Beinen unter dem kecken Po. Ihre Brüste waren klein und rund wie feste Äpfel. Ihre zierliche Taille ließ ich beinahe mit zwei Händen umfassen. Meine Zeichnungen kolorierte ich mit mutigem Farbstrich, ähnlich den Modezeichnern. Oft unterbrach ich meine Arbeit, um Lea zu berühren. Während ich ihre nackten Schultern küsste, bat ich sie schweigend um Verzeihung für mein egoistisches Verhalten. Ich hatte nichts Unrechtes getan, obwohl ich mich danach fühlte.

Ein schlechtes Gewissen schleicht sich an wie ein unsichtbarer Feind, den man mit sich herumträgt. Ich hatte Lea nicht betrogen. Mein Wunsch nach mehr Freiheit galt nichts anderem, als mit meinem Künstlerberuf in Einklang zu bleiben. Aber konnte ich dieses Verständnis von Lea erwarten?

Sie war und blieb eine Voodoo-Priesterin. Auf Haiti gehören drei Viertel der Bevölkerung dieser Gemeinschaft an. Als Tänzerin war sie einigen *Loa* hörig. Darüber hatte ich mir bis jetzt keine Gedanken gemacht. Ihre Fremdbestimmung war auch nie ein Thema zwischen uns gewesen. Für mich umgab sie ein Geheimnis, das ich besser nicht ergründen wollte. Katholisch getauft, bekannte sie sich auch gleichzeitig zum Voodoo mit seinen spiritistischen Ritualen. Warum sonst hätte man sie zur Priesterin ernannt. Von ihrer goldschimmernden Haut die Finger zu lassen, war mir kaum möglich. Ich kann mich nicht erinnern, jemals einer reizvolleren Frau als ihr begegnet zu sein.

Französisch sprach sie perfekt, während ihr Deutsch noch einiges zu wünschen übrig ließ. War sie wütend, verfiel sie in ihre Haitian-Voodoo-Culture-Language, die ich überhaupt nicht verstand. Gab es dadurch Probleme, glichen wir die mit zärtlicher Sprache unserer Hände aus.
Stundenlang, Tage und Nächte, stand Lea mir damals Modell, öffnete für mich ihren Körper in allen Posen.

Ein befreundeter Gallerist zeigte großes Interesse an meinen neuen Arbeiten und nagelte mich gleich für eine Ausstellung fest. Ich hatte unzählige Akt-Skizzen von meiner wunderschönen Frau gezeichnet, aus denen anschließend verführerische Gemälde wurden.

Ich wusste sofort, dass diese Ausstellung ein Erfolg werden würde. Auch Lea störte sich nicht daran, ihre Schönheit der Öffentlichkeit zeigen zu müssen.

Präsentiert ein Künstler seine Werke, kommen zu einer Vernissage wenig Berufene, meistens Schaulustige. Dazu gehören Menschen, die nur nackte Haut sehen wollen. Der kleinere Teil der Besucher besteht aus Gönnern, Freunden und Kunstinteressierten. Hat man die Barriere schwätzerischer Wichtigtuer endlich hinter sich gebracht, kann eine Ausstellung beginnen. Es wurde viel Champagner getrunken, nicht nur wegen der trockenen Münder.

Mit meinen Arbeiten setzte ich sofort einen Kaufrausch in Gang. Besonders die Herren der Schöpfung erwarben meine Zeichnungen und Gemälde auf Wunsch ihrer besseren Hälften.

Ja, Sie hören richtig: Die Männer kauften meine Bilder auf Anraten ihrer Frauen. War das nicht ein Science-Fiction-Film für Künstler? Irgendwann fühlte ich mich nicht mehr beteiligt an meiner eigenen Vernissage. Ich packte meine geheimnisvoll erscheinende, viel zu schöne Frau unter den Arm und fuhr nach Hause.

Am nächsten Tag klingelte unaufhörlich unser Telefon. Einige betuchte Damen der gestrigen Vernissage wollten sich von mir unbedingt portraitieren lassen, was immer sie darunter verstanden. Auch als ich ihnen erklärte, dass ich an der üblichen Porträt-Malerei mit stundenlangen Sitzungen und möglicherweise noch Sonderwünschen meiner Klientel nicht interessiert sei, ließen sie sich nicht abwimmeln. Das wäre ihnen egal, gerade darin läge der besondere Reiz. Sie schienen alle wie von Sinnen!

Schließlich überzeugte mich die Betonung, es sei das Anliegen ihrer Männer. Damit gab ich mich geschlagen und vereinbarte Treffen mit den Schönen nach Lust und Laune.

Lea wirkte ungewöhnlich heiter bei dem Geschehen und unterstützte meine Unternehmungen nach Kräften. Sie schien regelrecht erblüht und ich malte, als würde ein geheimer Zauber meine Hand bewegen.

Nicht zum ersten Mal seit unserem Zusammenleben spürte ich, dass mein Werden und Vergehen mit Lea verbunden zu sein schien. Auf meinen Zeichnungen trug sie nicht den kleinsten Fetzen Stoff am Leib. Ich malte sie deshalb als erdgeborene Göttin, verschmolzen mit wechselnden Landschaften im Hintergrund.

Natürlich wollten meine Auftraggeberinnen diesem Vorbild nacheifern und mühten sich nach Kräften. Ich nahm mir vor, ihren Ehemännern und Liebhabern nicht die Illusion zu rauben, in ihren Damen weiterhin die Schönste sehen zu können.

Mein erster Auftrag wurde die Gattin des Bürgermeisters. Da die meisten der Frauen schon in die Jahre gekommen waren, musste ich mir zu ihren Portraits einiges einfallen lassen. So erging es mir bei jeder meiner Kundinnen. Lea spürte meine verzweifelten Bemühungen, mit geschickten Pinselstrichen, aus ihnen hübsche Frauen werden zu lassen. Oft war sie, während meiner Arbeit im Atelier zugegen, und es störte mich nicht. Seltsamerweise auch nicht die Frauen, während sie mir Modell saßen. Es sah aus, als würden wir vereint Leas Nähe zu unser aller inspiratorischer Gedanken werden lassen. Die ganze Zeit dachte ich an meine schöne Frau, während ich die Unbarmherzigkeit des Älterwerdens auf der Leinwand zu vertuschen versuchte. Beim ersten Kontakt musste jede meiner Kundinnen ein Jugendbild mitbringen, wodurch sie sich zusätzlich geschmeichelt fühlten. Ich wusste, so wollten ihre Partner sie insgeheim sehen. Meine gemalten Akte landeten mit Sicherheit in den Schlafzimmern als unvergängliche Trophäen aufgehaltener Uhrzeiger. Irgendwie lagen Körper und Gesicht meiner Geliebten in jedem meiner Werke.

Einem schmeichelnden Accessoire gleich, blieb dieses Geheimnis zwischen uns, aber den anderen verborgen.

Den Frauen Jugend vorgaukelnd, stellte ich ihr Abbild in vollkommener Schönheit dar. Keine der Damen beschwerte sich darüber, alle fanden sich gut getroffen. Der idealisierte Zustand meiner künstlerischen Auffassung ließ sie alles glauben, und sie brachen in Entzücken aus. Meine Arbeiten waren gefragt, obwohl ich damals nicht verstand, wie dies möglich sein konnte.

War ich es, der in der letzten Zeit malte?

Ich sehnte mich nach neuem künstlerischem Erwachen.

Wie ein weizenblonder Sommerwind kam sie in mein Atelier, zerriss das Spinnennetz über meinem Können.

Lea spürte sofort meine Veränderung. Begrüßte sie wie einen Feind ihres Herzens.

Inga studierte Kunst in Aachen. Sie kam aus Norddeutschland und mein Ruhm als Portrait-Maler war mir wohl vorausgeeilt. In ihren Semesterferien wollte sie bei mir ein Praktikum absolvieren. Zusätzlich wünschte sie sich, von mir gemalt zu werden. Nach kurzem Kennenlernen, sie verhielt sich sofort unkompliziert, ließ sie ohne

Aufforderung die Träger ihres T-Shirts von den Schultern fallen um mir zu zeigen, wie sie dargestellt werden wollte. Sie hatte kleine feste Brüste, muskulös hochstehend, wie man sie oft bei Tänzerinnen findet.

Ich hatte das Gefühl sie hätte sich gerne noch weiter ausgezogen, hielt aber plötzlich inne und wollte nur bis zur Taille gemalt werden. Ihren Sinneswandel begriff ich erst, als ich die Giftpfeil schießenden Blicke meiner Frau sah. Ich hatte ganz vergessen, dass Lea im Türrahmen stand. Uns beobachtend wusste sie, was werden oder geschehen würde.

Sie trug die Macht ihrer Götter in sich und ich vermutete, dass sie längst Kontakt mit ihnen aufgenommen hatte.

Im Voodoo-Kult Haitis dominieren drei Loa: *Rada*, *Ghede und Petro*. Der Rada-Kult ist der älteste und mit seinen aufbauenden Eigenschaften der sanfteste von allen. Mit der Zeit lernte ich die verschiedenen Kräfte auseinanderzuhalten, begriff, wann meine Frau diese oder jene zum Einsatz rief.

Zischend wie eine Schlange, fiel sie jetzt ins Kreolische und presste mit erblassten Lippen kaum verständliche Worte zwischen ihren Zähnen hervor:

»Petwò-Simbi Andezò.«

Ich wusste, was das zu bedeuten hatte: Sie forderte einen äußerst explosiven Geist von schwierigem Charakter auf.

Alle Götter waren im Stande schnelle Änderungen herbeizuführen oder auch den Gläubigen Unerwünschtes fernzuhalten. Ihr Einfluss auf schwere Krankheiten wurde gefürchtet, weil sie nicht nur davon befreiten, sondern die auch bringen konnten. Mit ihren kriegerischen Eigenschaften spielten sie im Unabhängigkeitskampf haitianischer

Sklaven gegen Ende des 18. Jahrhunderts eine wichtige Rolle.

Als Inga nun ahnungslos ihre Hüllen fallen lassen wollte, standen wir einer Voodoo-Priesterin gegenüber, mit der nicht zu scherzen war. Von Lea eingeschüchtert, entschloss ich mich schnell zu einem braven Portrait und hoffte, dass ich wenigstens Ingas hübsche Brüste malen durfte. Dabei blieb es. Wir einigten uns, dass meine Praktikantin für die nächsten Wochen in unserem Gästezimmer wohnen sollte.

Als wir nach unserer Blitzhochzeit auf Haiti nach Hause kamen, besaß Lea nur ihr Handgepäck und einen großen Koffer mit Kleidern. Alles andere kauften wir neu. Als kreolische Insulanerin wollte sie hier mit mir in europäischem Stil leben. Schließlich floss seitens väterlicher Vorfahren auch ein großer Anteil europäischen Blutes in ihren Adern. Ihre Großmutter mütterlicherseits war eine dunkelhäutige Afrikanerin und hatte ihr schon bei der Geburt eine Voodoo-Puppe in die Wiege gelegt. Die war und blieb ihr Lieblingsspielzeug.

Oft sah ich Lea versonnen mit dem Fetisch herumgehen, als würde sie etwas ausbrüten. Anfangs belustigte sie mich mit ihrer kindlichen Naivität. Allerdings ließ ich sie das nicht spüren, weil ich sie sonst verletzt hätte. Meine Einstellung änderte sich sehr schnell, denn sie war es, die mich eines anderen belehrte.

Durch dieses ausgestopfte Püppchen aus Sackleinen, mit Baumwollgarn grob vernäht, übte sie eine ungeheure Macht aus. Dazu besaß Lea eine Anzahl von Nadeln mit farbigen Köpfen, deren Anwendung nur ihr bekannt war.

Als sie Priesterin wurde, kamen noch andere Utensilien für spirituelle Rituale hinzu. Daraus bestand ihre Mitgift und sie errichtete ihren Altar auch gleich in einer Ecke unseres Schlafzimmers. Wie gesagt, nur anfangs belächelte ich meine junge Frau!

Was sollten mir ihre hässlichen Fetische bedeuten? Ich zwang mich, diese überhaupt nicht anzuschauen, ihre Anwesenheit zu ignorieren, obwohl sie mir Tag und Nacht im Kopf herumgingen.

Heute weiß ich, dass ich schon damals eine ungeheure Angst vor dieser unheimlichen Voodoo-Puppe hatte. Wie Recht sollte ich behalten!

Als wir Inga abends gute Nacht wünschten, warf ich beim Zubettgehen einen ersten gründlichen Blick auf Leas Altar mit der Voodoo-Puppe. Sie schien mich unverschämt anzustarren.

In ihren nur angedeuteten Ohren steckten beiderseits Nadeln, die mir die Vorstellung eines Grinsens vermittelten. Auch aus ihren unsichtbaren Augen ragten, nach unten weisend, zwei lange Nadeln mit farbigen Köpfen. Wie hypnotisiert wurde ich gezwungen, die Scham der Puppe zu betrachten. Lea hatte das Dreieck zwischen den Oberschenkeln mit rot markierten Nadeln sorgfältig abgesteckt. Mit ungutem Gefühl legte ich mich ins Bett und überlegte, ob ich sie vor dem Einschlafen darauf ansprechen sollte. Aber ich wagte es nicht, zu sehr war ich aufgewühlt.

Sollte ich mich von jetzt an vor ihr in Acht nehmen?

Am folgenden Morgen erwachte ich mit dunklen Schleiern vor den Augen. Als ich anschließend im Badezimmer meine Zähne putzen wollte, fiel mir die Zahnbürste aus meiner kraftlos gewordenen rechten Hand. Wütend rief ich Lea herbei:

»Schick deine Loa zurück oder ich erschlage sie eigenhändig mit der hier.«

Drohend erhob ich meine Linke und ballte sie zur Faust. Als spürte sie den Schlag, verzog meine Frau schmerzlich ihr Gesicht. Kurz darauf zeigte sie mir ihr unwiderstehliches Lächeln und ging zur Tagesordnung über.

Unsere Praktikantin hatte nichts von dem Intermezzo mitbekommen. Als wir gemeinsam frühstückten, war der Spuk vorbei. Ich konnte meine Finger wieder bewegen und mit meinen Augen schien auch alles in Ordnung zu sein.

Ingas Portrait, von Lea nur bis zur Taille gestattet, ging zügig voran. Ich arbeitete wie ein Besessener. Als würden Teufel hinter mir stehen, gönnte ich mir keine Ruhe und arbeitete pausenlos. Kein Wunder, dieses Bild wurde eines meiner besten Portraits.

Immer war ich darauf bedacht, meinen kreativen Rausch vor Lea zu verbergen. In diesem Zustand malte ich wie nie zuvor. In rasendem Tempo glitt der Pinsel wie von fremder Hand geführt über die Leinwand. Ähnliches hatte ich erlebt, als ich die unzähligen Skizzen von Lea anfertigte. Da konnte ich nicht aufhören zu zeichnen. Auch damals fühlte ich mich seltsam geleitet, als ich aus den Entwürfen das Beste für meine Ölgemälde auswählte.

Als wäre ich ein Anderer, vollendete ich meine Arbeit. Wer immer mich als sein Werkzeug benutzen wollte, ließ mich zu einem Ausführenden werden. War das was ich malte wirklich aus mir entstanden?

Die Unruhe der letzten Tage hatte sich gelegt. Ich war wieder der Alte, und wir konnten zu Ingas Praktikum übergehen. Aber das Schlimmste kam noch.

Täglich wanderten meine Augen mehrmals zur Voodoo-Puppe in der düsteren Ecke unseres Schlafzimmers. Ich entwickelte eine regelrechte Akribie, die veränderten Nadelungen zu beobachten. Der abgesteckte Bereich des Schamdreiecks war geblieben. Nur hatten sich die vorher roten Nadelköpfe in blaue verwandelt.

Deutete ich richtig? Was war hier im Anzug?

Rüstete man zum Kampf, konnte das nur Rot bedeuten, während Blau auflösenden Frieden brachte.

Also schien Leas Misstrauen mir und Inga gegenüber in eine Art beruhigten Zustand übergegangen zu sein. Was sie eifersüchtig gedacht hatte, war nicht eingetreten oder verhindert worden. Deshalb fasste ich Leas Einverständnis zu Ingas längerem Aufenthalt bei uns als Versöhnungsangebot auf.

Trotzdem ließ ich sie glauben, dass ich nicht hinter ihre Schliche gekommen war. Schließlich kämpfte sie mit unfairen Waffen, gegen die ich nie ankommen würde. Wollte sie dadurch unsere Liebe zerstören? Dann war sie auf dem besten Weg, denn langsam vermisste ich ihr Vertrauen.

Was ich nie wollte, trat ein!

Umgarnt eine verliebte Frau ihr ausgesuchtes Opfer, gibt es für keinen Mann eine Chance zu entkommen. Erst recht nicht, wenn Frauen freiwillig ihre Schenkel für ihn öffnen. Mir gefiel die Sirene aus dem Norden außerordentlich. Ich mochte Inga wegen ihrer natürlichen Schönheit, mit den hellblonden langen Haaren, wie vom Salz des Meeres ausgewaschen. Ständig lag ein Schimmer der Sonne auf ihnen. Sie war so ganz anders als Lea. Ein sanfter Regenschauer, der kühlend meine Haut erfrischte. Aber, ich war nicht verliebt in sie. In ihrer Gegenwart schlug mein Herz nie schneller, das hatte ich beim Portraitieren bemerkt.

Trotzdem überwältigte sie mich, als ich an nichts denkend eine Schale Obst in ihr Zimmer gebracht hatte.

Es ging sehr schnell. Unsere Vereinigung glich dem heftigen Bespringen der Tiere beim Geschlechtsakt. Der einzige Unterschied bestand darin, dass ich unter ihr lag und sie mich fest umklammert hielt.

Bei dem Ausrutscher wollten wir es belassen.

Ich weiß nicht, wie Lea hinter meinen Seitensprung gekommen war. Als wir zu Bett gingen, wanderte mein Blick gewohnheitsmäßig zur verhassten Puppe auf ihrem Altar. Mit schlechtem Gewissen stellte ich eine entscheidende Veränderung fest.

Rote Nadelköpfe leuchteten mir wie warnende Ampeln aus dem Halbdunkel entgegen. Um genauer hinzusehen stand ich auf und ging darauf zu. Dann sah ich es!

In der Mitte der Scham steckte jetzt zusätzlich eine einzelne rote Nadel, bis zum Ende in die Vagina hineingestoßen.

Als wir uns am nächsten Morgen zum Frühstück trafen, wollte Inga unerwartet abreisen. Sie wirkte verängstigt.

Ihr Gesicht war blass und Schweißperlen standen auf ihrer Stirn. Ich verstand nicht gleich und machte Anstalten, sie zum Bleiben zu bewegen. Ähnliche Bemühungen ließen sich bei Lea nicht feststellen.

War Ingas überstürzte Abreise das Resultat meines gestrigen Fehltritts? Meine Frau zeigte ihr unergründliches Lächeln, dass ich allmählich zu hassen begann. Etwas wunderte mich. Inga wollte ihr Gemälde nicht mitnehmen, obwohl ich es ihr geschenkt hatte. Es stand auf der Staffelei, da die Farbe noch feucht war. Sie verabschiedete sich ohne weitere Worte, während ich sofort mit schlimmsten Vorahnungen ins Atelier ging.

Was ich jetzt entdecken musste, war grauenvoll!

Ingas Abbild hatte sich in ein hässliches Weib verwandelt. Alles Schöne an ihrem Portrait war vernichtet worden. Ihre pulsierende zarte Haut wurde von einer schuppigen, mit schmutzigem Grau verunstalteten Fischhaut entstellt, woran schlaffe Brüste wie hängende Flossen ein trauriges Bild boten. Ihr Antlitz war von borkigen Krusten durchzogen und mit tiefen Altersfalten übersät. Mit glasigen Augen starrte sie mich böse an. Ihre wunderschönen langen Haare waren zu Stroh geworden, aus denen Würmer und allerlei Spinnenzeug hervorzukriechen schien.

Wieder einmal hatten Leas Götter gute Dienste geleistet.

Peter, der Polizist, wurde ungeduldig:

»Damian, nun müssen Sie uns aber endlich erzählen, warum Ihre Geschichte mit der meinen etwas zu tun haben soll.«

»Abwarten, lieber Freund und weiter zuhören. Auf verschiedene Art kann Leidenschaft tödlich sein. Wenn es Ihnen heute zu viel wird, machen wir beim nächsten Treffen weiter.«

Stephan, der Priester im Ruhestand, griff sofort ein:

»Ich würde sagen, Sie bringen jetzt Ihre spannende Geschichte zu Ende. Vielleicht gibt es ja keinen Mord im herkömmlichen Sinn. Aber bleiben wir doch ehrlich, im Geiste sind wir alle schon Mörder gewesen. Wenn Sie wollen, kann ich beim nächsten Treffen dazu auch etwas beitragen. Sicher werden wir bald erfahren, womit Sie sich schuldig machten.

Apropos Siezen, wollen wir nicht alle Du zueinander sagen? Wir sitzen hier stundenlang beisammen, erzählen uns die intimsten Dinge, verhalten uns aber als seien wir immer noch Fremde.«

Alle nickten zustimmend, und Damian erzählte weiter:

»Die Kunststudentin verließ noch am selben Tag unser Haus. Es lag nicht nur an unserem Ausrutscher, auch sie musste ihr schreckliches Gemälde gesehen haben. Das monströs verwandelte Bild verhüllte ich mit einem Laken und stellte es zu dem Gerümpel ausrangierter Arbeiten. Besser wäre gewesen, ich hätte mich ganz davon getrennt und unsere Ehe dadurch vielleicht gerettet. Obwohl Lea und ich uns immer noch zugetan waren, umkreisten wir uns beobachtend. Dieses Misstrauen entfremdete uns, zudem verkroch sie sich täglich mehr in ihren Kult.

Ungehemmt sprach sie mit ihren Göttern in meiner Gegenwart, obwohl ich mit ihrem Voodoo-Zauber besser nichts zu schaffen haben wollte.

Ich hatte Angst, sie zu berühren, um nur keine erneute Reaktion auszulösen. Wahrscheinlich fing ich schon an zu halluzinieren. Ich malte nicht mehr, soff, faulenzte und ließ mich gehen.

Lea wurde schwer krank. Wochenlang saß ich an ihrem Bett und pflegte sie. Die behandelnden Ärzte konnten ihr nicht helfen. Alle Medikamente sprachen nicht an, obwohl wir die besten Spezialisten bemühten. Ins Krankenhaus wollte sie nicht. Zusätzlich bekam sie eine Lungenentzündung und ihr Immunsystem sprach auf keine Therapie herkömmlicher Art an. Heute glaube ich, sie hatte sich aufgegeben. Ursächlich litt sie an einer nicht zu heilenden

Krankheit, dem Infekt eifersüchtiger Liebe. Ihr spezielles Leiden schaffte sie sich selbst. Ich hätte viel früher erkennen müssen, dass die Symptome ihrer Beschwerden einer erkrankten Seele entsprangen. Die Unruhe meines Herzens entfachte das Feuer ihres Misstrauens, trieb Lea in quälerische Gedanken. Längst wussten wir beide, dass unsere Liebe gestorben war.

Sie hatte aufgehört, in ihre Stoffpuppe Nadeln zu stechen. Da sie mich verloren hatte, machte es keinen Sinn gegen sich selbst anzutreten. Ich hätte mich ihren Göttern unterwerfen müssen, dann wäre sie vielleicht nicht krank geworden. Verstehen Sie jetzt, warum ich mich schuldig fühlte?

Schließlich rief ich Inga in meiner Verzweiflung an. Wir hatten uns nie mehr gesehen und mein Telefonat wunderte sie. Ich bat sie, uns zu besuchen, weil ich im ganzen Geschehen einen Weg zurückgehen wollte. Unter einer Bedingung versprach mir Inga, meinem Wunsch nachzugeben. Das scheußliche Bild von ihr durfte nicht mehr in unserem Haus sein. Nichts war einfacher als das!

Ich hatte mir längst vorgenommen, das unselige Gemälde zu vernichten. In einem Gewaltakt zerschnitt ich mit meinem Cutter-Messer die Leinwand und verbrannte anschließend alles im lodernden Kaminfeuer.

In der folgenden Nacht schlief ich endlich einmal wieder durch. Seltsamerweise fühlte sich auch meine Frau besser, als ich ihr von meiner Tat berichtete. Ich musste ihr sogleich die hässliche Puppe bringen und sie änderte einige Nadeln, indem sie flüsterte: »Petwò-Simbi Andezò«, dabei lächelte sie geheimnisvoll. Ich dachte, wenn sie sterben würde, könnte mit ihr eine neue Göttin geboren werden und ihr Loa-Gott *Petro* bekäme eine zusätzliche Gefährtin.

Inga stand früher als erwartet vor unserer Tür. Sie zog einen Trolley hinter sich her und ihr Kommen sah nicht nach einem kurzen Besuch aus. Ich merkte gleich, dass mit ihr etwas nicht stimmte. Sie trug einen schwarzen Filzhut mit breiter Krempe auf ihren langen Haaren, die nach vorne ins Gesicht fielen. Als sie zur Begrüßung ihren Kopf hob, sah ich es.

Schnell wollte sie an mir vorbei, in das Halbdunkel unserer Diele und murmelte unwirsch, indem sie mit der Hand eine Seite ihres Gesichtes freilegte:

»Ichthyosis, die Ärzte sagen, es ist die Fischschuppenkrankheit, kommt alles aus dem Nervensystem.«

Ihr Handrücken sah noch schlimmer aus und ich vermutete, ihr Körper war übersät mit diesen schmutzig grauen Schuppen auf krankhaft geröteter Haut.

Ich spürte, dass es an der Zeit war, sie endlich einweihen zu müssen. Der Gedanke an geheime Kräfte war ihr anscheinend noch nicht in den Sinn gekommen. Anfangs glaubte sie an einen bösen Streich meinerseits. Sie dachte, ich hätte sie extra hässlich gemalt und wollte sie wegen ihres sexuellen Überfalls strafen. Als sie mir das erzählte, war ich entsetzt und doppelt bemüht, endlich Klarheit zu schaffen.

Als sie damals überstürzt fortgelaufen und zu Hause angekommen war, hatte sie die infernalische Krankheit überfallen. Das war alles kein Zufall mehr.

Lea manipulierte uns mit der Macht ihrer Götter. Es machte wenig Sinn, den Weg bis zu seinen Anfängen zurückzugehen. Wahrscheinlich nahm alles auf Haiti seinen

Anfang, und unsere Blitzhochzeit nach wenigen Urlaubstagen war ein Beschluss ihrer Götter.

Nachdenklich saß ich mit Inga zusammen. Es kümmerte mich nicht mehr, dass Lea nach mir verlangte. Dafür hatten wir unseren Pflegedienst, außerdem nahm sie stark betäubende Medikamente.

Zuerst wollte ich aus unserem gemeinsamen Schlafzimmer ausziehen, um mich ihren gefahrbringenden Kräften zu entziehen. Mein Mitgefühl an ihrem Leiden schlug in Hass und Kälte um. Mit Hilfe ihrer Götter, hatte sie mir von Anfang an ihre Wünsche eingegeben. Konnte ich ihr überhaupt noch etwas zu Gute halten, lag es vielleicht in dem für mich erwählten Loa *Petro,* der mir nicht unbedingt Böses brachte.

Da kannte ihr Kult noch schlimmere Geistergeschosse. Trotzdem spielte sie mit unser aller Leben und ich wusste genau, dass sie ihren eigenen Krankheitsverlauf ebenfalls bestimmte. Ließ sie zu, dass ihre verhasste Nebenbuhlerin unser Haus noch einmal betrat, tat sie das nur, um mir wieder ihre geheime Überlegenheit zu beweisen.

Ich musste sie mit ihren eigenen Waffen schlagen. Im Wissen, dass sie auch jetzt wieder vorausschauend handeln würde, diskutierte ich mit Inga einen letzten Versuch, meine Frau zur Vernunft zu bringen.

Über Voodoo-Praktiken war ich genauestens informiert. Leas kultische Handlungen hatten den Boden des Erträglichen verlassen. Mit ihrer rasenden Eifersucht war sie zu einer Richterin geworden, die ohne angemessenen Grund Urteile fällte. Sollte sie noch einen Funken Gerechtigkeit im Leib haben, musste sie erkennen, dass sie das Terrain einer ehrenwerten Voodoo-Priesterin längst verlassen hatte. Ich dachte aber, einen Versuch war es wert und ich würde sie in eine friedvollere Gedankenwelt zurückbringen.

Ich wollte mit meinem Plan nicht länger warten, ihn in die Tat umsetzen und Inga mit einbeziehen.

Als wir am folgenden Tag zu Lea gingen, um Klarheit zu schaffen, fanden wir sie regungslos in ihrem Bett. Sie lag auf dem Rücken, die Hände wie zum Gebet auf der Brust gefaltet. Dazwischen hielt sie ihre Puppe. Die Leichenstarre hatte schon eingesetzt und ich war froh, dass ich ihre Finger nicht mehr auseinanderbekam, um die Puppe zu entfernen.

Als ich einen letzten Blick auf den ausgestopften Fetisch wagte, entdeckte ich mitten auf seiner Stirn eine Nadel mit schwarzem Kopf. Noch im Tod lächelte Lea unergründlich, wirkte entspannt, als würde sie nur schlafen. War sie endlich in das Reich ihrer Loa eingegangen?

In einem letzten entscheidenden Streich hatte sie sich für ihre Welt entschieden. Wieder wollte sie mir durch ihr Sterben etwas mitteilen. Begriffen hatte ich, dass sie nicht mehr mit mir weiterleben wollte. Selbst nach ihrem Tod spürte ich die Arroganz, mit der sie sich mir wieder verständlich gemachte hatte.

An Leas Krankenbett wurde Inga mir eine verlässliche Freundin. Ob sie die Verstorbene zu Lebzeiten verstanden hatte, wusste ich nicht. Rasende Eifersucht als Motiv für leidenschaftliche Ausbrüche, auch wenn sie nur im Kopf vollzogen wurden, traute ich Inga einfach nicht zu.

Meine nordische Geliebte, das war sie längst geworden, überzeugte mich jetzt mit anderen Eigenschaften.

Aber genau an dem Punkt wurde ich viel später eines anderen belehrt.

In dieser Geschichte werde ich davon nichts erzählen. Nur noch so viel:

Während wir die Tote trauernd betrachteten, brachte Inga plötzlich mit brachialer Gewalt die Voodoo-Puppe an sich. Das war wegen der Totenstarre nicht einfach.

Trotzdem gelang es ihr Leas Hände leise knackend auseinanderzubiegen, damit sie das geheimnisvolle Ding dazwischen herausziehen konnte.

Was wollte sie mit der Puppe? Darüber wunderte ich mich, kümmerte mich aber nicht weiter darum. Ich war bemüht ihre verkrampften Finger, wie zum Gebet, erneut ineinander zu verschränken. Was weiter mit der Puppe geschehen würde überließ ich Inga, die längst den Raum verlassen hatte. Ich hätte das Ding am liebsten auf dem Müll gesehen.

Aber es lebte weiter!

Peter strich sich, trotz seiner kriminalistischen Erlebnisse, über den Arm, als wollte er zu Berge stehende Haare glätten.

»Da machtest du aber Schlimmes in deiner Ehe mit. War danach Schluss mit der Zauberei oder wirkten die magischen Kräfte über den Tod Leas hinaus?«

»Die Schuppenhaut bei Inga verschwand erst, als sie sich von eigenen Schuldgefühlen befreien konnte.«

»Lass mich raten, anschließend heiratetest du Inga?«

»Jetzt bist du zum Hellseher geworden. Tatsächlich wurde die Kunststudentin später meine Frau. Aber das ist eine andere spannende Geschichte, die ich später in unserer Runde erzählen werde.«

Stephan mischte sich ein:
»Letztlich sind wir doch auf unsere Kosten gekommen. Mein Beitrag für nächsten Sonntag könnte passend sein, hat mit Gläubigkeit und Abtrünnigkeit zu tun.«

Als sie sich trafen, waren alle gespannt auf die Geschichte von Stephan. Wieder kam Olga als Letzte herein, was langsam zur Gewohnheit wurde. Sich entschuldigend hielt sie ein Glas Weißwein in der Hand, das sie im Vorbeigehen vorne an der Theke des Lokals bestellt hatte.

Dann begann Stephan mit seiner Geschichte:

IM SCHATTEN DES RABEN

Da meine Eltern mich auf den Namen Stephanus taufen ließen, war mein späterer Lebensweg vorbestimmt. Nicht umsonst sollte ich den großen Namen des ersten Märtyrers unseres Christentums tragen. Also wurde ich Geistlicher, was dem Wunsch meiner Familie entsprach.

In meiner Kindheit entwickelte ich mich höchst renitent, respektierte mir gestellte Aufgaben erst nach langen Diskussionen und mit viel Widerstand. Immer auf der Suche nach Gerechtigkeit und ehrlichen Antworten auf meine Fragen, empfand man mich oft als lästig und unbequem. Vom Bischof zum Priester geweiht, wurde ich zuerst in ein Benediktiner-Kloster beordert, um dort den Dienst am Altar durchzuführen. In dieser Abtei herrschten strenge Sitten.

Als Geistlicher mit eigenen Ansichten, musste ich mich zurückhalten, da ich mit meiner modernen Einstellung zum Glauben hier nicht weit zu kommen schien.

Sofort entdeckte ich begeistert die wunderbare Anlage unseres Klostergartens mit seinen Heilkräutern. In der schattigen Kühle alter Bäume, überall die Wege säumend, konnte ich rasten und meinen Gedanken nachhängen.

Schnell merkte ich, dass ich für das klösterliche Leben nicht geschaffen war. Andererseits wollte ich auch nicht, wie der Märtyrer Stephanus, wegen meiner unangepassten Glaubenserkenntnisse gesteinigt werden.

Im jüdischen Glauben erzogen, ging Stephanus gegen die Hohepriester seines Volkes an und schimpfte sie Verräter, weil sie Jesus verwarfen und damit ans Kreuz lieferten. Vertreter seines Glaubens auf die Anklagebank zu bringen, wurde für ihn tödlich. Verärgerte Mitglieder des Hohen Rates, führten ihn unverzüglich zu einer Steinigung vor die Stadtmauern.

Wie lautete der überlieferte Bericht nach Jesaja 53?

Die Zeugen legten ihre Kleider zu Füßen eines jungen Mannes nieder, der Saulus hieß ... Saulus aber war mit dem Mord einverstanden. Er, der später zum Paulus wurde, stimmte der Steinigung zu.

Die Erschlagung des Stephanus löste anschließend eine große Verfolgung der ersten Christen aus, an der unser verehrter Apostel Paulus mehr als beteiligt war, womit wir jetzt einen reuigen Sünder als Heiligen verehren.

Meine Anstellung bei den Mönchen verurteilte mich immer häufiger zur Untätigkeit. Die täglichen Andachten und sonntäglichen Messen genügten mir nicht. Meine Hände wollten arbeiten, und auch darin entdeckte ich gewisse Verbindungen zu dem hochverehrten Stephanus.

Warum sonst machte ihn die katholische Kirche zum Patron der vielen Handwerkerberufe. Meistens aber wurde sein Beistand bei Besessenheit und anderen körperlichen Leiden erbeten.

Auch hier im Kloster praktizierte man immer noch zur Teufelsaustreibung das *Rituale Romanum,* von 1614:

Bestehend aus Vorbereitung, vier Exorzismus Abläufen und dem Abschluss mit Magnificat und Benedictus.

Beendet wurde die Zeremonie mit dem athanasischen Glaubensbekenntnis, das die Unsterblichkeit der Seele preist.

Unser Abt schien ein Vertreter dieser Praktiken zu sein. Eigentlich fürchteten ihn alle Brüder. Als ich ihn näher kennen lernte, konnte auch ich mich nicht von Unbehagen befreien.

Sein Verhalten glich aristokratischer Würde, um nicht zu sagen, er schien hochmütig zu sein. Die Kutte trug er nicht in schlichter Haltung wie die anderen Mönche. Sie bewegten sich flink, stets mit leicht gebeugtem Haupt, während er bedächtig einher lief und mit geradem Rücken Umschau hielt.

Den lieben langen Tag standen sie unter Beobachtung und manchmal erwischte ich einen listigen Blick aus seinen prüfenden Augen, der mir nicht gefiel. Im Offizium verzichte er auf jeglichen Prunk. Niemand hätte sagen können, dass er fürstlicher schlief als wir in unseren bescheidenen Klausen.

Wirtschaftliche Einkünfte unserer Erzeugnisse wurden durch einen Laien-Abt verwaltet.

Als Weltgeistlicher wohnte er außerhalb des Klosters. Hätte ich nicht einen guten Kontakt zum Prior Franziskus bekommen, der als Assistent mit seiner geistlichen Leitung das Zünglein an der Waage hielt, wäre ich am liebsten gleich wieder versetzt worden. Durch ihn wurde mir klar, dass ich nicht so schnell aufgeben sollte.

Als ich mich anfangs beschwerte, sah er mich eindringlich an und antwortete:

»Lieber Stephanus, wir brauchen Sie hier mehr als Sie überhaupt ahnen. Ich bin ja kein geweihter Priester, als Mönch nur ein schlichter Diener Gottes. Was mir geschenkt wurde, ist mit den Vögeln reden zu können. Da ich als Benediktiner den Namen des heiligen Franz von Assisi annehmen durfte, schenkte er mir mit seinen wunderbaren Sonnengesängen auch die Liebe zum Federvieh. In Hinsicht auf Bescheidenheit bleibt er mein großes Vorbild, und ich übe mich in seiner Verehrung.«

Das machte auf mich Eindruck. Ich nahm mir vor abzuwarten, wie die Dinge sich weiter entwickeln würden.

Die Ehre eines Besuches im Empfangsraum des Abtes hatte ich bis jetzt nur einmal, bei meinem Einzug in das Kloster. Es dauerte nicht lange, da musste ich zu einem zweiten Gespräch bei ihm antreten.

Bruder Franziskus war ebenfalls anwesend und trug zu einer gewissen Beruhigung meinerseits bei. Wegen der frühlingshaften Wärme waren die bleiverglasten Fenster geöffnet und ein sanfter Wind brachte frische Luft herein. Auf dem Sims hatte sich ein Kolkrabe niedergelassen, der mich als neu Hinzugekommenen aufmerksam zu beobachten schien.

Anscheinend waren ihm die beiden in diesem Raum bekannt, denn er ließ seine klugen schwarzen Augen nicht eine Sekunde von mir, dem Neuling.

Der Abt fuhr auf:

»Da ist er ja wieder, der lästige Krächzer. Ich hoffte schon, die anderen Raben und Krähen unseres Klosters hätten den alten Kerl endlich vertrieben.«

Er wirkte erzürnt und sein Körper spannte sich in drohender Haltung als er weiter sprach:

»Eines Tages bekommt der eine Kugel in den Kopf.«

Franziskus machte einige Schritte auf das Fenster zu und stellte sich schützend davor:

»Den Vogel bekommen Sie niemals, Hochwürden.«

Ich war verwundert, den Klosterbruder so entschlossen zu erleben. Bisher kannte ich ihn sanft und angepasst, sich in kluger Überlegung zurückhaltend.

Mit fast zärtlichen Lauten wie *krâ krâ* hüpfte der Rabe vertrauensvoll an ihn heran, bis er nahe genug war, um seinen Schnabel an seiner Kutte zu wetzen.

Dass es hier viele Krähen gab, hatte ich längst festgestellt. Auf meinen Spaziergängen durch die Wege der Gartenanlage entdeckte ich ihre großen Nester in den hohen Bäumen. Durch die umliegenden Bauernhöfe mit Viehhaltung und ausgedehnten Getreidefeldern fanden sie ideale Voraussetzungen.

Die Bauern hatten vor wenigen Tagen ihr Saatgut in den Boden gebracht, und mir war nicht entgangen, dass für die Vögel eine gute Zeit anbrach. Die aufgestellten Vogelscheuchen nutzten wenig. Sie waren selten furchterregend genug, um hungrige Saatkrähen am Räubern zu hindern.

Die Schlauen fanden schnell heraus, wie sich diese blechdosenklappernden Störenfriede geschickt umgehen ließen. Ihr Krächzen konnte schon eine ungemütliche Stimmung und Verärgerung aufkommen lassen. Trotzdem verstand ich die heftige Reaktion unseres Vorstehers nicht.

Als unser Abt sich endlich beruhigt hatte, konnten wir zur Tagesordnung übergehen. Er plante eine Teufelsaustreibung für einen kranken Jungen, und ich sollte ihm assistieren. Der Exorzismus wurde in der Kapelle des Klosters durchgeführt. Da ich noch nie bei einer Seelenreinigung zugegen war und mich wegen der Notwendigkeit seitens der sehr frommen Bauernfamilien dieser Gegend fügen musste, stimmte ich zu.

Ehrlich gesagt, ich hatte wegen der Dringlichkeit auch keine andere Wahl. Das aus dem fränkischen kommende *Rituale Romanum* enthielt deutliche Warnungen für die Besessenen, die sich oft unflätig verhielten.

Insgesamt fand ich die Formulierungen noch akzeptabel. Trotzdem stießen mich die quälend in die Länge gezogenen Litaneien zur Behandlung ab, weil sie perfide ausgeklügelt wirkten. Gläubige einfache Bauern, die sich im Geiste schon mit einem ihrer Angehörigen vor den Pforten der Hölle sahen, wurden derart eingeschüchtert, dass sie allein wegen ihrer Nichtigkeit und Bedeutungslosigkeit kaum noch zu hoffen wagten.

In früheren Zeiten waren Irrenanstalten auch nichts anderes als Orte psychiatrischer und exorzistischer Versuche. Da zogen Familienmitglieder eine oder mehrere Behandlungen eines Verwirrten oder nur Verirrten unter dem Schutz der Kirche jeder anderen Folter vor.

Teufelsaustreibungen waren und sind so unnütz wie der Versuch, ein undichtes Gefäß mit Wasser zu füllen. Auffälliges Verhalten wurde allzu schnell mit dem Teufel in Verbindung gebracht. Deshalb folgten die schlimmen Zwangsrituale. Ich hoffte nicht, dass mir hier bei der Befragung Ähnliches begegnen würde.

Sollten wirklich böse Geister aus einem Menschen sprechen, sich seines Körpers bemächtigen, handelte es sich wohl mehr um Ausdruck seelischer Qualen.

Bruder Franziskus hätte mir sicher mehr berichten können. Sprach ich ihn darauf an, blieb sein Mund verschlossen. Er war einer der ältesten Mönche im Kloster. Als Prior kannte er alle Geheimnisse, auch die, über die man besser nicht reden sollte. Als Vertreter des Abtes hielt er alle Schlüssel in der Hand. Mutig bot er unserem Abt die Stirn, wies ihn manchmal in seine Schranken. Wusste er zu viel von dessen Vergangenheit?

Während des ganzen Gespräches mit unserem Abt wich

der Rabe nicht vom Fenstersims. Unruhig lauschend, auf seinen kräftig mit Krallen bewehrten Füßen hin und her hüpfend, wurden aus seinen verhaltenen *krâ krâs* langgezogene trauernde Krajé-Rufe, bis er schließlich schwerfällig davonflog.

Bruder Franziskus nannte die Krähe Toni. In seinen Gedanken fanden sich immer Allegorien zu irgendwelchen Personen und meistens drückte er sich schlicht aus:

»Der heilige Antonius, Patron der Tiere, verlieh seinem Schützling besondere Flügel und den Verstand, der Wahrheitsfindung auf die Spur zu kommen.«

Redselig, wie ausgewechselt fuhr er fort:

»Vor zwei Jahren wurde in unserer ehrwürdigen Kapelle ein Junge durch Exorzismus behandelt. Wie immer führte unser Abt das Ritual erfolgreich durch. Trotzdem verstarb der Bauernjunge am nächsten Tag zu Hause. Bestimmt litt er an einem Herzleiden, das einer medizinischen Behandlung bedurft hätte. Bei der Ausstellung des Totenscheins bestätigte der hinzugerufene Arzt ein Herzversagen.

Da aber die Austreibung seiner Dämonen von der Mutter gewünscht wurde, sie ausdrücklich darauf bestand, dass nur der Abt dazu berufen sei, gab es keinerlei Anschuldigung.«

Ich wunderte mich immer mehr und fragte ihn:

»Was hat der Rabe denn mit dem Verstorbenen zu tun?«

»Ich merke schon, vielleicht kommen Sie selbst darauf. Erzählte ich anfangs, ich könnte mit den Vögeln sprechen, stimmt das nicht ganz. Eigentlich reden sie mit mir, wenn es ihnen gefällt. Wie in einem Buch lese ich dann aus ihrem Verhalten. Der Kolkrabe, den Sie heute bei unserem

Abt kennenlernten, ist schon alt und sehr erfahren.

Er gehörte diesem Bauernjungen, von dem ich soeben sprach, und blieb zu Lebzeiten sein ständiger Begleiter. Noch immer hält er ihm Treue über den Tod hinaus.

Robert war ein wilder Bursche. Schon in seiner Jugend ritt er beim Pflügen auf einem kräftigen Kaltblüter über die Felder. Singend und pfeifend schaute er den erdigen Krumen nach, wenn sie zur Seite sprangen, weil sie tiefen Furchen weichen mussten.

Immer ritt er ohne Sattel mit nacktem Oberkörper. Auch bei kälteren Temperaturen ließ er sich selten zu wärmender Kleidung überreden. Sah man ihn, saß auch der gezähmte Kolkrabe auf seiner Schulter. Sie teilten Nahrung und Leben. Er war der einzige Sohn einer hübschen Bäuerin. Sie können das unweit liegende Gehöft erkennen, wenn Sie das Gelände hinter unserer Gärtnerei verlassen. Den Namen seines Erzeugers brachte im Dorf keiner über die Lippen, obwohl insgeheim jeder wusste, wer sein Vater war.«

Das Grab eines Jungen hatte ich bei meinen Rundgängen entdeckt und mich gefragt, warum täglich frische Blumen darauf standen, während die anderen Gräber unseres Friedhofs vergessen wirkten. Wer trauerte auch schon einem verstorbenen Mönch nach, wenn er keine Angehörigen hatte? Was auf dem Grabstein zu lesen war, wunderte mich. Neben dem Geburts- und Sterbedatum stand:

Robert Krings. Ein Sohn ist von uns gegangen.

Gesalbt und geölt nahm der Himmel ihn gnädig auf.

Ich stellte mir vor, dass einer unter den Trauernden war, der den Knaben mit heuchlerisch pathetischen Worten auf seinem letzten Weg zu Grabe trug, während eine Schar von Krähenvögeln, mit verzweifelt schrillen Rufen, über den

Friedhof kreiste. Vielleicht hielt anschließend ein einsamer Rabe seine Totenwache.

Bruder Franziskus erzählte mir, dass der Abt den Burschen nach dem Exorzismus-Ritual noch mit der letzten Ölung versehen hatte, als ob er gewusst hätte, dass der Junge sterben würde. Er stand hinter ihm, das Turibulum mit Weihrauch schwingend und konnte nicht sehen, womit der junge Mann sonst noch versorgt wurde.

Einziger Zeuge blieb der lauernde Rabe.

Als sie Robert für das Exorzismus-Ritual auf einer Trage in die Kapelle brachten, hatten sie große Mühe, den Vogel von ihm zu trennen, weil er sich nicht verscheuchen ließ. Nicht nur unser Prior bekam den Vorgang mit, auch der Abt horchte auf, als er mit rauschendem Flügelschlag in die Kapelle flog. Trotzdem versuchten alle ihn zu ignorieren.

Während der anschließenden Zeremonie beugte sich der Abt mehrmals über das Gesicht des Bedrängten, verströmte den Hauch seines Atems über ihm und erneuerte im Glaubensbekenntnis das Taufversprechen.

Beim Auflegen seiner Hände verspannte sich der Körper des Burschen, und er murmelte Worte in fremder Sprache, die niemand verstand. Als der Abt das Kreuz über ihn hielt, schloss der Kranke die Augen, als Zeichen für alle Beteiligten, dass er nun bereit war, sich von seinen Dämonen zu trennen. Laut und vernehmlich sprach der Abt die an Gott gerichtete Bittformel. Anschließend befahl er dem Teufel, im Namen Jesu den Körper des Besessenen zu verlassen. Danach folgten Danklied, Gebet und Segnung.

Endlich erfuhr ich vom Bruder Franziskus, warum der

Junge so krank geworden war. Bevor er geboren wurde, arbeitete seine Mutter als Küchenhilfe im Kloster. Nach einiger Zeit bemerkten die Mönche, dass sie schwanger war. Damit niemand vom Kloster in Verdacht kam, wurde sie entlassen.

Glücklicherweise fand sie eine Anstellung als Magd im nahe gelegenen Bauernhof. Der verwitwete Bauer Krings, war kinderlos geblieben. Er nahm die Schwangere nicht nur aus Mitleid auf, auch wegen ihres angenehmen Äußeren. Noch vor ihrer Niederkunft wurde geheiratet.

Das Kind war dem Bauern schnell ans Herz gewachsen und entsprach seinen Vorstellungen und Wünschen. Im Dorf zweifelte jeder seine Vaterschaft an, obwohl niemand wagte, darüber zu sprechen.

Robert wuchs zu einem kräftigen Knaben heran. Er liebte die Arbeit auf dem Bauernhof, war intelligent und besuchte deshalb das nahe gelegene Gymnasium. Bei seiner Abiturfeier wurde er von einem seiner Kameraden als Hochwürden angesprochen und einige grinsten, als wüssten sie mehr als er. Robert verstand es nicht. Nachdem er seinen Eltern davon erzählt hatte, mussten sie sich endlich offenbaren. Was er erfuhr, erschütterte ihn.

Zornig lief er in den Stall, pfiff seinem Raben, sprang auf sein Pferd und ritt mit dem Vogel auf der Schulter, querfeldein zum Kloster.

Schon an der Pforte landete er direkt in den Armen des Priors. Wütend verlangte er, beim Abt vorstellig werden zu dürfen. Der aber ließ ihn nicht eintreten, verweigerte jedes weitere Gespräch, und ordnete an, dass der Eindringling das Klostergelände umgehend zu verlassen hätte. Darüber wurde Robert noch böser, weil der Prior ihm nicht weiterhelfen wollte. Zornig ritt er nach Hause, schloss sich in der Scheune ein und bekämpfte Hass und Wut auf sich und die Welt mit Alkohol. Als man ihn schließlich fand, kam er nicht mehr zu sich und wurde im Delirium ins Krankenhaus eingeliefert. Es sah aus, als hätte sein Hirn dauerhaft Schaden genommen. Die verzweifelten Eltern dachten an priesterliche Hilfe. Sicher hoffte die Mutter, dass der Abt etwas gut machen würde, indem er jetzt zu seiner Heilung beitrug.

Unser Garten wurde in meiner Freizeit zu meinem liebsten Aufenthalt. Hier konnte ich entspannen und es duftete nach verschiedensten Kräutern. Ich zweifelte nicht daran, dass die Mönche große Kenntnisse über ihre Anwendung hatten.

Nachdem der Junge die Austreibung überstanden hatte, konnte ihm ein Gift verabreicht worden sein, auch wenn der Arzt einen Herzinfarkt festgestellt hatte.

Bei den Kräuterkenntnissen war es möglich, Giftpflanzen wie Eisenkraut, Fingerhut oder Schierling zu verabreichen, die erst viele Stunden später zum Tode führen konnten. Unserem Abt hätte ich dieses Wissen zugetraut.

Nachdem ich von Roberts trauriger Geschichte erfahren hatte, gefiel mir mein Aufenthalt im Kloster immer weniger. Ich konnte nicht verhindern, gewünschten Exorzismus-Ritualen beiwohnen zu müssen. Schließlich war ich als Geistlicher dazu verpflichtet. Allerdings hielt ich mich immer weniger mit meinen unangepassten Äußerungen zurück. Die Mönche steckten ihre Köpfe zusammen, tuschelten über mich und neuerdings auch über den Prior, als wären wir Störenfriede geworden. Heute weiß ich, dass sie alle nur in größter Angst vor ihrem Oberhaupt zitterten.

Seitdem ich von der schrecklichen Geschichte wusste, ging ich jetzt täglich zum kleinen Friedhof, weil mir die frischen Blumen auf dem Grab von Robert gefielen.

In der Nähe stand eine Bank zum Verweilen, unter einer großen Buche. Ich lauschte dem Gekrächze der Krähen, die in den Nestern munter ihre Jungen fütterten.

Es war Sommerende und die Ähren der Getreidefelder standen in voller Kraft. Nur der verblühte wilde Mohn dazwischen zeigte den beginnenden Herbst an.

Eines frühen Morgens ging ich zum letzten Mal zu dieser ruhigen Stelle, um meine Gedanken zu ordnen. Da sah ich den mir zum Freund gewordenen Mönch zusammengesunken auf der Bank sitzen, mit beiden Händen das Gesicht bedeckend. Tränen rannen zwischen seinen Fingern hervor. Als er mich bemerkte, schluchzte er kaum verständlich:

»Jetzt hat man seinen Raben auch noch umgebracht.«

Ich dachte sofort, der Abt hätte seine Warnung wahrgemacht und den Vogel erschossen. Dem war nicht so!

Franziskus wies auf das Grab von Robert und jetzt sah auch ich den toten Vogel, inmitten des blühenden Beetes. Sein Gefieder glänzte wunderbar blauschwarz. Eine äußere Verletzung oder gar Blut konnte ich nicht finden. Während wir ihn mitleidig, in gedachter Schulternähe seines Herrn, unter der Erde beisetzten, erfuhr ich was geschehen war.

Jeder im Kloster wusste von der besonderen Begabung des Priors und längst trug er den Spitznamen Vogelflüsterer. Gewohnheitsmäßig vor dem Schlafengehen, legte Bruder Franziskus Brotkrumen oder andere Essensreste für den Raben auf die Fensterbank seiner Klause.

Der Kolkrabe bevorzugte tierische Nahrung. Es war Freitag, da gab es kein Fleisch zum Abendessen. Er bekam also nur Käserinden und ein paar Brotkrumen.

Jeden Morgen prüfte der Prior, ob der Rabe sein Futter geholt hatte. So entdeckte er frischen Speck, der nicht von ihm ausgelegt worden war. Gleich überfiel ihn eine schlimme Ahnung. Er kratzte die restlichen Stücke zusammen und hob sie in einer Plastiktüte auf.

Da der Vogel oft auf dem Grabstein seines Freundes Wache hielt, hoffte er, ihn auch heute dort zu finden. Aber wie vermutet, leider nur noch tot.

Um meinen Freund zu trösten schlug ich vor, die Speckreste in einem Labor auf Giftrückstände untersuchen zu lassen. Er hatte gehofft, dass ich Ähnliches sagen würde.

Sofort griff er in seine Kutte, holte eine kleine Tüte hervor, und gab sie mir mit den Worten:

»Ist besser, ich weiß nichts davon.«

Auch er gehörte zu den verlorenen Gläubigen, die in unaufgeklärten Geschehnissen ihr Schicksal gehorsam von Gott annahmen, wie es die Kirche von ihnen verlangte.

Wie nicht anders erwartet, zeigte die von mir veranlasste Laboruntersuchung eine hohe Konzentration Rattengift an. Ohne es beweisen zu können, hatte ich nur einen Menschen in Verdacht. Ich nahm mir vor, bei dieser Angelegenheit Gerechtigkeit walten zu lassen.

Aber der Zeitpunkt war noch nicht gekommen!

Für mich wurde es höchste Zeit, dieser Institution den Rücken zu kehren. Wie lautete die Stelle in der Bibel, bevor Stephanus hingerichtet wurde: Die Zeugen legten ihre Kleider zu Füßen eines jungen Mannes nieder, der Saulus hieß ...Saulus aber war mit dem Mord einverstanden.

Zum Glück wurde er später zum reuigen Paulus, einem

unserer bedeutendsten Apostel.

Ich wollte nicht auf die Läuterung eines ehrwürdigen Abtes zu irgendeiner Zeit warten. Deshalb zog ich es vor, die schmerzhafte Steinigung meines Verstandes zu verhindern.

Deprimiert entschloss ich mich, das Kloster endgültig zu verlassen und dem Priesteramt zu entsagen.

Seit dem trage ich, aller kirchlichen Ehren und Würden beraubt, meinen Gott in mir.

Julia, eine dezent geschminkte Frau, die sehr ernsthaft gelauscht hatte, mischte sich fragend ein:

»Stephanus, dann bist du jetzt ein Abtrünniger?«

»Nicht ganz so schlimm, das Kreuz an meinem Revers lasse ich mir nicht verbieten. Ihr wisst ja, die Hoffnung stirbt zuletzt. Damals war ich noch jung und widmete mich einem zweiten Studium, dem Gartenbau. Ich blieb Junggeselle und genieße seitdem meine wiedergewonnene Freiheit. Fest steht, die Ausübung unseres Glaubens, wie ich sie damals erlebt habe, sollte es so nicht geben.«

»Und damit ist deine Geschichte zu Ende«, ereiferte sich Julia.

»Ja und nein! Ich würde sagen, sie erfindet sich neu.«

Jetzt blickte Olga angespannt auf:

»Also gibt es eine Fortsetzung?«

»Manchmal sollte man kurz innehalten, um den Sinn menschlichen Fehlverhaltens deutlicher werden zu lassen.«

Mit der Erklärung schienen alle zufrieden zu sein.

Julia rückte sich auf ihrem Stuhl zurecht und es sah aus, als wollte sie jetzt etwas zur Unterhaltung beitragen:

»Unglaublich, was mir vor einigen Jahren passiert ist.

Das hat auch mit dem Gefühl zu tun, von Gott verlassen zu sein. Seht hier, meine Narbe an der Schläfe! Allerdings trage ich den Schmiss mit Stolz.
Aber lasst mich erzählen:

VERGELTUNG

Eines Tages, es ist mindestens zwanzig Jahre her, stand eine Ärztin des Veterinäramts vor meiner Tür und hielt mir eine Anzeige vor die Nase.

Die hatten mir Nachbarn unseres Grundstücks eingebrockt. Ich entsinne mich noch, als wäre es gestern gewesen. Mit lächerlich wirkenden Worten begrüßte die Frau mich, während sie das Schriftstück in ihrer Hand hin und her wedelte:

»Hinten auf der Straße und in den Gärten laufen Ihre Anwohner mit Mundschutz herum.«

Kaum stand die sympathisch wirkende Tierärztin mir gegenüber, erkannte sie mich sofort:

»Ach, Sie sind es, wir kennen uns doch aus einem anderen Fall, dem mit den Pferden. Ich glaube, man gab mir eine falsche Adresse. Hier steht, dass Sie mehrere Katzen in sehr schlechtem Zustand in einem Blockhaus gefangen halten.«

Ich war genauso verwundert wie mein Gegenüber, bat sie aber sofort herein, damit sie ihrer Pflicht nachgehen konnte. Auf meinem Grundstück zeigte ich ihr zwei gepflegte Blockhäuser im hinteren Teil des Gartens. Das eine lag linksseitig und wurde als kleine Werkstatt benutzt. Das andere stand eingebettet zwischen hohen Kiefern. Ich spürte wie ihr wegen des Auftrags der Mut sank und sie sich am liebsten auf dem Absatz umgedreht hätte:

»Sie müssen wirklich entschuldigen, ich wusste ja nicht, dass Sie es sind.«

Ich beruhigte die Ärztin schnell:

»Nein, kommen Sie nur weiter. Ich halte dort vier vom

Tierheim übermittelte Katzen. Ist nur eine Übergangslösung. Ich möchte sie ganz langsam mit ihrer neuen Umgebung vertraut machen, sie selbstverständlich später ins Haus nehmen und gleichzeitig zu Freigängern werden lassen. Ihre Anzeige ist schon die zweite in der gleichen Angelegenheit. Erst vor drei Wochen bekam ich Probleme mit dem Bauamt. Man warf mir vor, die nachbarliche Grundstücksgrenze nicht eingehalten zu haben. Das Katzenhaus müsste um achtzig Zentimeter versetzt werden.

Ich hatte die baulichen Bestimmungen nicht genau eingehalten. Meine Katzen, die sich kaum eingewöhnt hatten, mussten jetzt kurzfristig für den Umbau ins Wohnhaus genommen werden. In einem langen Arbeitstag, mit Ab- und Neuaufbau, versprachen mir drei Handwerker, diese unangenehme Situation schnell zu ändern.«

Ich weiß nicht, worüber wir uns während der Besichtigung des beheizten Blockhauses mit Bodenbelag, Katzenbäumen und gemütlichen Schlafgelegenheiten unterhielten.

Längst redeten wir nicht mehr über meine Katzenhaltung. Eher schon über den Sinn eilfertiger und vorsätzlich bösartiger Anzeigen, die geschaffen waren, anderen das Leben zur Hölle zu machen. Wir diskutierten aber auch darüber, dass man lieber etwas gegen Tierschänder unternehmen sollte, anstatt Tierschützer anzuzeigen.

Ein gewalttätiger Mensch, der einem anderen die Peitsche mit voller Wucht quer über das Gesicht zieht, bezweckt nichts anderes, als diesen demütigen zu wollen.

Als ich meinen ersten und hoffentlich einzigen Schlag in meinem Leben mit einer Kutscherpeitsche zu spüren bekam, war ich längst zum Rächer geworden, womit wir beim Thema Pferde angelangt sind. Am liebsten hätte ich bei Nacht und Nebel, mutig auch am Tag, an jeder Stalltür vermuteter Pferdeschinder mein Zeichen eingebrannt. Ich ging im wahrsten Sinne des Wortes über Stock und Stein, stieg über Zäune um da zu sein, wo Unrecht geschah.

Wir bildeten eine Gruppe engagierter Frauen!

Ja, wir waren ausschließlich Frauen, die ihr Geld zusammenrafften, um armen Pferdekreaturen eine bessere Welt zu schaffen. Dabei waren wir längst nicht so begütert, dass es für alle ein Leichtes gewesen wäre. Wurde es nötig, griffen die finanziell besser Gestellten für die anderen tiefer in die Tasche.

Eines lernte ich damals: Gute Pferdehaltung bedeutet für ihre Besitzer einen großen Aufwand. Den Bedürfnissen eines Pferdes gerecht zu werden ist vielschichtig. Da genügt nicht nur die Stallhaltung. Wegen ihrer Bewegungsfreiheit sollten sie eine grüne Weide mit Unterstand bekommen, und gibt die Wiese nicht genug Nahrung her, muss beigefüttert werden. Kommt der Tierarzt zu oft, kann das schon auf eine nicht artgerechte Haltung hinweisen.

Nicht von Katzen, von Pferden handelt meine Geschichte. Buchstäblich entsprang sie einem Zeitungsbericht über einen Pferdeschinder unserer Gegend.

Reiten konnte ich nicht!

Trotzdem besaß ich plötzlich fünf Pferde, die ich mit einem Kauf trächtiger Stuten vom Händler befreit hatte. Deshalb erwartete ich in einigen Monaten Zuwachs.

Das alles geschah ohne Pferdekenntnisse, ohne Unterbringungsmöglichkeiten, Boxen, Pachtweiden, Futter und so weiter. Blauäugig wusste ich nur eines: Diese Tiere wollte ich schnellst möglich in bessere Hände vermitteln.

An einem kalten Januarmorgen lernten wir uns vor dem Stacheldraht einer steilen Wiese kennen. Vier Frauen und ich, bewegt von Mitleid und Anteilnahme. Jede von uns hatte am Vortag den erschütternden Zeitungsbericht über verwahrloste Pferde gelesen, der uns Tränen in die Augen trieb.

Endlich deckte ein mutiger Journalist das Elend einer Herde von etwa einem Dutzend dahinvegetierender Pferde auf. Bisher fuhren alle, auch wir, täglich auf der Landstraße an dem viel zu steilen Hang vorbei, ohne die Tiere eines genaueren Blickes zu würdigen.

Der aufrüttelnde Artikel in der hiesigen Zeitung, brachte in unserem Dorf und darüber hinaus einiges in Bewegung. Zumindest wurde für einen Tag die Aufmerksamkeit auf das Leid unserer stummen Brüder gelenkt. Es geht nicht nur um Schweine, Rinder und Federvieh, für die wir uns wegen schlechter Stallhaltung schämen müssen.

Wie sollen wir mit den Menschen besser umgehen, wenn wir vor keinem Lebewesen Respekt haben?

Jedenfalls standen meine Mitstreiterinnen und ich an jenem frostigen Morgen fassungslos vor der armseligen Herde. Die Tiere hatten weder Wasser, das sowieso gefroren wäre, noch Nahrung, auch keinen Unterschlupf.

Mit ihren mageren Hälsen, gesenkten Rücken und eingefallenen Flanken unter glanzlos struppigem Fell, boten sie ein Bild des Jammers. Ich wollte ihren Halter gar nicht kennenlernen, was sich aber leider später nicht vermeiden ließ.

Glücklicherweise sah ich den Schinder nur zweimal in meinem Leben. Ich war froh, dass die anderen Frauen sich um die Verhandlungen und den Ankauf der Tiere kümmerten. Zum Ausgleich war meine finanzielle Beteiligung an der Aktion entscheidender. Unser Bestreben war, alle hier auf dem Hang stehenden Pferde zu kaufen und besser unterzubringen. Bevor es dazu kam, mussten allerdings viele Hürden überwunden werden, und ich steckte den ersten Peitschenhieb meines Lebens ein.

Als ich diese bittere Erfahrung machte, befanden wir uns schon mitten in unseren Problemen. Schnell erschöpften sich unsere Möglichkeiten. Dringend hatten wir begriffen, dass unser Wissen durch Fachleute erweitert werden musste, um bessere Lösungen zu finden. Winterliche Kälte trieb uns zur Eile.

Anfangs beschränkten wir uns darauf die Pferde, an Ort und Stelle, zumindest mit Wasser und Futter zu versorgen. Nicht immer konnten wir warten, bis unsere gekauften Brote durch Lagerung trocken genug waren, damit wir den Pferden keine Blähungen verursachten. Die Tiere waren so ausgehungert, dass sie sich gegenseitig mit den Hinterhufen traten und mit Bissen vom Futter wegdrängten.
Selten trafen wir uns alle gemeinsam vor Ort. Deshalb hatten wir zu wenige Hände, die uns entgegenkommenden Mäuler gleichzeitig zu versorgen. Da ich nicht berufstätig war, verfügte ich über mehr Freizeit als die anderen. Zweimal am Tag fuhr ich hin.

Eines Tages überraschte mich der Pferdebesitzer am Straßenrand. Weit und breit war keine Menschenseele in Sicht. Er stieg aus seinem Auto, hielt eine Kutscherpeitsche in der Hand und näherte sich mir:
»Sie müssen die Brote weiter auseinanderwerfen, so wird das nichts.«

Mit der Unverfrorenheit hatte ich nicht gerechnet.

Es gelang ihm mich einzuschüchtern, obwohl doch ich an der Reihe war, ihm ein paar passende Worte zu sagen. Als er immer näher kam, wich ich zurück und wollte zu meinem Auto gehen. Er folgte mir und ich vermutete nichts Gutes:

»Das trifft sich aber gut. Sicher bist du eine von den blöden Weibern, die mir an den Kragen wollen. Euch Besserwisser rieche ich kilometerweit. Soll ich dir sagen, wie die Pferde aussehen, wenn ich sie an der Grenze aus Polen und Rumänien abhole? Das ist alles Schlachtvieh und ich gebe ihnen eine zweite Heimat.«

Jetzt verlor ich jede Unsicherheit und drehte mich zu ihm um:

»Das sieht man, als Wohltäter der Pferde bekommen Sie demnächst noch einen Orden vom Veterinäramt. Was Sie tun, ist noch schlimmer. Sie kaufen kranke unterernährte Tiere für wenig Geld und schinden sie hier weiter. Dazu lassen Sie alte Stuten noch decken.«

Stolz erhobenen Blickes veränderte der Händler seine Haltung und kam mir so nahe, dass ich seinen alkoholisierten Atem roch:

»Die Schwarze dahinten ließ ich sogar von einem Friesen decken, und den Schimmel von einem Appaloosa. Die Stuten sind alles Doppelponys, kriegen demnächst prächtige Fohlen.«

Ich wusste längst, welche von den zwölf Tieren, die in dem Hang standen, ich erwerben wollte. Und die soeben vom ihm beschriebenen, waren auch dabei.

Unsere Anzeige gegen ihn, mehr als Demo mit Unterschriften gedacht, wollten wir erst nach unserer Rettungsaktion starten. Ihm war nicht zu trauen. Wir mussten sehr behutsam vorgehen, damit er nicht zu früh Wind von unseren Absichten bekam. Letztlich bestand unser Ziel darin, endlich daran beteiligt zu sein, dass dem Pferdeschinder das Handwerk für alle Zeiten gelegt wurde. Bisher war man vor Gericht seiner nie habhaft geworden, das ließ sich deutlich aus dem Zeitungsbericht herauslesen. Witterte er Gefahr für sich, schaffte er die Tiere einfach woanders hin. Alle bisherigen Prozesse gegen ihn wurden niedergeschlagen. Bekam er eine Strafe, dann war es lediglich eine wenig schmerzende Geldzahlung.

Sein Gehöft mit dem katastrophalen Stall, als letzte Station geschundener Tiere, war den Behörden bekannt. Man erzählte sich Gruselgeschichten über ihn, von unsachgemäßen Kastrationen, und jeder mied sein ungepflegtes Anwesen. Der Mann war Pferdemetzger. Auf seinem Grundstück gab es eine Stelle, an der immer Knochen von geschlachteten Tieren herumlagen.

Schutzlos, wie ich vor dem Schinder stand, wollte ich ihn nicht weiter reizen. Die letzte Provokation ging von ihm aus und darauf war ich nicht vorbereitet:

»Sollte ich dich noch einmal hier sehen«, er ging einige Schritte zurück, um ausholen zu können, »bekommst du nicht nur meine Peitsche zu spüren.«

Mit voller Wucht traf er mich an meiner linken Schläfe. In diesem Moment wusste ich, dass er mit Frauen genauso schlecht umging, wie mit seinen Pferden.

Erschrocken fuhr Olga auf, während ihre knochigen Finger ein Glas Mineralwasser umfassten.

»Du brachtest den Mann danach nicht wegen Körperverletzung sofort zur Anzeige? Dem hätte ich was erzählt.«

»Bei unseren Behörden muss immer erst ein Mord geschehen meine Liebe, das weißt du doch auch. Gerade wegen der Unberechenbarkeit dieses Mannes dachte ich damals nur daran, unser Unternehmen nicht zu gefährden.«

Peter mischte sich ein:

»Das stimmt, die Polizei hätte nichts machen können. Im Gegenteil, Julia, bei deinem Engagement hätte dir noch was ganz anderes passieren können. Am Ende wärest du noch die Schuldige gewesen.«

Olga ärgerte sich, dass der Polizist immer das letzte Wort haben wollte und trumpfte auf:

»Ich hätte mir das jedenfalls nicht gefallen lassen.«

»Habe ich auch nicht. Wie schon erwähnt, sah ich den brutalen Menschen nur zweimal in meinem Leben. Das erste Zusammentreffen hatte ich also hinter mir, zu einem zweiten wollte ich es nie mehr kommen lassen, aber hört weiter.«

Wir Frauen hatten das Für und Wider einer sofortigen Anzeige meinerseits ausreichend diskutiert.

Wir wurden uns einig, nichts Weiteres zu unternehmen, um die gemeinsame Sache nicht zu gefährden.

Eine Gestütsbesitzerin aus der Umgebung bot mir an, als Strohfrau aufzutreten, um meine ausgewählten Pferde von dem Händler zu kaufen. Ihr war es schneller möglich, Gründe für einen Ankauf zu finden. Die anderen Mitstreiterinnen verhandelten ihre Käufe eigenständig.

Den Großteil meiner Pferde brachte ich gegen Bezahlung bei der Pferdefreundin unter. Mit ihrer Hilfe fand ich für die anderen Tiere geeignete Unterkünfte. Für die tragenden

Stuten mit ihren Fohlen gab es schon Interessenten. Junge Mädchen, die zur Pflege bereit waren, um auf diesem Weg an ein eigenes Pferd zu kommen.
Erst danach wurden wir beim Veterinäramt vorstellig, um eine Anzeige machen. Wir hofften, dass man ihm endlich das Handwerk legen würde.
Als wir gefragt wurden, ob wir vor Gericht als Zeugen auftreten würden, bejahten wir.

Lange Zeit hörten wir nichts von der Behörde, und eigentlich waren ja auch alle Pferde bestens versorgt.

Wir zeigten an, was schon vergangen war. Hatten wir uns ein Eigentor geschossen? Prinzipiell schien der Pferdehändler sich jetzt über seinen plötzlich blühenden Handel zu freuen was vermuten ließ, dass er schnell für Nachschub sorgen würde. Das ließ sich leider nicht verhindern.

Tatsächlich bekam ich, neben drei Doppelponys, eine Appaloosa mit kakaobraunen Flecken auf weißer Kruppe und einen pechschwarzen Friesen mit wunderschönem Kötenbehang und herrlicher Mähne. Alle Fohlen wurden zur Osterzeit geboren.

Es waren schöne Tiere, da hatte er nicht gelogen. Von Beginn an wusste ich, dass die Pferde mir nie gehören würden, obwohl ich nun monatlich eine beträchtliche Geldsumme für ihren Unterhalt auf den Tisch blättern musste. Da ich verwitwet war und wieder eine Aufgabe suchte, war mir mein Ansinnen als Tierschützerin wichtig geworden.

Trotzdem nahm ich mir vor, in absehbarer Zeit Menschen zu finden, denen ich die Pferde zu schenken gedachte.

Allerdings mit der Auflage, sie niemals weiterverkaufen

zu dürfen. Genau wie ich, sollte sich kein zukünftiger Pferdehalter an ihrem Besitz bereichern.

Wie vermutet, standen später wieder Pferde auf dieser steilen Wiese. Jetzt waren es noch ältere Tiere. Sie boten ein Bild von Chimären apokalyptischer Reiter.
Warum musste ich bloß wieder anhalten und aussteigen? Wollte ich mir eine zweite Tracht Prügel einhandeln?

Es war ein herbstlicher Tag. Feuchte Nebelschwaden krochen mir durch die Kleider, da entdeckte ich ihn.

Er stand auf der Anhöhe und schlug mit seiner Kutscherpeitsche auf ein Pferd ein.

Herzzerreißendes Wiehern drang an meine Ohren.

Jetzt schaute ich genauer hin. Der Feigling benutzte eine lange Peitsche, damit er sie mit größerem Abstand schlagen konnte. Sicher hatte er Angst getreten zu werden. Aber diesmal schien er sich verrechnet zu haben. Das Pferd machte einen Sprung nach hinten und er stand so ungünstig, dass ein Huf ihn doch am Kopf traf.

Ich sah den Peiniger stürzen und zögerte nicht, zwischen dem Stacheldraht durchzuklettern. Angst nahm mir die Luft. Als ich schweratmend oben ankam, lag er immer noch am Boden und stöhnte. Sein Kopf blutete stark und bildete im welken Gras schon eine dunkle Lache.

Mit aufgerissenen Augen starrte er mich an, als ich ihm mutig entgegentrat.

Erkannte er mein Gesicht?
Gewaltsam löste ich den Peitschengriff aus seiner geballten Faust. Jetzt sah ich Furcht in seinem Blick …

Was ich noch nie in meinem Leben getan hatte, geschah.

Ich blieb vor ihm stehen, grinste ihn an, und versetzte ihm mit dem Knauf seiner Peitsche einen kräftigen Hieb ins Gesicht. Gefühllos und kalt drehte ich mich auf dem Absatz um und ging ohne Worte.

Wegen meiner unterlassenen Hilfe machte ich mir keine Vorwürfe. Erst als ich in mein Auto eingestiegen war bemerkte ich, dass ich immer noch seine Peitsche in der Hand hielt.

Später las ich in der Zeitung, dass der Pferdehändler noch an Ort und Stelle seinem verdienten Huftritt erlegen war. Statt ihn zu schlagen, hätte ich ihm helfen müssen.

Aber ich empfand kein Mitleid!

Damit stand ich nicht allein. Er gehörte zu den Menschen denen keiner, auch nur eine Sekunde, nachtrauern würde. Der Mann hatte eine gerechte Strafe bekommen. So musste es einmal mit ihm enden.

Was nur ich wusste, las ich in den örtlichen Nachrichten. Man vermutete, dass der Händler vom Huf eines seiner Pferde erschlagen worden war. Eine zusätzliche entdeckte Gesichtsverletzung musste von einem Stockhieb herrühren. Deshalb suchte man nach einer weiteren Person, die eventuell in der letzten Minute seines Todes anwesend war.

Von einer Peitsche wurde nichts geschrieben.

Allerdings fanden sie einen Zeugen. Der Mann war mit seinem Hund auf der Straße vorbeigegangen und berichtete:

»Ich hörte am Hang das anhaltende Wiehern eines verängstigten Pferdes. Als ich hinschaute dachte ich, der Schinder geht wieder mit seinen Tieren schlecht um. Ist vielleicht besser, man mischt sich nicht ein und ging weiter. Sonst habe ich niemanden gesehen!«

Dem Mann hätte ich am liebsten eine gute Flasche Wein zukommen lassen.

Olga meldete sich zu Wort:

»Was für ein Zufall, den Kerl in seinen letzten Atemzügen anzutreffen.«

»Da gebe ich dir Recht! So zufällig, wie auch der Zeuge mit seinem Hund war. Übrigens, die Peitsche bekam als Trophäe einen Ehrenplatz im Blockhaus meiner Katzen.«

Harald, der Ruhigste von allen, mischte sich ein:

»Deine Geschichte ist recht schaurig und zeigt, dass wir selten eines natürlichen Todes sterben. Als Leichenbestatter machte ich mir früher darüber kaum Gedanken. Seitdem ich im Ruhestand bin und mein Sohn unseren Familienbetrieb weiterführt, tauchen Erinnerungen auf und verfolgen mich bis heute.

In meinem Bestattungsinstitut war das Sterben die normalste Sache der Welt. Ich verstand die Leute in unserem Städtchen nicht, wenn sie mich meines Berufes wegen abends am Stammtisch schief anschauten.

Saß ich neben dem Apotheker, fühlte selbst der sich in meiner Nähe nicht wohl. Immerhin brachte er mit seinen Medikamenten noch Hoffnung auf Heilung, was sein Ansehen steigerte. Ich hingegen beschäftigte mich ausschließlich mit den Toten und deren Angehörigen. Da nutzte auch nicht, dass ich mich den Pathologen verwandt fühlte. Die drangen als Chirurgen, um der Wahrheitsfindung zu dienen, mit ihren Skalpellen natürlich tiefer in tote Körper hinein. Von deren medizinischen Kenntnissen besaß ich nur einen Bruchteil. Dafür schenkte ich meinen Verstorbenen, beim Abschied am offenen Sarg, ein würdevolles

Aussehen. Das war ich meinen Kunden schuldig.

Lieber Martin, nichts gegen deinen Berufsstand. Du als Pathologe hast eine bedeutende Aufgabe zu erfüllen. Wer weiß, wie viele Menschen mit einem unnatürlichen Tod sonst in meinen Särgen liegen würden.«

»Nur nicht so bescheiden, Kollege Harald. Wenn du willst, findet sich in unserer Tätigkeit durchaus Vergleichbares. Dein letzter Blick auf die Toten ist genauso wichtig. Du hast uns neugierig gemacht. Wir sind gespannt auf deine Geschichte.«

»Gut, dann beginne ich!«

LASST DIE TOTEN RUHEN

Dachtet ihr schon einmal darüber nach, wie viele der von uns betrauerten Toten auf dem Friedhof nicht in ihren Gräbern liegen? Waren sie wirklich noch darin, nachdem Angehörige und Freunde sich zum letzten Gruß an ihrem geöffneten Sarg von ihnen verabschiedet hatten?
Jeder weiß, ist das Zeremoniell erst im Gange würde niemand auf die Idee kommen, einen Sarg zur letzten Einsicht noch einmal zu öffnen. Wenn ein Mensch verschwinden will, um ein neues Leben zu beginnen, ließe sich diese Möglichkeit für ihn nutzen. Allerdings, ohne Helfer und nötiges Kleingeld würde das nicht gelingen.
In meiner beruflichen Laufbahn kam es zu folgendem Geschehen: Wir beerdigten einen anderen Toten, als den vorgesehenen.
Damit sind wir schon am Anfang meiner Geschichte.

Ich war gerade selbständig geworden, da hatte ich gleichzeitig zwei Beerdigungen durchzuführen. Es handelte sich um einen tragischen Unfall, der uns allen unter die Haut ging. Die Tochter eines Tankstellenbesitzers war mit ihrem älteren Liebhaber auf der Autobahn tödlich verunglückt. Sein Jaguar kam von der Spur ab, raste über die Leitplanke und stürzte eine steile Böschung hinunter. Das Auto fing nach mehrmaligem Überschlagen sofort Feuer. Später ließen sich nur noch zwei verkohlte Leichen bergen. Die Polizei vermutete, dass ein Defekt des Sportwagens vorlag, was man aber nicht feststellen konnte.

Die Redaktion der lokalen Zeitung widmete diesem Unglück eine halbe Seite. Obwohl ein am gleichen Tag beendetes Rockfestival noch mehr Spalten einnahm, beschäftigte das grausame Ende zweier Menschen im Flammentod die Gemüter. Schließlich bewunderte jeder das hübsche Mädchen von der Tankstelle *Drei Eichen.*

Ich rede noch von der Zeit, wo ein Service wie Fensterscheiben Putzen kostenlos angeboten wurde und man zum Zahlen seines getankten Benzins im Auto sitzen bleiben konnte.

»Guten Tag und gute Fahrt« waren die freundlichen Worte der schönen Maid, bevor man die Tanke verließ, um seine Reise fortzusetzen.

Alle kannten sie und waren froh, als ihr Vater immer wieder beteuerte, die Tote im Jaguar könnte nicht seine Tochter gewesen sein. Sie wollte am Abend des Geschehens mit ihrer besten Freundin auf das Rockfestival, und er habe den Fiat des Mädchens vorher noch betankt und beide fortfahren sehen.

Jetzt sollte Eva im Auto verbrannt sein, und das zusammen mit dem Casanova und Haudegen, einem in sich selbst verliebten Macho, der nichts anderes im Sinn hatte als sein Vergnügen? Dieser Mann war auch allen bekannt. Schließlich war er Pächter des zur Tankstelle *Drei Eichen* gehörenden gut laufenden Restaurants. Ihm waren auch andere Frauen der Umgebung geneigt, und mancher Ehemann musste die Last der Hörner tragen, die ihm aufgesetzt wurden. Kriminalistische Untersuchungen ergaben Befunde, die den Pächter erkennen ließen. Die weibliche Person wies bisher keine zu verwertenden medizinischen und zahnärztlichen Daten auf.

Ihre Freundin Beate bestätigte, dass sie mit ihr gemeinsam auf dem Rockfestival gewesen war, sie sich aber in der

Menschenmenge aus den Augen verloren hatten.

Da Eva seitdem verschwunden blieb, musste auch der Vater schmerzhaft akzeptieren, dass die Unbekannte seine Tochter hätte sein können. Leider waren damals noch keine DNA-Tests üblich.

An einem sommerlich warmen Morgen wurden die Leichen unter vielen Tränen von meinem Institut unter die Erde gebracht. Ausdrücklich bestand der trauernde Vater für seine Tochter auf eine Trennung der Grabstätten.

Der Tankstellenbesitzer hasste den Restaurantpächter, der Wochen zuvor auch schon versucht hatte, ihm seine Frau auszuspannen. Man munkelte, dies sei ihm sogar gelungen, und nur kluge Überlegungen hätten sie in den Hafen der Ehe zurück gebracht.

Die Anlage *Drei Eichen* mit Werkstatt, Autowäsche, Shop und dem gutgeführten Restaurant, war die letzte Station zum Tanken vor der Autobahn. Genauso begrüßte die Raststätte jeden Heimkehrer oder Durchfahrenden als erste Anlaufstelle für Hungrige und Durstige. Ein zuverlässiges Familienunternehmen für die ganze Umgebung.

Als ich persönlichen Kontakt zu den Trauernden bekam, konnte ich im Verlauf unserer Gespräche Genaueres über die Zusammenhänge erfahren.

Die ältere Schwester des Restaurantpächters war angereist, um seine Angelegenheiten an Ort und Stelle zu erledigen. Sie kannte den Raser und wunderte sich nicht, dass er mit seinem Jaguar ein vorzeitiges Ende genommen hatte. Trotzdem ließ sie zwischen besserwissenden Worten viel Liebe für ihren leichtsinnigen Bruder durchblicken. Da er ihr genügend Geld hinterlassen hatte, wählte sie eine Grabstätte in einem neueren Teil des Friedhofs und gab auch gleich die Pflege für die kommenden Jahre in Auftrag.

Bei den Eltern des jungen Mädchens erlebte ich sehr viel Unerfreuliches. Nachdem wir uns auf eine Grabstätte geeinigt hatten, die weit genug von der des Pächters entfernt lag, fingen sie gleich zu streiten an. Schließlich überhäuften sie sich mit gegenseitigen Vorwürfen. Er hatte seinen Hass auf den Nebenbuhler nicht im Griff. Mir war klar, dass er nicht nur wegen seiner verstorbenen hübschen Tochter eifersüchtig reagierte.

Seine attraktive Frau schien eine wesentliche Rolle in der Vorgeschichte zu spielen. Ich entdeckte ein gefährliches Glimmen in seinen Augen, während er sich verbal zu erleichtern versuchte. Als ich Trost spenden wollte, winkte er unwirsch mit einer Handbewegung ab und beteuerte äußerst gereizt:

»Meine Tochter ist nicht tot, das darf nicht sein, sie muss noch leben. Sie war doch mit der Freundin zum Festival gefahren.«

Seine Frau wirkte in ihrem Kummer verärgert und machte Anstalten, ihrem Mann ins Gesicht schlagen zu wollen.

Schluchzend fuhr sie auf:

»Du hättest sie an dem Tag auch besser mit deinen Argussaugen bewachen sollen, dann wäre unser Kind noch am Leben.«

Ich spürte, dass sie nicht nur um ihre Tochter weinte, ihre ehrlichen Tränen auch einem Anderen galten.

Am Tag der Beerdigung hatten sich zu der Messe außer den Verwandten auch viele Neugierige eingefunden. Beide Verstorbenen sollten hintereinander beerdigt werden. Vor den offenen Gräbern wurde mir klar, warum sich die mütterliche Trauer um den Verlust der Tochter in Grenzen hielt. Völlig unpassend brach sie schreiend am Grab des Pächters zusammen. Sollte bisher niemand von der heimlichen Beziehung zu ihm gehört haben, wusste es jetzt jeder. Alle waren überzeugt, dass sich ein Drama hinter den Kulissen abgespielt haben musste.

Den Unfall betreffend fand sich noch ein Augenzeuge, der behauptete, eine junge Frau gesehen zu haben, die in einen blauen Jaguar eingestiegen sei. Seiner Beschreibung nach hätte es Eva sein können.

Das widersprach der Aussage Beates, die dann später zugab, anfangs nicht die ganze Wahrheit gesagt zu haben. Sie erzählte, dass sie Eva gegen Ende des Konzertes noch einmal gesehen hatte. Anscheinend verschwand die Freundin im Reisebus der Musiker.

Wegen der vielen Autogrammjäger kam die Zeugin, so sagte sie zumindest, nicht zu ihr durch. Kurz darauf fuhr der Bus ab. Anschließend sei sie mit ihrem Fiat allein nach Hause gefahren. Beim Totenkaffee im Restaurant ***Drei Eichen*** machte sich jeder sein eigenes Bild, glaubte, was ihm am besten gefiel.

Um alles Gerede zu beenden, erhielt Eva einige Wochen später einen gravierten Grabstein, und die Eltern versuchten mit ihrer Ungewissheit zu leben. Das Restaurant wurde nicht neu verpachtet. Dadurch rutschte der Beliebtheitsgrad der Tankstelle in den Keller. Meistens waren es nur noch Fremde, die tankten.

Immer häufiger sah ich Evas Vater in der Kneipe sitzen. Er soff nur noch und war ungenießbar. Keiner wollte unbedingt mit ihm zu tun haben. Da ich das Gefühl kannte gemieden zu sein, gesellte ich mich bewusst zu ihm. Dafür war er mir dankbar und entdeckte in mir einen mitfühlenden Zuhörer. Immer redete er von seiner großen Schuld, die er aus Eifersucht auf sich geladen hatte, und Gott selbst könnte ihn nicht davon freisprechen.

Vielleicht, käme Eva jetzt zur Tür herein, würde er aus lauter Dankbarkeit die Wahrheit sagen. Dann quälte er sich mit Selbstvorwürfen, seine Tochter aus übertriebener Liebe nicht losgelassen zu haben.

Auch seiner Frau wäre er der schlechteste Mann der Welt gewesen. Um ihn sah es elend aus, und keiner, auch ich nicht, konnte ihm helfen. Ob die Tochter wirklich bei dem Unfall im Auto saß, wurde zu Lebzeiten beider Eheleute nie geklärt.

Eines Tages, ich erinnere mich genau, fünfundzwanzig Jahre nach Evas Verschwinden, kam ein fein gekleideter junger Engländer in mein Beerdigungsinstitut.

Er sprach gut verständliches Deutsch. Als ich ihn nach dem Grund seines Besuches fragte, erfuhr ich, dass er meine Adresse von Beate, der Jugendfreundin seiner Mutter hätte. Er hielt einen Brief in der Hand, den er mir zu lesen gab. Daraus erfuhr ich, dass die Mädchen, auch danach, immer in Kontakt gestanden hatten.

Eva war damals tatsächlich mit einem Rockmusiker durchgebrannt. Im zweiten Monat schwanger, wollte sie nur noch fort aus unserer Stadt, vor allem dem strengen Vater entfliehen. Da der Pächter des Restaurants der Verursacher war, ließ sich auch wenig Hilfe von der Mutter erwarten. Der Schlagzeuger der Band heiratete Eva.

Nach der Geburt von James, entwickelte sich der Rocker zu einem verantwortungsvollen Vater. Da die Eltern des Jungen in der ganzen Welt unterwegs waren, wuchs er in einem Internat auf. James unterbrach meine Gedanken:

»Irgendwann möchte jedes Kind seinen leiblichen Vater kennenlernen, auch wenn er schon das Zeitliche gesegnet hat oder zumindest sein Grab besuchen. Aus dem Grund bin ich gekommen.«

Da er mich um Begleitung gebeten hatte, gingen wir gemeinsam auf den Friedhof zum Grab seines Erzeugers. Ich wählte extra einen Umweg, vorbei an der Grabstätte seiner Großeltern. Angekommen, machte ich ihn darauf aufmerksam. Er winkte nur mit den Worten »ach ja« ab.

Das war alles, was er sagte, als wir weiter gingen.

Vor dem Grab seines Vaters rollten Tränen über seine Wangen. Lange blieb er wortlos davor stehen. Plötzlich holte er ein Stück Bremsschlauch aus seinem Jackett.

Dabei blickte er mich tiefgründig an:

»Keine Angst, es ist nicht das durchtrennte Stück von seinem manipulierten Jaguar, das ist ja damals anscheinend verbrannt.«

Jetzt steckte er das Stückchen Gummi, wie ein *Corpus Delicti,* tief in die Erde des Grabes hinein.

Ich begriff sofort und verstand, was er mir sagen wollte. Hätte mir Evas Vater damals gebeichtet, wäre die ganze Wahrheit früher aufgedeckt worden.

Evas Sohn hatte den weiten Weg auf sich genommen, um den Verdacht seiner Mutter zu offenbaren. Diese symbolische Handlung, hätte besser vor dem Grab seines Großvaters, als Täter, stattfinden müssen.

Aber mein Mund blieb weiterhin verschlossen!

Pathologe Martin lästerte:

»Bei dem Fall waren bestimmt Spezialisten am Werk.

Konnte doch nur so gewesen sein, dass der Tankstellenbesitzer in seiner Wut den Jaguar manipuliert hatte. Was passierte mit der Leiche der Unbekannten im vermeintlichen Grab Evas? Wer war sie? Deren DNA könnte nachträglich entnommen und gespeichert werden. Wurde denn nie eine Frau vermisst?«

Julia fuhr Martin verärgert über den Mund:

»Lasst die Toten endlich ruhen. Die werden keine besseren Menschen, wenn wir sie wieder aus ihren Gräbern zerren. Vielleicht war sie eine Prostituierte oder eine Anhalterin, die er zufällig bei dem Rock-Festival aufgelesen hatte.«

Martin verstand ihre Erregung und lenkte ein:

»Liebe Julia, es lag nicht in meiner Absicht, alte Geschichten neu aufzurollen. Vor allen Dingen deinen bösartigen Pferdehändler sollten wir besser da lassen, wo er ist. Gerade bei meiner Geschichte geht es um menschliches Unvermögen. Niemand ist unfehlbar und auch mit bestem Wissen und Gewissen kann man in gefährliches Dunkel abrutschen.«

Der Pathologe wirkte plötzlich, als wollte er gehen:

»Eine Geschichte am Tag ist genug. Bei unserem Treffen nächsten Sonntag, lege ich mal los.«

Schnell erhob er sich, winkte allen kurz zu und verabschiedete sich. Gewohnheitsmäßig zahlten alle ihre Zeche vorne an der Theke.

Bei der nächsten Zusammenkunft, zeigte sich die Eifel wieder regnerisch. Genau das Richtige für einen Sonntagnachmittag, um im *Kolben* abzutauchen. Die meisten Menschen saßen jetzt bei Kaffee und Kuchen mit ihren intakten Familien zusammen. Heute war Olga die erste im

Bunde. Mit großer Spannung erwartete sie Martins Geschichte. Der Pathologe schien ihr der Unheimlichste von allen zu sein. Dem würde sie nicht gerne allein bei Nacht und Nebel begegnen. Was er zu erzählen hatte, war sicher gespenstig, aber gerade das war der Hauptgrund, warum sie sich hier trafen.

Bis jetzt hatte sie noch nicht herausfinden können, ob sie sich wirklich alle mochten? Richtige Freunde schienen sie noch nicht geworden zu sein. Ging vielleicht gar nicht, bei den unterschiedlichen Lebenserfahrungen.

Länger darüber nachzudenken, dazu kam sie nicht. Es sah aus, als ob Martin das Wort ergreifen wollte.

Als er begann, wirkte er sehr ernst und besonnen:

LEBEN UND TOD

Bevor ich dem Formaldehydgeruch unserer Sezierräume für immer den Rücken kehrte, hatte ich die letzte Stufe meiner Selbstachtung noch nicht erreicht. Deshalb unterschrieb ich aus tiefster Überzeugung und mit größter Erleichterung meine überstürzte Kündigung an unser Gerichtsmedizinisches Institut.

Obwohl ich angab, unter dem Burnout-Syndrom zu leiden, wollte man mich anfangs nicht gehen lassen. Niemand ahnte, in welchen Nöten ich mich während der letzten Zeit befunden hatte.

In meiner Studentenzeit waren es immer nur junge Mädchen, die mich interessierten. So blieb es, bis ich eine Kollegin heiratete.

Wegen beruflicher Belastung scheiterte unsere Ehe. Ein zweites Mal wollte ich mich nicht binden. So wurden es wieder die jungen Dinger. Mit Begeisterung schaute ich ihnen auf den Straßen unserer Stadt hinterher, wenn sie flanierend in den Eingängen eleganter Geschäfte verschwanden. Ich wartete darauf, dass sie wenig später mit allerlei Päckchen, Tüten und Schachteln beladen, zufrieden lächelnd, wieder herauskamen.

Beobachtend trieb ich mich in Cafés herum. Ich wollte erleben, wie es den feinen Dämchen gelang, ihre elegant gekleideten Herren, mit Augenaufschlag, Busen, Po und Beinen, zu verführen. Ich stellte sie mir makellos unter ihren Kleidern vor, zog die jungen Frauen mit begehrlichen Blicken aus, bis sie alle nackt vor mir standen. Ich verspürte Lust, ihre pulsierende Haut zu berühren, zu ertasten, was darunterlag.

Während wir Studenten im Anatomie-Unterricht der Universität oft üble Späße mit den Leichen trieben, hielt ich mich damals nur aus feiger Solidarität zurück. Ich entwickelte früh den Gedanken, dass Chirurgen nicht ganz normal sein könnten.

Den Körper eines Toten zu zerteilen, ihn anschließend wieder zusammenzufügen, als sei nichts Besonderes geschehen, betrachtete ich während meiner gesamten Laufbahn als ein Geschäft für den Metzger. Da blieb es nicht aus, dass ich früh Vegetarier wurde.

Eigentlich sind wir Pathologen, im verschiedensten Sinne des Wortes, Nekrophile. Zumindest besteht eine bevorzugte Neigung, mit Toten umzugehen. Die menschliche Gesundheit allein war längst nicht mehr der Hauptgrund meines Studiums.

Im Institut hatte ich manchmal mit Moorleichen zu tun. Das war in der Eifel nichts Besonderes.

Wir arbeiteten auch für Museen, wo meist namenlose Funde der Hochmoore ihre letzte Ruhestätte fanden. Unsere Eifel erzählt viele Geschichten von Menschen, die sich in ihnen verirrten. Kürzlich stand ich auf einer Wanderung im *Hohen Venn* vor einem Kreuz, das einst für ein vermisstes Liebespaar errichtet wurde. Eines von vielen Kreuzen, die an menschliche Tragödien erinnerten.

Eine Moorleiche ist für uns Pathologen, wegen ihrer Unversehrtheit etwas Einmaliges und von größtem Interesse. Nicht zu vergleichen mit den *Körperwelten* eines Gunther von Hagen, der mit seinen aufsehenerregenden Präparaten jeder Vergänglichkeit einen Streich spielen wollte. Meiner Meinung nach, ließ sich hier die Würde eines Verstorbenen vermissen. Das gehörte eher in die Kategorie Medien-

Aufmerksamkeit für eigene künstlerische Interessen.

Am Ende meiner Arbeit am Seziertisch war ich immer froh, wenn ich die untersuchten Leichen ihrer Endgültigkeit übergeben konnte. Manchmal ließ sich in ihren Gesichtern lesen, dass sie noch nicht zum Sterben bereit gewesen waren. Leider vermochte ich nicht, ihnen ihr verloren gegangenes Leben zurückzugeben.

Ganz junge Frauen, oft misshandelt, vergewaltigt oder auf andere Weise gedemütigt in den Tod geschickt, berührten meine Seele besonders. Ich hätte ihnen gerne neuen Atem eingehaucht.

Emotionen verließen mich nie bei meiner Arbeit. Darin lag mein Dilemma. Bei aller Routine wäre mir nie eingefallen, während des Sezierens gar ein Butterbrot zu essen. Schon eher nahm ich schnell einen Schluck aus der Flasche, das bei den vielen Leberzirrhosen meiner Leichen, die ich vor Augen hatte, auch nicht empfehlenswert war.

Das Rauchen hatte ich mir abgewöhnt, allerdings nicht wegen alarmierender Lungenbefunde. Die Zigarette störte, weil ich nie gelernt hatte, sie bei der Arbeit einfach im Mundwinkel hängen zu lassen. Obwohl, des unangenehmen Geruchs wegen, wäre sie schon von Vorteil gewesen.

Pathologen gehen mit den Verstorbenen immer ein Stück ihres Lebens zurück um zu erfahren, was zu ihrem Tod führte. Wie in einem aufgeschlagenen Buch, das Skalpell führend, entdecken wir dann manchmal ihre letzten Geheimnisse.

Jeder von uns Ärzten hat schon einmal mit einer seiner Leichen gesprochen. Wie oft ertappte ich mich bei Zwiegesprächen, die überhaupt keine waren, weil ich mir die Antworten selbst gab. Auch entschuldigte ich mich bei zu tiefen Schnitten oder wenn ich ihre Lage verändern musste.

Bezeichne ich unseren Berufsstand als nekrophil, beziehe ich mich auf das Wort *nekrös,* was Leiche oder Toter bedeutet.

Die *Philie* beinhaltet nichts anderes als Freundschaft oder Liebe. Das Abstoßende liegt in der Verbindung beider Worte. Nekrophilie ist abartig, weil bei dieser Liebe zu den Toten oft Sex gemeint ist. Vermutlich ist das Ausleben dieser Veranlagung sehr selten.

Irgendwann entdeckte ich bei Museumsbesuchen meine Affinität zu den großartigen Gemälden alter Meister, mit ihrer perfekt durchgearbeiteten Anatomie. Maler und Bildhauer nutzen die Gestalt des Todes in vielerlei Darbietungen.

Ich würde nie wagen, sie deshalb gleich mit einer nekrophilen Neigung in Zusammenhang zu bringen.

Bestimmt würde es sich lohnen, über die Art und Weise mancher anatomischer Studien nachzudenken. An einschlägiger Literatur darüber mangelt es nicht.

Meine künstlerischen Ausflüge dienten mir, mich auf erholsame Art von meinem Arbeitsplatz zu entfernen. Paradoxerweise brachte es mich aber gleichzeitig stärker dahin zurück. Besonders die unbekleideten jungen Körper toter Frauen hatten es mir angetan. Ich wollte sie einfach berühren, weil mir ihre Haut noch pulsierend erschien. Zu der Zeit schämte ich mich noch nicht meines seltsamen Verlangens. Genauer gesagt, ich wusste nichts von meiner Neigung.

Eines Tages bekam ich zwei weibliche Leichen zur Obduktion. Beide Frauen waren erstickt worden. Die Mutter mit einem Kissen, die Tochter mit bloßen Händen. Den geständigen Ehemann und Vater verurteilte man später wegen zweifachen Mordes. Die Mutter fand man tot ans Bett gefesselt und vergewaltigt.

Der Mord an der Tochter, so behauptete der Mörder zumindest, war nicht zu umgehen, da sie ihn beim Töten der Mutter überrascht hatte. Seine Verurteilung lag klar auf der Hand, bedurfte aber noch einer forensischen Aufklärung,

Der Mörder war Leichenbestatter, obwohl die Bezeichnung Totengräber zutreffender gewesen wäre, wie sich später herausstellte.

Ich war erstaunt, dass ich im vaginalen Bereich beider Frauen Wurmeier entdeckte, die nur an verwesenden Leichen vorkamen. Wie konnte das an gerade erst Ermordeten geschehen sein? Wer sich einmal mit Entomologie befasst hat, versteht, was ich meine. Auf der ganzen Welt werden im Forschungsauftrag für die Forensik Leichen in allen Stadien der Verwesung untersucht.

Sofort fing ich an zu vermuten, dass der Mörder mit Frau und Tochter Geschlechtsverkehr hatte, sich aber schon vorher an einer Leiche vergangen haben musste. Mit dieser Tat lernte ich den ersten Nekrophilen kennen.

Bei der Gerichtsverhandlung als Sachverständiger aussagen zu müssen, war für mich sehr belastend. Lange quälten mich Alpträume von Leichenschändungen. Nach dem Erlebnis wollte ich meine Tätigkeit neu überdenken.

Ich war einfach nicht unsensibel genug, dem Abschaum menschlicher Taten gewachsen zu sein. Trotzdem gab ich nicht auf. Schließlich mussten wir alle die postmortalen Zustände hinnehmen und als Pathologen waren wir einiges gewohnt. Selten lagen frische Leichen auf unseren Seziertischen. Immer arbeiteten Zersetzungsprozesse an ihren

Körpern, verursacht durch Bakterien, Pilze oder verschiedenste Insekten.

Warum sich also über zwei guterhaltene Leichen aufregen?

Der Triebtäter musste, bevor er die Frauen nach dem Erwürgen geschändet hatte, mit einer viel älteren Leiche in intime Berührung gekommen sein. Ich stellte mir vor, wie der Verbrecher in der Friedhofskapelle über einer nackten Toten gelegen hatte, um seine abartige Sexualität zu befrieden.

Hier muss ich erklären, Maden von verschiedenen Fliegen entwickeln sich nur auf verwesendem Fleisch, das vollkommen oder zumindest teilweise der Luft ausgesetzt ist. Diesen Zustand finden wir nicht im Innern einer Leiche, wie in unserem Fall, in der Scheide oder in den Därmen. Den Täter an Hand der Bakterien an seinem Körper zu überführen, lag nicht in meinem Bereich.

Die Ärzte der Kriminalabteilung hatten bei ihm genügend Beweismaterial für beide Morde gefunden.

Natürlich bekam der Doppelmörder Lebenslänglich.

Bei meiner täglichen Arbeit schlichen sich störende Gedanken ein. Der stechende Formaldehyd-Geruch, als notwendiges Übel, verfolgte mich bis in meine vier Wände. Schon lange fühlte ich mich nicht mehr als Botschafter der Verstorbenen. Dieses auserlesene Gefühl war bisher vergleichlich den Empfindungen eines Künstlers, nach vollbrachter Arbeit. Schließlich liebte ich die Toten.

Anfangs erwähnte ich meine Vorliebe für Besuche in Cafés und belebten Straßen, wo ich dem Herzschlag verliebter junger Leute ganz nahe sein konnte. Ich blieb der

unersättliche Voyeur junger Dinger.
Das Älterwerden meiner ehemaligen Frau gefiel uns beiden nicht, *Mia culpa*, wenn Sie wollen schlage ich dreimal auf meine Brust, aber dann stehe ich immer noch in der Schuld meiner geschiedenen besseren Hälfte. Längst hat sie mir verziehen und lebt jetzt glücklich mit einer Freundin zusammen. Ich zog daraus keine Lehren. Von jungen Mädchen mit wippenden Röcken, einherstolzierend auf hohen Hacken, konnte ich meine Blicke noch immer nicht lassen.

Eines Tages verliebte ich mich in Madeleine. Ich sah sie in meinem Stammcafé und erfuhr vom Kellner, dass sie Pariserin sei. Ich muss gestehen, dass meine Liebe einseitig war und nur unbefriedigend erwidert wurde, gab ich mich auch anfangs erotischen Vorstellungen hin. Sie dachte nicht einmal daran, mich beim Vorbeigehen eines längeren Augenaufschlags zu würdigen.

So fing es an!

Ich saß schon bei meinem dritten Espresso, als sie aus dem lärmenden Nichts der Straße plötzlich im Türrahmen stand und sofort einen Tisch in der gegenüberliegenden Ecke ansteuerte. Die junge Frau war umwerfend.

Sie schien jemanden zu erwarten. Das merkte ich an ihrer Ungeduld, mit der sie die Getränkekarte in ihren schlanken Händen hin und her drehte, ohne gezielt etwas bestellen zu wollen.

Ich hätte mich sonst wahrhaftig zu ihr gesetzt. Sie für meine Aufdringlichkeit um Verzeihung gebeten, und durch überzeugendere Argumente versucht, mit ihr bekannt zu werden. So ungewöhnlich waren meine Überlegungen nicht. Ich stellte schnell fest, dass in diesem Café die Szenerie auffallend oft wechselte.

Als wäre ich in einem mehrfach gesehenen Musical, spielten sich ähnliche Dinge jeden Tag neu ab.

Die Damen kamen herein, die Herren auch, worauf sie nach ein oder zwei Drinks bei kurzen Gesprächen, die mehr einer geschäftlichen Vereinbarung glichen, gemeinsam das Bistro verließen.

Madeleine, so nannte ich sie insgeheim, war bestimmt viel zu kalt und berechnend, um der zärtlichen Melodie meiner Gedanken folgen zu wollen.

Sie trug auch keinen knieumspielenden, wippenden Rock. Trotz eines sehr heißen Sommertags erschien sie im klassischen Schneiderkostüm. Ich bildete mir ein, das Reiben ihrer seidenbestrumpften Beine gehört zu haben, während sie achtlos an mir vorbeiging.

Ihr schweres kastanienbraunes Haar fiel in naturgegebenen Locken, in einer Art Eigenschnitt, gerade noch die Ohrläppchen frei lassend. Den Platz brauchte sie wohl, um ihren bemerkenswerten Ohrschmuck zeigen zu können. Wie sie kam ging sie auch wieder, unantastbar, unberührt, obwohl ich ahnte, besser gesagt genau wusste, dass viele Hände sie berührten.

Immer entschwand Madeleine an der Seite eines anderen Mannes. Meine Verehrung, mittlerweile in glühendes Verlangen ausartend, blieb trotzdem unverändert. Ich sehnte den Moment herbei, mich ihr endlich erklären zu können.

Schließlich brauchte sie auch mir nur ein paar glückliche Stunden vollkommener Vereinigung zu schenken und dafür würde ich bezahlen, genau wie die anderen Männer. Weil ich mich wirklich in sie verliebt hatte, traute ich mich nicht, sie anzusprechen. Um ihr aber aufzufallen, musste ich zuerst die Angst vor einer Abweisung überwinden. Je mehr ich mich danach sehnte, mit ihr bekannt zu werden, desto schneller schien sie sich von mir zu entfernen.

Ich sah sie meistens am Wochenende und seit Kurzem auch in der Woche. Anscheinend hatte sie einen geregelten Stundenplan und ich fing an, den Zeiger meiner Uhr nach ihr zu stellen. Kam sie herein, saß ich bereits an meinem Stammplatz und genoss ihren Auftritt. Während sie dicht an mir vorbeiging, lauschte ich verzückt den Geräuschen ihrer bestrumpften Oberschenkel.

Langsam glaubte ich, sie würde absichtlich so provozierend an meinem Tisch vorübergehen. Nie schaute sie mich begrüßend an, obwohl sie mich längst gesehen haben musste. Ich verzweifelte, weil sie meinen Körper in einen lähmungsartigen Zustand versetzte, aus dem ich erst herauskam, wenn sie schon längst gegangen war.

Wann der Gedanke in mir keimte, dass die Erhabenheit einer unerfüllten Liebe zu einem Menschen möglichweise erst nach dem Tod seine Erfüllung finden könnte, weiß ich nicht mehr.

In einem nächtlichen Traum lag *Belle de jour* erstmals vor mir auf dem Seziertisch. Lustvoll drang ich in ihren toten Körper ein. Anschließend zerlegte ich ihn mit chirurgischen Instrumenten in fleischliche Teile. Wollte ich damit meine schändliche Tat vernichten?

Als ich am Morgen erwachte, weinte ich bitterlich, weil ich Madeleine nicht um Verzeihung bitten konnte.

Die Bistrobesuche an den Wochenenden und in der Woche reichten nicht mehr aus. Ich wollte, dass meine ganze Zeit ihr gehören würde. Ich fand genügend Gründe, mich zu jeder Zeit vom Arbeitsplatz zu entfernen.

Dann geschah etwas!

Wieder saß ich an meinem Stammplatz, als Madeleine hereinkam. Sie hatte sich kaum hingesetzt und wie gewohnt unentschlossen mit der Getränkekarte gespielt als ich aufstand, um sie anzusprechen.

Endlich wollte ich einem der Männer zuvorkommen und erfahren, ob sie mich nicht begehrenswerter einstufte, als die anderen. Sie ließ sich viel Zeit mich anzuschauen, als würde sie sich nicht trauen.

Nach qualvollen Sekunden des Verharrens schenkte sie mir endlich einen nichtssagenden, aber immerhin freundlichen Augenaufschlag. Diesen Blick anerzogener Höflichkeit hatte ich überhaupt nicht erwartet. Er traf mich mit vernichtendem Schlag. Sie schaute über meinen Kopf hinweg, Jemand stand hinter mir, schob sich seitlich an mir vorbei. Anschließend setzte er sich, wie selbstverständlich, an ihren Tisch.

Den Widersacher erkannte ich sofort. Es war mein sehr geschätzter Kollege Theo aus der Forensik.

Hier hatte ich ihn noch nie gesehen, und die Überraschung war beiderseits. Wir begrüßten uns förmlicher als gewohnt, damit kein ungewollter Zusammenhang entstand.

Glücklicherweise führte der Weg an Madeleines Tisch vorbei, direkt in Richtung Toiletten, und ich konnte mich geschickt weiteren Peinlichkeiten entziehen. Nach dem Erlebnis nahm ich mir vor, Madeleine nie mehr sehen zu wollen. Bestimmt war sie eine Escort-Dame, und ich musste meine verliebten Gefühle begraben.

Drei Wochen später lag sie auf einem kalten Seziertisch vor mir! Man brachte sie als Verkehrsunfall in einem schlichten Zinksarg in unsere Pathologie. Alkoholisiert, hatte sie ihren Sportwagen nachts an einen Baum gefahren. Da sie nicht angeschnallt war, erlitt sie einen Genickbruch.

Wegen weiterer, nicht erkennbarer Verletzungen, schnitten wir vorsichtig die Kleidung von ihrem Körper. Dabei half mir mein Kollege Theo. Ich konnte nicht umhin, ihn genau zu beobachten.

Als sie nackt auf dem Tisch lag, hatte ich seinerseits größere Betroffenheit erwartet, schließlich kannten wir sie beide. Jedenfalls musste ich mich, vor Trauer und Entsetzen sofort abwenden.

Sie war immer noch schön!

Der Tod zeichnete ihre Gesichtszüge mit verklärter Würde. Jetzt wirkte ihre sonnengebräunte Haut wie von Alabaster überzogen.

Vom rechten Mundwinkel hatte sich bis zur Halsgrube eine Rinne aus getrocknetem Blut gebildet.

Endlich durfte ich ihre zarten Finger durch meine prüfenden Hände gleiten lassen. Die Nägel waren fein manikürt und perlmuttfarbig lackiert. Sie trug am linken Ringfinger einen schmalen Diamantreif. Ich fragte mich, ob der für das Versprechen einer festen Bindung stand?

Was wusste ich eigentlich von ihr? Was mein Kollege neben mir ? Für den weiteren Verlauf meiner Autopsie war er als Bakteriologe nicht mehr notwendig. Ehrlich gesagt, ich konnte den sonst sehr geschätzten Arzt nicht länger in meiner Nähe ertragen. Während ich mich Madeleine in echt empfundener Trauer verbunden fühlte, stellte ich mir vor, wie er mit männlicher Begierde auf ihr gelegen haben musste, und das vielleicht nicht nur einmal.

Warum hatte ich mir nicht auch genommen, was alle zahlenden Männer von ihr bekamen? Fest stand, der Kollege war de facto schon seit zehn Minuten an meiner Seite vollkommen überflüssig. Ich wunderte mich warum er zögerte, mir endlich mein Reich allein zu überlassen.

Während ich sie weiter untersuchte, wollte ich ihn einfach nicht dabei wissen. Deshalb forderte ich ihn schroff auf, jetzt zu gehen.

Zu dem Zeitpunkt war ich noch blauäugig und vermutete hinter seiner Hartnäckigkeit nichts Ärgeres. Dann entdeckte ich blanke Angst in seinen beobachtenden Augen, die nichts mehr mit einem letzten Abschiedsgruß zu tun hatten. Zögernd entfernte er sich, und ich konnte mit meiner Arbeit beginnen.

Die Totenstarre hatte sich längst gelöst und die nachlassende Rigidität ihrer Muskeln erleichterte meine Arbeit.

Wie so oft dachte ich, wir sollten die Toten mit dem Y, horizontal, unter dem Schlüsselbein und vertikal mitten durch Brust und Leib, nicht immer aufschneiden. Dieser öffnende Schnitt hatte für mich brachialste Gewalt, schenkte auch nach dem Verschließen mit groben Nadelstichen durch das Fleisch keine Zufriedenheit.

Aber das blieb nun einmal unsere Routine!

Bei Madeleine wurde ich eines anderen belehrt, bezüglich der Notwendigkeit unseres genauen Vorgehens.

Das Schweigen der Toten im Zwiegespräch mit ihrem Körper zu lösen, blieb die einzig wichtige Aufgabe für uns Pathologen. Als ich meine Angebetete untersuchte, stellte ich fest, dass sie kurz vor ihrem Autounfall noch ungeschützten Geschlechtsverkehr hatte. Deshalb entnahm ich aus Vaginal- und Darmbereich Proben und übergab sie unserem Labor. Das war ein standardisierter Vorgang bei der Leichenschau.

Ich müsste lügen, wenn ich erwähnen würde, ich hätte schon etwas geahnt. Trotzdem beschlich mich bei der Entnahme ein ungutes Gefühl. Deshalb forschte ich nach weiterer DNA: Haare, Fasern, Fremdkörper, Blut und Speichelproben. Dazu musste ich jetzt wieder meinen Kollegen kontaktieren.

In der forensischen Abteilung führte er das Zepter. Als anerkannte Kapazität arbeitete er, mit Pathologen aus aller Welt, an einem Werk neuester Erkenntnisse in der Entomologie.

Stunden danach kam er dann triumphierend auf mich zu. Mir wurde eröffnet, was ich nicht denken, schon gar nicht hören wollte:

»Diese Nutten nehmen für Geld wirklich jeden Kerl. Sollte mit dem Teufel zugehen, wenn die Kleine nicht intimen Kontakt mit einem Leichenfledderer hatte. Ich glaube, wir vergessen dieses Thema gleich und ersparen ihren Angehörigen weitere Schande.«

Wie betäubt warf ich ein:

»Verstehe ich richtig, die Schleimhautproben enthielten nekrotisches Gewebe einer anderen DNA?«

Jetzt lachte er hämisch:

»Lieber Kollege, wie von Ihnen richtig festgestellt, hatte sie vor ihrem Autounfall Geschlechtsverkehr. Zudem fand ich bei den Abstrichen bakterielle Spuren, die aus dem Vaginalbereichs einer länger Verstorbenen stammen müssen. Man sollte die unkontrollierte Hurerei auf den Straßen wirklich abschaffen. Wenn ich mir vorstelle ...«

Ich stellte mir etwas ganz anderes vor und verspürte größte Lust, die Kühlfächer mit unseren weiblichen Leichen

aufzureißen und sofort von jeder Toten eine Vaginal-Probe zu entnehmen. Eine von denen hätte ihn bestimmt als Leichenschänder überführt.
Ich ließ es bleiben!

Sie können mich jetzt einen Feigling nennen, aber einen Kollegen abstürzen zu lassen, war nicht mein Ding. Allein seine Unverfrorenheit, wie er mit dem Thema umging, sollte mir eine Warnung sein.

Sicher hatte er auf alle Vorwürfe eine Antwort parat. Seine Forschungsarbeit schützte ihn vor jeder Anfeindung.

Schließlich durfte auch ich mich nicht auf ein hohes Ross setzen. Nur ein kleiner Schritt hätte gefehlt, mein spürbares Verlangen, einmal eine Tote besitzen zu wollen, in die Tat umzusetzen.

Wieder fiel mir der Doppelmörder ein, der hoffentlich wegen seiner Abartigkeit nie mehr auf freien Fuß kommen würde. Sollte der Mann seinen Knast überleben, gehörte er anschließend in eine geschlossene Anstalt.

Eigenen Wahnvorstellungen zu entrinnen, konnte mir nur gelingen, wenn ich mit meiner Arbeit aufhörte und einen ganz neuen Lebensweg einschlagen würde. Bisher hatte ich niemandem von meiner Zerrissenheit und der übergroß werdenden Angst vor Entgleisungen berichtet. Ich war auf bestem Weg, auch ein nekrophiler Täter zu werden.

So wollte ich nicht enden. Deshalb quittierte ich meinen Dienst. Anschließend war ich lange in psychologischer Behandlung und achtete darauf, nie auffällig zu werden.

Damian, der Kunstmaler entrüstete sich:
»Das hört sich jetzt an, als wärest du nicht geheilt. Was du uns erzählst, ist einfach widerlich. Wenn ich mir vorstelle,

ich würde meiner ersten Frau nach ihrem Tod beischlafen, bah, ekelhaft.

Ich malte jede Menge nackter Frauenkörper ohne sexuelle Regungen, und Tote erst … Wie krank muss man da sein?«

»Ich merke, langsam verstehst du, was ich durchlitt. Vielleicht hätte ich mein Problem in unserer Runde nicht preisgeben sollen.«

Sonja, die Heilpraktikerin, mischte sich ein:

»Nicht immer hilft das homöopathische Prinzip *Similia similibus curantur*, Ähnliches werde durch Ähnliches geheilt. Eine böse Sucht wie die Nekrophilie lässt sich bestimmt nur mit psychologischer Hilfe behandeln. Wir Heilpraktiker kennen unsere Grenzen, und ich glaube nicht an Wunder. Besser vergessen wir in diesen Fällen auch jede Esoterik und setzten unsere Füße auf festen Boden.

Ich war mit einer Biologin befreundet, die sich später noch zu einem homöopathischen Studium entschlossen hatte. Sie arbeitete an einem Buch über Irisdiagnostik, was sie nicht vollenden konnte, da sie verstarb.

Gegenseitige Hochachtung führte uns zu ihren Lebzeiten, besonders in den letzten Jahren, häufig zusammen. Allerdings hätte sie vor ihrem Tod noch über ein anderes Thema schreiben können.

Aber bestimmt interessiert euch die ganze Geschichte:

WÜSTENROSEN

Miriam lernte ich auf einer Messe für Gesundheit und Naturheilverfahren kennen. Unsere Standflächen befanden sich nebeneinander. Ich bediente einen Info-Tisch mit Flyer regionaler Sponsoren, die mir durch ihre biologisch angebauten Produkte aufgefallen waren.

Hiermit warb ich für empfehlenswerte Nahrungsmittel, unterstützte den Tierschutz, ohne mit erhobenem Zeigefinger bei Veganern und Vegetariern aufzutreten.

Meine Heilpraxis florierte, weil ich mit dem Standbein Ernährung auch andere Anwendungen wie Akupunktur, Homöopathie und Hyaluronbehandlungen anbieten konnte.

Miriam, meine Ausstellungsnachbarin, praktizierte an ihrem Tisch Antlitz-und Irisdiagnostik, mit der Headline *Krankheiten aus dem Gesicht erkennen.* Sie hatte ein transportables Irismikroskop dabei, wie es die Augenärzte verwenden. Ihr Stand war der meistbesuchte. Eine Assistentin half ihr bei diesem Andrang.

Um die Mittagszeit hatte ich eine Pause eingelegt, da Miriam im großen Saal einen Vortrag über Antlitz-Diagnostik halten wollte. Glücklicherweise fand ich noch einen freien Platz. Die Kollegin überzeugte bei dem was sie uns berichtete, und sie zog alle mit begeisterndem Wissen in ihren Bann. Mit sicherer Hand führte sie den roten Punkt des Laserpointer über die große Leinwand, wobei sie dem Laptop verschiedenste Gesichter mit krankhaften Merkmalen entlockte. Antlitzdeutung gehörte immer auch zu ihrer Iris-Diagnostik.

Wir waren fasziniert von der Brillanz ihres Vortrags und begeisterter darüber, dass sich allein durch Gesichtsveränderung eine Krankheit erkennen ließ. Viele Erscheinungsbilder veränderter Gesichtszüge waren mir bekannt. Zum Beispiel zeigten stark ausgeprägte Nasolabialfalten einen empfindlichen Magen mit allerlei Problemen.

Als wir anschließend an unseren Stand zurückgingen, fühlte ich mich von meiner täglichen Routine unterfordert.

An ihrer Nähe hatten sich schon wieder Interessierte versammelt, die alle eine Iris-Untersuchung mit dem Mikroskop wünschten. Bestimmt konnte sie den Andrang heute nicht mehr bewältigen.

Ein bemerkenswerter Tag, für mich eine Offenbarung!

In meinem Berufsleben hatten sich Oberflächlichkeit und wenig Befriedigung eingeschlichen. Ich führte eine gutgehende Praxis. Mit Fortbildungskursen bei den besten Schönheitschirurgien in Köln und Düsseldorf, durfte ich neuerdings auch Hyaluronbehandlungen vornehmen.

Als ich Miriam kennenlernte, änderte sich meine geordnete Welt schlagartig.

Längst hatten wir uns angefreundet. In ihrer Tätigkeit blieb sie für mich eine vielseitig begabte Biologin. Sie hätte auch andere Privilegien in Anspruch nehmen können. Sicher stand die Welt ihr offen. Da sie sich aber als Studentin in einen zwanzig Jahre älteren Dozenten verliebt und ihn geheiratete hatte, fiel jeder andere Plan ins Wasser.

Ein befreundeter Arzt, von der Naturmedizin überzeugt, brachte sie später auf den Gedanken Homöopathin zu werden. Ihre Ehe blieb kinderlos. Als sie Witwe wurde, zog sie sich in die Eifel zurück. Dort kaufte sie einen restaurierten Bauernhof, um sich erneut der Natur und ihrer Profession widmen zu können.

Wir sahen uns nicht oft. Besuchten wir uns, waren unsere Zusammenkünfte herzlich und von großem Interesse an der gegenseitigen Arbeit.

Bereits über sechzig, blieb sie eine bemerkenswert attraktive Erscheinung. Ihre schönen blonden Haare schienen nicht ergrauen zu wollen. Ich staunte über ihre jugendlich schlanke Figur. In jeder Hinsicht war sie eine interessante Person. Ihr aufrechter Gang, in sportlichem Schwung, ließ sie den Kopf hochtragen, als müsse sie darauf eine mit Wasser gefüllte Kalebasse transportieren.

Leuchtenden Auges überzeugte sie mit intelligenter Offenheit, und nie sah man ein Ermüden darin.

Wäre nicht unser beider Freundeskreis so grundsätzlich verschieden gewesen, hätten sich unsere Wege öfter gekreuzt. Nie kam es zu gegenseitigen Einladungen gesellschaftlicher Art. Aus beruflichen Gründen lebte ich mit meinem Mann in anderen Kreisen.

Die Hälfte meiner Patienten bestand aus oberflächlichen Bekanntschaften, zu denen ich keine Freundschaft aufbauen wollte.

Miriam besaß wenig Freunde und die auch nur als treue Hinterlassenschaft ihres verstorbenen Mannes. Wenn Sie nun annehmen, dass sie einsam war, weit gefehlt.

Jetzt brauchte sie nur ihre Forschung. Zusätzlich noch die homöopathische Tätigkeit, mit der sie besser an die Menschen herankam. Für jeden von ihnen nahm sie sich viel Zeit. Wegen eines guten finanziellen Polsters machte sie sich nie Gedanken um Wirtschaftlichkeit.

Kamen wir zusammen, wurde ein guter Tropfen getrunken. Im Sommer Weißwein, im Herbst und Winter Rotwein.

Um die Weihnachtszeit versackten wir in einer herrlichen Glühwein- Orgie am prasselnden Kamin ihres gemütlichen Bauernhauses.

Wegen der Entfernung blieb ich mehrere Tage bei Miriam. Mein Mann kannte das schon. Da unsere Kinder längst aus dem Haus waren, ging er Vergnügungen mit seinen Freunden nach. Wir gönnten uns Freiheiten und genossen die Zeit mit anderen Menschen, jeder auf seine Weise.

Eines späten Nachmittags zeigte Miriam mir in ihrem botanischen Garten eine Wüstenrose, aufgepfropft auf einen Oleander. Diese Hundsgiftgewächse, mit dem lateinischen Namen *Adenium ovesum*, sind in Afrika und Arabien heimisch. Sie bevorzugen semiarides Klima, einen extremem Wechsel von Trockenheit und Niederschlag. Sie werden über hundert Jahre alt, sind Pflanzen der Halbwüsten und können monatelang Durststrecken überwinden.

Sie erklärte mir den Begriff der Stammsukulenz, einer Saftfülle, die der immergrünen Pflanze ihr Überleben in wasserarmen Zeiten ermöglichte. Die Wüstenrose kann auf afrikanischem Boden eine Wuchshöhe bis zu fünf Meter und einen Durchmesser von zwei Meter erreichen.

Miriams hybride Züchtung auf dem Oleander wirkte überzeugend. Ich bestaunte die zwittrig fünfzähligen zygomorphen, endständigen rosaroten Blüten.

Erzählte Miriam, vergingen die Stunden wie im Flug. Ihrer warmen Stimme lauschte ich mit Andacht.

Was sie anschließend sagte, verstand ich zuerst gar nicht, hatte aber in langen Ausführungen mit der Zweigeschlechtlichkeit der Pflanze zu tun.

Als ich in der Nacht, trunken vom Wein, in mein Bett fiel, träumte ich von fleischigen Armen, die sich in hybrider Umschlingung mit einem Oleanderstrauch vereinten. Heraus tropfte ein blutrotes Elixier, das Miriam mir anschließend in die Vene spritzte.

Natürlich erzählte ich ihr am nächsten Morgen beim Frühstück davon. Sie lachte schallend, nannte mich eine Närrin und hatte wegen meines Katers Mitleid mit mir. Schnell darauf wurde sie wieder ernst.

Bevor wir ihren botanischen Garten verließen, hatte sie am Vorabend aus den Balgfrüchten der Wüstenrose Samen entnommen und hielt sie mir jetzt vor das Gesicht:

»Diese kleinen Dinger werden uns vielleicht eines Tages lebenslange Gesundheit schenken. Sie nicht allein, ich denke auch an die Samen der Brennnessel. Übrigens ist die Wüstenrose mit dem Enzian unserer Alpen verwandt, was sich natürlich nicht auf ihre Giftigkeit bezieht. Da ist sie dem Fingerhut vergleichlich. Sie kann schnell einen Menschen töten und Heilpflanze nennt sie sich nur bedingt.

Allein die Dosis macht's!

Die Hundsgiftgewächse mit ihren Inhaltsstoffen müsste man genauer unter die Lupe nehmen. Liebe Sonja, vielleicht solltest du dir nicht dein hübsches Köpfchen mit meiner Forschungsarbeit belasten.«

Sie hatte gemerkt, dass ich wirklich nichts verstand. Trafen wir uns, überforderte sie mich mit ihren biologischen Kenntnissen. Sie arbeitete hart und ließ sich selber nichts durchgehen.

Fuhr ich von meiner Freundin fort, nahm ich viel Neues mit. Auch jetzt setzte ich mich zu Hause gleich daran, dem Enzian und der Brennnessel in ihrer Heilkraft auf die Spur zu kommen.

Wahrscheinlich bewegte Miriam sich längst auf höheren

Ebenen und ich hinkte hinterher. Stets gab sie mir Rätsel auf, die ich mühsam erraten musste.

Als ich eines meiner naturheilkundlichen Bücher aufschlug, kam mir beim Enzian gleich ein Ausspruch des berühmten Kräuterpfarrers Kneipp entgegen:

»Wer auch noch so ein kleines Gärtlein hat, der soll drin haben einen Enzianstock, einen Salbeistock und einen Wermutstock, dann hat er sogleich eine Apotheke an der Hand.«

Wie oft verschrieb ich die bekannten Amara-Tropfen in meiner Praxis. Ein Kräuterbitter zu fettem Essen, fehlte auch nie in der Bar meines Mannes. Sofern meine Patienten nicht Alkoholiker waren, empfahl ich den Magen- und Leberkranken täglich ein kleines Glas Wein mit einer kräftigen Prise aus gepulverter Enzianwurzel.

Aber das alles war es nicht, was meine Freundin mir bei meinem nächsten Besuch erklärte. Während sie die Samen der Wüstenrose zärtlich zwischen Daumen und Zeigefinger rieb, glänzten ihre hellgrünen Augen und sie sagte:

»Die Glykoside der Pflanzen sind es, obwohl man ihren Steroiden genau so viel Bedeutung beimessen sollte. Unausgeglichenheit von Jin und Jang lässt den Menschen seine Krankheiten entwickeln.

Unsere Herz- und Kreislaufprobleme sind nichts anderes als Ausdruck einer Dekompensation. Allein im Gleichgewicht der Hormone finden wir ein langes, gesundes Dasein.

Wüstenrosen können in Verbindung mit Brennnesseln einen wichtigen Beitrag leisten, da der Glykosid-Gehalt der Wüstenrose in Wurzel und Endstand nur einen Bruchteil

der Giftigkeit einer Digitalis beträgt. Als Pfeilgift genutzt, genügt der Absud ihrer Wurzel ein Tier bei der Jagd zu lähmen oder sogar zu töten. Wie schon gesagt:
Allein die Dosis macht's!«

Meine Freundin lachte auf:

»Von der Wirkung mancher Pflanzen auf die Sexualität will ich gar nicht sprechen.«

Ich musste sofort an den Bärlappsamen denken, der in meiner homöopathischen Praxis bei Stoffwechselerkrankungen eingesetzt wird. Lycopodium verwende ich nicht nur bei Erkrankung der Leber, Niere, Gicht und Skophulose, sondern auch als Stimulator für ältere Männer in junger Ehe.

Aber das war jetzt nicht Miriams Thema.

Mein Mann, als Chemiker an Forschungen eines tumorspezifischen Enzyms beteiligt, hatte viel Kenntnis über neueste Entdeckungen gegen den Krebs. Salvestrole, wie sie in pflanzlichen Verbindungen von Obst, Gemüse und Kräutern vorkamen, könnten selektive Tumorzellen bekämpfen.

Ich wusste, dass sich auch meine geschätzte Freundin gerade mit diesem Thema beschäftigte. Bisher hatte ich mich nicht dafür interessiert wusste aber, dass sie mit wissenschaftlichen Instituten in Verbindung stand.

Nach meinem längeren Besuch, gingen mir Miriams entwickelte Gedanken und ihre Versuche nicht mehr aus dem Kopf. Sicher pfropfte sie Pflanzen miteinander auf, von denen sie mir nichts erzählt hatte, und vielleicht hütete sie noch ganz andere Geheimnisse. Bestimmt konnte Miriam in nächster Zeit ein neues pflanzliches Mittel entdecken. Möglicher Weise mit sensationeller Wirkung, ganz anders als chemische Keulen, Bestrahlungen und lebensgefährdenden Eingriffen.

Da sie sehr in Anspannung war, telefonierten wir in größer werdenden Abständen. Ich fand Miriam im Gespräch nervös und unkonzentriert.

Dann hörte ich lange nichts mehr von ihr.

Anfangs dachte ich, sie verletzt zu haben oder mit meiner Einfalt ein Hemmschuh in ihrer Forschungsarbeit zu sein. Vielleicht bedrängte ich sie auf zu egoistische Weise, und sie kam mit meiner ungeduldigen Fragerei nicht zurecht.

Wenn es um private Dinge ging, konnten wir das nie per Chat oder Mail bewältigen, dann wurde telefoniert.

Unsere bevorzugte Zeit blieben früher die Stunden der Nacht, in denen wir ausgiebigst diskutierten. Aber dazu kam es nicht mehr.

Ständig begleiteten mich Miriams Überlegungen.

Sie, die Frau mit dem scharfen Verstand und unglaublichem Wissen, brachte mich erheblich aus meinem Gleichgewicht. Ihren biologischen Ausführungen ließ sich schwer folgen. Sterben und Vergehen hatte für sie einen absolut realistischen Begriff. Da reagierte sie erbarmungslos.

Als wir über ein Problem mit meinem alten Kater sprachen, belehrte sie mich:

»In freier Wildbahn schafft eine Katzenmutter vielleicht, eines ihrer vielen Jungen durchzubringen. Ich spüre, du sorgst dich gerade übertrieben um ein Tier. Trauerst du um deinen Kater, der im hohen Alter einen Schlaganfall bekommen hat, kannst du ihm nur noch einen würdevollen Abgang verschaffen. Zum Glück sind wir mit unseren medizinischen Kenntnissen so weit, dass du ihn schmerzlos in den Tierhimmel bringen kannst. So mutig solltest du schon sein.«

Natürlich hatte sie recht!

Zu diesem Thema standen mein Mann und ich gerade vor einer ernsthaften Entscheidung. Es handelte sich um unseren achtzehnjährigen Kater Jo.

Von einem Tag zum anderen erblindete er vollkommen und hinkte stark. Für ihn ließ sich nach einem Schlaganfall als freilaufender Kater keine Chance mehr ausrechnen. Täglich tapste er verwirrter herum, als würde er sein verlorengegangenes Leben suchen. Da er aber fressen konnte, bildeten wir uns ein, er hätte noch Lebensqualität, und wir zögerten den letzten Schritt heraus. Miriam meinte, mit der Entscheidung hätten wir zu lange gewartet. Den Weg in die Tierarztpraxis hätten wir früher unternehmen sollen, damit er erlöst werden konnte.

Stephanus mischte sich ein:

»Mit Sicherheit wartetet ihr zu lange mit eurem Entschluss. Da bin ich der Meinung deiner Freundin.«

Martin fuhr auf:

»Ich kann Sonja verstehen, schließlich hängt man an seinen Tieren.«

Harald trank sein Bier mit einem Zug leer, und stand auf:

»Ich für meinen Teil will heute nicht mehr hören, wie die Geschichte weitergeht. Im Laufe der Jahre ermüdet man bei dem Gedanken an langsames Sterben.«

Plötzlich wollten alle aufbrechen, als Damian noch unbedingt seinen Senf dazugeben musste:

»Auf Haiti, der Heimat meiner verstorbenen Lea, hätte man sowas mit Voodoo-Zauber geklärt.»

Beim darauffolgenden Treff im *Kolben* holte Olga ein Knäuel mit dicker Wolle aus ihrer geräumigen Handtasche und zeigte es Sonja, die neben ihr saß:

»Verstehst du was vom Arm- und Finger Knitting? Ich muss unbedingt wissen, wie es mit dieser Fertigkeit geht. Nicht, dass ich so einen Schal haben will, eher denke ich bei dieser Beschäftigungs-Therapie an die Beruhigung meiner Nerven. Seit einiger Zeit schlafe ich schlecht, und das Lesen wird wegen meiner schwächer werdenden Augen auch nicht besser.«

Sonja wunderte sich. Gerade von der pensionierten Nachtschwester hätte sie das Erlernen dieser Strickart nicht erwartet. War eigentlich mehr für junge Leute, die einem modischen Trend folgten. Zufällig verstand sie etwas davon. Sie versprach ihr, bei der nächsten Zusammenkunft eine DVD mitzubringen, auf der sie das Stricken Schritt für Schritt erlernen könnte. Damit musste Olga sich zufrieden geben. Ungeduldig warteten alle auf die Fortsetzung der Wüstenrosen-Geschichte. Schnell ließ sie das Wollknäuel wieder in ihrer Tasche verschwinden.

Sonja wusste, dass sie endlich zum Ende kommen musste. Aus Angst vor der Wahrheit ihrer Geschichte hatte sie diese unterbrochen. Mit ihrem alten Kater hatte sie einen Umweg gewählt, auf den ihre eifrigen Zuhörer eingegangen waren.

Tatsächlich musste sie jetzt ihr Thema neu aufnehmen, allen Mut zusammenraffen und das tragische Geschehen zu Ende bringen.

»Eines Tages kam mein Mann von seinem jährlichen Klassentreffen nach Hause und gab mir die Visitenkarte eines Freundes, mit dem er bis zum Abitur die Schulbank-

gedrückt hatte:

»Der wird dich in den nächsten Tagen für einen Termin anrufen. Er ist ein großes Tier in der Pharmazie geworden, obwohl, privat scheint er weniger Glück zu haben. Nach zwei Ehen heiratete er kürzlich wieder.

Seine Neue ist ein junges Ding. Ehrlich gesagt ich weiß nicht, was er mit dem Modepüppchen anfangen will. Als er Stolz zog er ihr Foto aus seiner Brieftasche, aber verzog gleichzeitig bedauernd sein Gesicht. Sollte ich ihn richtig verstanden haben, klappt es im Bett nicht mehr. Auch möchte er sein Gesicht von dir mit Hyaluron aufpolstern lassen. Auf jeden Fall fand er sich total gealtert.«

Lästernd erwiderte ich:

»Schau dich im Spiegel an, der Jüngste bist du auch nicht mehr. Aber komm' zur Sache.«

Der zynische Hinweis auf sein Äußeres hatte meinen Mann anscheinend nicht beleidigt. Er fuhr fort:

»Sein Gesicht ist wirklich voller Falten, deshalb empfahl ich ihm deine Praxis. Du könntest ihm doch auch die Mittelchen verschreiben, mit denen du mich so schön auf Vordermann bringst.«

Ich lästerte weiter:

»Ach, jetzt glaubst du plötzlich an die Homöopathie, empfiehlst mich sogar weiter?«

Wie ein kleiner Junge stand er vor mir. Ich musste grinsen, als er weitersprach:

»Vielleicht kannst du ihm mit dem Lycopodium auf die Sprünge helfen, das andere erledigst du mit Hyaluron.«

Natürlich half ich dem Freund meines Mannes und hoffte, meine Arbeit würde von gewisser Dauer sein.

Beiläufig erzählte ich dem Patienten von meiner Freundin

Miriam und ihren speziellen Kenntnissen über Iris- und Antlitz-Diagnostik.

Leider auch von ihrer möglicherweise bahnbrechenden biologischen Arbeit in der Krebsforschung.

Bei dem Thema zeigte er großes Interesse. Sofort nahm er sich vor, bei ihr einen Termin zu vereinbaren. Deshalb gab ich ihm ihre Visitenkarte.

Danach überfiel mich ein ungutes Gefühl.

Wochen vergingen, da stand Miriam unerwartet vor meiner Tür:

»Ich muss dich unbedingt sprechen. Bei mir geschehen seltsame Dinge.

Seit längerem schleichen abends vermummte Gestalten um mein Haus. Du weißt, wie einsam ich wohne. Es wird jetzt früh dunkel, und ich sehe sie nur am Fenster vorbeihuschen. Sie zertrampeln meinen Kräutergarten. Im Treibhaus waren sie auch schon. Ich hatte gerade junge Wüstenrosen aufgepfropft. Seltsam, seit gestern fehlen einige Exemplare.

Auf meinem Schreibtisch in der Praxis stand auch nichts mehr an seinem Platz, und das bei meiner akribischen Ordnung. Ich bemerke, wenn ein Kugelschreiber falsch liegt. Auch an meinem Laptop wurde manipuliert, aber den knackt so schnell keiner. Ich bin völlig mit den Nerven am Ende!«

Ich wurde kreidebleich und bekam ein schlechtes Gewissen. Sofort dachte ich an einen bestimmten Patienten.

Hatte ich im Gespräch mit ihm, zu viel von Miriam preisgegeben?

Sie zitterte vor Erregung:

»Du weißt doch, dass ich an einem Buch arbeite. Du darfst mich jetzt nicht für verrückt halten. Nachts musste auch jemand an meinem Bett gestanden haben. Ich nehme mir die Arbeit immer mit nach oben. Morgens waren sämtlichen Notizen verschwunden. Alles ist höchst mysteriös. Was meinst du, soll ich die Polizei einschalten?«

Ich wollte nicht vorwurfsvoll sein, war es aber als ich Miriam tröstend in den Arm nahm:

»Warum hast du dich nicht schon früher gemeldet? Wir sind doch Freundinnen und teilen unsere Sorgen.«

Sie hörte gar nicht zu.

»Die Einbrecher müssen zu allem Übel Schild- und Wollläuse auf meine Pflanzen gesetzt haben. Ein ganzes Heer von Feinden die ich nicht bekämpfen kann, weil die chemischen Mittel meine ganze Arbeit vernichten könnten. Ich habe schon einen Brennnesselsud angesetzt, vielleicht hilft der.«

Ich wusste viel zu wenig von ihrer Tätigkeit.

»Verstehe ich richtig, die Wüstenrosen auf Oleander gepfropft sind betroffen.?«

Jetzt bekam Miriam wieder ihren, so bekannten, stolzen Gesichtsausdruck.

»Wüstenrose und Oleander sind eng verwandte Hundsgewächse und beide giftig, deswegen vertragen sie sich so gut, das ist bekannt. Begnüge dich fürs Erste damit. Mich interessiert das Ausschalten ihres todbringenden Giftes, ohne die Wirkung aufzuheben. Wenn du so willst eine Umwandlung in ungefährlichere Herzglykoside.«

»Dann könnte man die Wüstenrose auch gegen Herzinsuffizienz einsetzen?«

»Ja natürlich, daran arbeite ich doch!«

Miriam blieb nicht lange bei mir. Sie war zu sehr in Sorge um ihre Pflanzen, lehnte auch meine Hilfe ab. Als sie sich verabschiedete, bat sie mich, meinem Mann nichts von ihrem Besuch zu erzählen.

In all der Aufregung hatte ich vergessen sie zu fragen, ob sich ein gewisser Herbert Sous bei ihr gemeldet hatte. Deshalb rief ich sie noch am gleichen Tag an.

Sie konnte sich an keinen Patienten dieses Namens erinnern und ich musste sein Äußeres beschreiben. Miriam brauchte lange um sich zu besinnen, erinnerte sich aber eines Patienten, auf den die Beschreibung passen könnte.

»Ja, da war ein Mann für eine Irisdiagnostik, sonst wünschte er keine Behandlung. Ich hatte das Gefühl, dass er nicht so richtig wusste, was er bei mir wollte. Wirklich krank schien er nicht zu sein. Eher fand ich ihn neugierig und aufdringlich.«

Mir wurde speiübel:

»Das kann nur er gewesen sein, welchen Namen gab er dir an?«

»Dafür muss ich in der Kartei nachschauen.«

»Lass nur, ist nicht so wichtig.«

Ich dachte, sollte er es gewesen sein, hatte er ihr bestimmt einen falschen Namen angegeben. Um uns beide zu beruhigen, erwähnte ich:

»Du hast doch eine Irisaufnahme von ihm und die ist unverwechselbar wie ein Fingerabdruck.«

Am anderen Ende war lange nichts zu hören:

»Von seinen Augen habe ich kein Dia machen können, er wollte nicht fotografiert werden.

Eigentlich weiß ich überhaupt nicht, warum er in meine

Praxis gekommen ist. Seine Iris kann ich natürlich in allen Einzelheiten beschreiben, da ist mein Gedächtnis ein Computer. Diese Konstitution ist höchst selten, mit Anzeichen für unblutigen Selbstmord und möglicher Herzinsuffizienz.

Sollte er nicht vorher seinem Leben ein Ende setzen wollen, steht ihm ein Schlaganfall bevor, mit Lähmung der Beine. Das sagte ich ihm. Jetzt fällt mir alles wieder ein. Als er gegangen war dachte ich er hätte, wegen der äußerst schlechten Prognose, fluchtartig meine Praxis verlassen. Viele Patienten wollen nicht glauben, was ich ihnen voraussage. Eigentlich hatte ich ihn schon vergessen.«

Meine Kehle wurde immer trockener:

»Liebe Miriam, anscheinend brachte ich dich in große Gefahr. Du solltest doch schnellstens zur Polizei gehen und wegen des Einbruchs Anzeige gegen Unbekannt machen.«

»Besser wäre gewesen, wenn ich eine Aufnahme von seinen Augen gemacht hätte.«

»Auf jeden Fall, den Mann kennen wir. Wenn er mit den Einbrüchen zu tun hat, sollten wir ihn beobachten.«

Bei dem Telefonat blieb es. Ich wusste, Miriam würde weiterhin nichts zu ihrem Schutz unternehmen. Ich hielt mein ihr gegebenes Versprechen und ließ meinen Mann außen vor. Das hätte ich besser nicht getan. Vielleicht würde sie dann noch leben.

Einige Zeit später sah ich sie noch ein einziges Mal. Das war im Gerichtsmedizinischen Institut.

Eines Morgens rief mich ihre Hausangestellte an, die ich sehr gut kannte. Sie teilte mir mit, dass Miriam von ihr leblos in einem Sessel sitzend vorgefunden wurde.

Ich machte mich sofort auf den Weg.

Als ich am Bauernhof ankam, trug man gerade den Zinksarg zum Leichenwagen. An dem Tag konnte ich mich von meiner Freundin nicht verabschieden.

Der anwesende Arzt stellte ein Herzversagen fest, wobei weitere Untersuchungen im Institut noch Genaueres ergeben müssten. Was er mir dann eröffnete, aber nicht hätte preisgeben dürfen, waren die Einstichstellen in ihrer linken Armbeuge. Dazu machte er eine dumme Bemerkung:

»Die Dame wird doch keine Fixerin gewesen sein!«

Als hätte er auch mich beschuldigt, fühlte ich mich angegriffen. Wäre ich nicht so betrübt gewesen, hätte ich ihm gerne eine passende Antwort gegeben.

Miriams Treibhaus bot ein Bild größter sichtbarer Trauer. Alle Pflanzen, sämtliche Wüstenrosen, ließen Blüten und Blätter hängen. Ich dachte an die Wolllaus nebst Gesellen, die schlimm gewütet hatten.

Ich spürte, dass hier nichts mit rechten Dingen zugegangen war und meine Freundin keines natürlichen Todes gestorben sein konnte. Als ich an ihren Schreibtisch zurück ging, vermisste ich ihren Laptop. Sofort stellte ich mir vor, wie ein spezialisierter Hacker ihn im selben Moment irgendwo knacken würde, um sein Geheimnis auf schnellste Weise zu lüften. Eine schwache Hoffnung mehr zu erfahren hatte ich noch, als ich später ihre Aufzeichnungen durchblätterte. Besonders die letzten Seiten hätten mir etwas offenbaren können. Aber, das unschuldige Papier schwieg über Miriams letzte Stunden.

Ich hätte die Dinge nicht laufen lassen sollen, mich mehr um sie kümmern müssen. Etwas wusste ich. Mit ihrem umfassenden Wissen hätte meine Freundin nie leichtsinnige Selbstversuche riskiert. Fieberte sie auch für ihre Arbeit war sie viel zu klug, sich selbst schaden zu wollen.

Bestimmt war hier ein Mord geschehen, der einen Selbstmord vortäuschen sollte.
Aufgeklärt wurde er nie!

Einige Jahre nach Miriams Tod verstarb mein Mann. Er hatte Lungenkrebs und die Salvestrole seiner eigenen Forschung konnten ihm nicht helfen. Danach war meine Lebensenergie erschöpft, und ich gab meine Praxis auf.

Bei der Beerdigung meines Mannes war auch sein Schulfreund Herbert Sous unter den Trauernden.

Er saß im Rollstuhl und wurde von seiner jungen Frau gefahren. Beim Beerdigungskaffee stellte sich heraus, dass er einen schweren Schlaganfall erlitten hatte und seitdem nicht mehr laufen konnte.

Miriam hatte sich nicht in der Irisdiagnostik geirrt.

Er wurde unangenehm vertraulich und eröffnete mir, dass er beabsichtige in nächster Zeit seinem Leben ein Ende zu bereiten, da er seiner Frau nun nichts mehr bieten konnte.

Seine Anzüglichkeit strafte ich mit meinem Wissen:

»Unblutig, mit Tabletten oder denken Sie an eine Überdosis Wüstenrosenextrakt? Bestimmt ist Ihre Firma mit der Erforschung der Wüstenrose einige Schritte weitergekommen! Wie geht es eigentlich Ihrem Herzen?«

Es bereitete mir große Freude ihn endlich für das, was er meiner Meinung nach getan hatte, verantwortlich zu machen. Abschließend fügte ich hinzu:
»Mit ihrem Todeswunsch sollten Sie nicht zu lange warten, damit würden Sie ihrer Frau den allerbesten Gefallen tun.«

Aus dem Hintergrund des Raumes ließ sich eine Stimme vernehmen. Warum hatte bisher niemand auf das wippende

Geräusch eines Schaukelstuhls in der Ecke geachtet?

Ein staatlicher Mann, anscheinend bisher von allen nicht bemerkt, saß im Halbdunkel des Raumes. Als er sich vorneigte um etwas zu sagen, konnte man sein Gesicht erkennen:

»Wo kein Kläger, da kein Richter. Du hättest sofort eine Anzeige machen sollen. Gefühlsmäßig war Sous der Mörder. Aber hatten wir schon alles. Niemand geht in den Knast, wenn ihn keiner anklagt!

Ich werde Euch jetzt etwas über mich erzählen.

Kennt ihr einen Mann ohne Gesicht? Bestimmt nicht!

Einen Menschen ohne Visage erkennt niemand. Er ist weniger als ein unbeschriebenes Blatt Papier. Das wartet wenigstens darauf, von jemandem benutzt zu werden, für was auch immer. Wie lange sitze ich schon in unserer Runde! Nahm einer von euch bis jetzt meine Anwesenheit wahr? Sieht nicht danach aus.

Eigentlich dürfte man mich wegen meiner Körperfülle nicht übersehen. Zugegeben, bisher machte ich meinen Mund nicht auf.«

Olga erschrak: »Wie, du warst die ganze unter uns? Ich hatte dich bisher wirklich nicht bemerkt, entschuldige bitte«

Richard lächelte und verzog seinen Mund:

»Seht ihr, das passiert mir immer öfter. Ich wundere mich, dass ich hier überhaupt vom Wirt ein Bier bekomme. Anscheinend bin ich nur für Leute sichtbar, die von mir Geld wollen oder mit denen ich Geschäfte mache. Die erkennen mich immer, sonst hätte ich hier im Ort keine Bleibe gefunden.«

In dem wohnlich eingerichteten hinteren Raum mit dem

nie ausgehenden Kaminfeuer, gab es also diesen Schaukelstuhl mit dem verschlissenen Bezug. Er stand in einer Ecke und man konnte gerade noch um ihn herumgehen, ohne seine Kleider an dem rauen Putz der Wand reiben zu müssen. Hier schien Richard immer gesessen zu haben.

Olga erhob sich vom langen Tisch, an dem auch die anderen Platz genommen hatten. Gemächlich ging sie auf den Fremden zu:

»Ich verstehe nicht. Wenn du hier von Anfang an dabei warst, müssen wir dich doch bemerkt haben.«

Zwischendurch tippte sie ihn kräftig mit dem Zeigefinger an, als wollte sie sich vergewissern, dass er auch wirklich da war:

»Ich glaube, ich spinne! Du bist so wahrhaftig wie wir alle in diesem Raum.«

Richard erwiderte traurig:

»Vielleicht seht ihr nur ein Hologramm von mir, eins dieser dreidimensionalen Bilder. Die wirken derart lebensecht, dass sich jeder irren kann. Sucht doch mal nach einem Laser, der hier vielleicht irgendwo im Verborgenen steht und euch mit seinen Lichtbündeln alles nur vorgaukelt.«

Die pensionierte Nachtschwester schüttelte ungläubig verneinend den Kopf:

»Das lasse ich dir nicht durchgehen. Du scheinst mir ein ganz großer Schlawiner zu sein. Fühle ich doch, dass du aus Fleisch und Blut bist. Schauspieler könntest du sein! Noch mehr glaube ich, wir haben einen großen Illusionisten in unserer Runde.«

Richard beugte sich im Schaukelstuhl so weit nach vorne, dass er beinahe herausfiel.

»Na gut, da ihr mich jetzt als Schauspieler erkannt habt,

muss ich wohl Farbe bekennen.«

Damian war sauer:

»Erzähle uns nie mehr so einen Schwachsinn. Wie du gerade dasitzt, könnte ich dich jederzeit portraitieren, und dein Glas Bier führst du wie ein normaler Mensch zum Munde. Lieber Mann, hast du einen Zug am Leib. Erinnert mich an meine Trinkfestigkeit von früher, da musste meine Bieranlage einiges leisten. Sicher kanntest du einmal bessere Zeiten.«

Richard strich sich über seinen Schnurrbart:

»Bevor ich meinen Unfall hatte, steckte ich in vielen Rollen.«

Peter erinnerte sich an seine kriminalistische Zeit und schnippte genervt mit Daumen und Mittelfinger in die Luft:

»Das kann ja interessant werden. Ich hoffe, du strapazierst mit deinen Fantastereien nicht zu sehr unsere Nerven.«

Der Angesprochene wirkte gespannt wie ein schussbereiter Pfeil an der Sehne eines Bogens. Jetzt nahmen ihn alle wahr:

»Das Lesen von Büchern birgt manche Gefahr. Als Kind übernahm ich mit Begeisterung die Charaktere der größten Helden in meinen Romanen.«

Olga stand immer noch vor ihm:

»Wurdest du deshalb Schauspieler?«

Richard schoss seinen Pfeil ab:

»Schauspieler wurde ich, weil die Menschen mir sonst nicht geglaubt hätten. Wirklich überzeugend war ich nur in den Rollen.«

Jetzt staunte sie ungläubig:

»Deshalb spieltest du in deinem Leben einfach weiter, als würdest du auf der Bühne stehen? Na, das gefällt mir, hätte ich früher auch draufkommen sollen.«

Peter beschwichtigte sie mit übertriebener Seriosität:

»Hätte ich mich in meinem Job nicht in die Haut fremder Menschen versetzt, wäre ich ein schlechter Polizist gewesen. Das soll jetzt kein Vorwurf sein, meine Liebe. Gerade du als Krankenschwester dürftest nicht leichtfertig urteilen. Wärest du etwas mutiger in deinem Leben vorangegangen, wäre für dich auch alles anders gekommen.«

Sein Angriff saß. Als hätte sie alle Energie verlassen, sackte Olga in sich zusammen und ging schweigend an ihren angestammten Platz zurück.

Der Schauspieler erhob sich schwerfällig aus seinem Schaukelstuhl, um gleich darauf wieder in ihn zurückzufallen:

»Meine Geschichte handelt von einem großartigen amerikanische Schriftsteller, der unter einem Pseudonym schrieb und sich Mark Twain nannte. Er hatte viel erlebt und wurde immerhin 75 Jahre alt. 1835 in Florida, Missouri als Samuel Langhorne Clemens geboren, starb der überzeugte Abenteurer und Weltverbesserer 1910 in Redding, Connecticut. Ich kenne alle seine Erzählungen. Seinen berühmtesten Romane und meine liebsten Bücher wurden natürlich: *Tom Sawyer* und *Die Abenteuer des Huckleberry Finn*. Davon werde ich euch jetzt erzählen:

MEINE BESTE ROLLE

Richard war ein pfiffiges Kerlchen und früh selbständig. Seine Mutter verstarb im Kindbett und ihre jüngere Schwester, auch Witwe, übernahm seine Erziehung und führte die Kneipe. Sein Vater war ein Trunkenbold und am Zapfhahn sich selbst der beste Gast.

Verließ der Letzte die Schänke, war er so volltrunken wie alle anderen zusammen. Manchmal setzte es Hiebe wenn der Kleine, der längst hätte im Bett sein müssen, aufmüpfig wurde und in kindlicher Angriffslust seine Fäuste gegen ihn erhob.

Alles begann an einem einsamen Heiligen Abend. Ein karg geschmückter Weihnachtsbaum im schummrigen Licht der Kneipe zierte den Schankraum.

Richard war im November dreizehn geworden und seine Tante schenkte ihm kein Spielzeug mehr, sondern eine deutsche Ausgabe der *Abenteuer des Huckleberry Finn.*

Sogleich verzog er sich an seinen angestammten Platz am Tisch in der Ecke der Kneipe, die gleichzeitig als Wohnzimmer diente und begann zu lesen. Wie bei einem Hund auf der Fährte einer Jagd, lag beim Lesen jeder Zeile der Geruch sozialer Gerechtigkeit, Freiheit und grenzenloser Unabhängigkeit in seiner Nase.

Marc Twain, der eigentlich an der Ostküste der Vereinigten Staaten gelebt hatte, führte ihn in seinem Roman durch den amerikanischen Süden und Westen.

Richard wollte den Ort der Handlung des Huckleberry Finn für sich neu erfinden. So wurde aus seinem Eifeler Heimatdorf das Städtchen St. Petersburg, alias Hannibal am Mississippi. Es gab in seinem täglichen Einerlei keinen schwarzen Sklaven Jim, mit dem er viel Spannendes zu erleben gedachte. Da musste er auf den kräftigen Gelegenheitsarbeiter zurückgreifen, der Tante Jule bei grober Arbeit half.

Sein Vater war nicht mehr in der Lage, Holz für den Kamin zu hacken oder die schweren Bierfässer zu rollen. Er schlief bis in den Mittag und wehe man störte ihn.

Einen Jungen namens Bobby, den er sich als Tom Sawyer vorstellen konnte, gab es bereits in seiner Klasse. Er war gewieft und führte eine Bande Gleichaltriger an, zu der Richard längst gehörte. Den Mississippi mit seinen gefährlichen Sandbänken, Strudeln und Untiefen, musste er sich wegdenken. Immerhin wurde daraus ein rauschender Bach unweit der Wirtschaft seines Vaters. Da gab es eine Scheune und dichtes Binsengras am Ufer. Folgte man seinem Lauf, schaukelte bestimmt auch ein Floß in weiter Ferne.

Richard hatte früh entdeckt, dass der Reiz großer Fantasie nicht darin lag sie lediglich zu besitzen, sondern eine eigene Realität zu finden. Dann konnte daraus eine wahre Geschichte werden. Ähnlich einem Regisseur setzte er für sich alles in Szene. Gerne hätte er Bobby das Spiel seiner Gedanken anvertraut. Aber vielleicht sollte er sich niemandem öffnen und hielt seine Spinnereien besser für sich.

Dann geschah etwas!

In der alten Scheune am Bach fanden sie auf einem ihrer nächtlichen Streifzüge einen Koffer mit viel Geld.

Bobby, als Bandenchef, verteilte alles gerecht und ward nicht mehr gesehen. Für sein Verschwinden gab es keinen wissentlichen Grund.

Er lebte bei seiner Tante in geordneten Verhältnissen,

brach aber gerne die bürgerliche Ordnung. Bevor er sich ganz in Luft aufgelöst hatte, überredete er Richard ebenfalls zur Flucht, vorbei an Tante Jule und seinem versoffenen Vater. Richard floh aber nur in die Scheune und vergrub seinen Beuteanteil unter den alten Bodenplanken.

Sein Versteck blieb nicht lange unentdeckt, da der Vater plötzlich mit der Polizei erschien und ihn mit lautem Geschimpfte und Kopfnüssen nach Hause holte. Danach bekam er schärfsten Arrest.

Irgendjemand hatte nicht dicht gehalten und das Gerücht von einem großen Geldfund in Umlauf gebracht. Richard ahnte, dass schnell etwas geschehen musste. Indem er seinen im Vollrausch liegenden Vater überlistete, gelang ihm eine zweite Flucht.

An diesem Punkt hätte er nach Marc Twain die eigene Ermordung vortäuschen müssen, um endlich vom Vater befreit zu sein. Aber so weit wollte er nicht gehen. Vorerst blieb er nur verschollen. Er nahm Verbindung zu einem älteren Jungen seiner Gang auf und kam mit dessen Hilfe im nächsten Dorf unter.

Unerwartet, wie es der Zufall wollte, traf er wenige Zeit später den bulligen Hilfsarbeiter seiner Tante, der sich auf Wanderschaft befand. Wahrscheinlich hatte der auch etwas ausgefressen und wollte einer Verhaftung entgehen.

Richard, der sich gerne moralistisch verhielt, wurde zum Huck der früheren Jahre und überlegte, ob er den Mann vielleicht melden sollte. Da war er froh, das dicke Buch mehrfach gelesen zu haben. Deshalb entschloss auch er sich, dem Mann seine Freiheit zu lassen.

Sie wurden Freunde und begaben sich mit dem Rest des Geldes auf die Odyssee einer langen Reise.

Plötzlich bekam Richard Angst, sein Leben könnte mit dem Schicksal von Huck, wie im Roman, identisch werden. Schließlich musste er irgendwann wieder zur Schule gehen. Wollte er Schauspieler werden, funktionierte das nur mit Bildung. Für ihn gab es, wie für Marc Twain, keinen Klassenkampf und er gehörte auch nicht den Kommunisten an.

Eines Tages wollte er auf einer Theaterbühn stehen. Besser noch, in einem Film mitspielen und als Huck-Darsteller Mark Twains großen Roman würdigen.

Unerwartet erreichte ihn die Nachricht vom Tod seines Vaters, der an Leberzirrhose gestorben war. Richard raffte seine Siebensachen zusammen und kam wieder nach Hause. Er vollendete sein Abitur und studierte anschließend Theaterwissenschaften.

Eigentlich war er ein unangenehmer, mit Zweifeln behafteter Mensch geblieben, und niemand suchte unbedingt seine Nähe.

Als er promovierte, und seine Doktorarbeit über die vergleichende Literatur von Ernest Hemingway, Charles Dickens und Mark Twain mit *Magnum cum laude* aufs Höchste gelobt wurde, fand er jedoch viel Hochachtung. Seine Unbeliebtheit entfernte ihn jedoch schrittweise von den wenigen verbliebenen Freunden.

In den folgenden Jahren wurde er einsam, versuchte sich als Schauspieler, ohne jemals eine Schauspielschule besucht zu haben. Plötzlich bekam er ein Angebot, dass sein Herz beinahe zum Stehen brachte. Er sollte das Drehbuch zu einer neuen Version *Die Abenteuer des Huckleberry Finn*, fürs Fernsehen schreiben. Dialoge und Stimmungen brachte er sofort mit großer Leichtigkeit zu Papier.

Eigene Erfahrungen stiegen auf, beflügelten seine Sinne. Nun fand sich die Gelegenheit, das Thema nach seiner Vorstellung zu bearbeiten.

Er setzte sich sofort daran. Der Film seines Drehbuchs wurde ein Riesenerfolg und erreichte alle Medien. Das Glück wäre vollkommen gewesen, hätte man ihn auch für die Rolle des Huck als Schauspieler verpflichtet.

Trotzdem segelte Richard auf einer Woge des Erfolges. Er mietete ein Luxusappartement in Berlin, direkt am Kudamm und wollte nichts mehr von seinen vorherigen, in den Sand gesetzten, Projekten wissen. Aber auch das gefiel ihm nach einiger Zeit nicht mehr.

Wegen einer unsteten Veranlagung pachtete er ein halbes Jahr später eine Tankstelle in Gran Canaria. Da er aber nichts von Auto-Reparaturen verstand, nicht einmal Reifen wechseln konnte, eröffnete er danach ein florierendes Restaurant mit Thunfisch-Spezialitäten.

Von Kochen verstand er etwas!

Als er die spanische Sonne nicht mehr ertragen konnte, floh er zurück nach Hamburg und kaufte sich in ein Fischgeschäft ein. Liefen Unternehmen gut, interessierten sie ihn seltsamerweise danach nicht mehr.

Zuletzt kaufte er einen Kutter. Der Kahn war nicht billig. Ließ sich damit auch nicht sein Traum vom Mississippi verwirklichen, wollte er zumindest in See stechen.

Sehr bald merkte er, dass man ihn mit dem Kauf übers Ohr gehauen hatte. Bei der Jungfernfahrt stellte er ein Leck fest und musste sofort zurückschippern.

Da weiteres Einkommen ausblieb, kündigte er endgültig seine Wohnung in Berlin, die er bis dahin vermietet hatte. Er blieb in Hamburg, wo er einige kleine Rollen am Theater bekam. Meistens spielte er vom Weg Abgekommene, Kiffer und Landstreicher. In historischen Stücken blieb er immer der Henker oder Mörder.

Es gab Monate, da musste er zur Überbrückung mit Stütze leben. Das nur, weil er sich nicht anpassen wollte. Wegen seines schwierigen Charakters wurde er meistens auffällig. Frauen liebten an ihm nur seine funkelnden grünen Augen und seinen Esprit, der ihm einigen Charme verlieh. Auch im Trinken stand er mittlerweile seinem Vater nicht nach. Er wurde schwammig und körperlich träge.

Nachdem er erfahren hatte, dass die Schwester seiner Mutter gestorben war, fühlte er sich zu nichts mehr verpflichtet.

Richard ging in die USA in ein Indianer-Reservat, schmückte sich mit Perlschnüren, bestickten Lederbändern und allen traditionellen Insignien einer verratenen, untergegangenen Kultur. Er kiffte und soff mit ihnen und beschränkte sich auf die Pritsche einer einfachen Behausung.

Die Journalistin eines Verlages hatte viel Mühe, ihn ausfindig zu machen. Man wollte sein Huck-Drehbuch als Roman herausbringen und dazu musste sie Richards Einverständnis einholen. Sie war jung, sehr attraktiv, gab sich unerfahren, ohne es zu sein. Eine ganz Raffinierte, die sich nicht die Butter vom Brot nehmen ließ.

Im unglaublichen Tempo seines Lebens verliebte Richard sich sofort in sie. Er unterwarf sich einem notwendigen Meskalin-Entzug, und dachte sogar an eine feste Bindung. Sie half ihm beim Entgiften und beide nutzten ihre Besuchszeit im Sanatorium, um sich besser kennenzulernen.

Richard verfiel ihr vollends und er hätte sein Drehbuch,

dessen Rechte er besaß, jederzeit zur Verfügung gestellt. Sie begann sofort, aus dem Manuskript nach seinen Vorlagen einen Roman werden zu lassen.

Wieder kam alles anders.

Nach einem schweren Autounfall erwachte Richard aus langem Koma und niemand hätte an sein Zurückkommen gedacht. Als man ihm erzählte was geschehen war wunderte er sich, dass er überhaupt noch lebte.

Am Krankenbett reichte man ihm einen Spiegel. Nachdem er hineingesehen hatte, erblickte er ein fremdes Gesicht. Darauf sprach er seinen behandelnden Arzt an.

Der erklärte ihm dieses Phänomen:

Nach einem erlittenen doppelten Schädelbruch ist das häufig der Fall. Mehrere Trepanationen zum Abfluss von Hirnflüssigkeit waren bei Ihnen nötig.

Nach dem Entfernen eines lebensbedrohlichen Hämatoms können Sie sich glücklich schätzen, überhaupt noch am Leben zu sein.«

Als Chef der Neurologie gab er Richard einen Rat:

»Wenn Sie wieder im täglichen Leben bestehen wollen, sollten Sie in Ihrer Wohnung alle Spiegel verhängen und auch anderswo den Blick hinein vermeiden. Manche Schädeltraumatisierte finden den Weg zurück, wenn sie nicht sofort und ständig mit ihrem Ebenbild konfrontiert werden. Ihre verletzten Nervenbahnen werden sich nur langsam ordnen und neu finden. Viele Teile unseres Gehirns liegen noch brach. Sie bleiben unerforscht und niemand weiß ob sie in der Lage sind, verlorene Funktionen zu ersetzen.«

Als Richards Buch verlegt war, hörte er nichts mehr von seiner Geliebten. Er fiel in ein tiefes Loch.

Lange Zeit stellte sich für ihn keine Hoffnung auf Erfolg

ein. Als Mann ohne Gesicht bekam er keine Rolle. Wieder vereinsamte er.

Da er nicht mehr in den Spiegel schaute, vergaß er die Farbe seiner Augen und verließ sich beim Rasieren auf den Tastsinn. Mit der Verbannung seines Abbildes, war für ihn das Urteil gesprochen.

Bei Regen ging er nicht auf die Straße, aus Angst er würde vor einer Pfütze stehen und sich nicht darin erkennen. Zum Niemand geworden, verhielt er sich entsprechend zurückhaltend, weil er nicht nur glaubte sondern wusste, die Menschen würden ihn übersehen und vergessen.

Gerührt stand Martin auf, ging zu Richard, beugte sich über den vor sich hin Schaukelnden und schloss ihn fest in seine Arme. Längst wollte er sich einmischen und hielt sich jetzt wegen seiner Ergriffenheit nicht länger zurück:

»Ein wenig schizophren bist du schon. Um das festzustellen, brauche ich kein Psychiater zu sein. Ich sehe doch, dass du in deinem Leben immer vor dir selbst weggelaufen bist, und lieber in der Rolle einer anderer Personen leben wolltest. Es gibt eine Hoffnung auf Heilung für deine Krankheit. Ich weiß, dass Menschen nach schweren Schädeltraumen oft eine psychische Veränderung erfahren. Das kann im Positiven wie im Negativen geschehen. Für mein Empfinden stehst du am Anfang eines neuen Weges. Ich glaube an deine Identität!«

Gleich einem Zeremonienmeister wandte sich der Pathologe auffordernd allen zu:

»Verehrte Anwesende: Hiermit erlaube ich mir, euch den besten Darsteller in der Rolle des Huckleberry Finn vorzustellen.«

Auf sein Zeichen erhoben sich alle anerkennend von ihren Stühlen und applaudierten zustimmend.

Dieser Beifall brachte die Augen des euphorisch gewordenen Schauspielers zum Funkeln. Bedächtig stand er auf, breitete seine Arme aus und verbeugte sich pathetisch vor seinem neu gewonnenen Publikum.

Lebensfreude überwältigte ihn. Konnte es sein, dass ihm das schönste Abenteuer seines Lebens noch bevorstand?
In diesem Moment spürte er, dass ihm sein wahres Gesicht zurückgegeben wurde und er wuchs über sich hinaus.

Martin erschrak über seine eigenen Worte. Hatte er sich mit seinen Ausführungen zu weit vorgewagt? War er schon von eigenem Verlangen geheilt, schöne junge Körper berühren zu wollen? Könnte seine Neigung ihn nicht auch zum Absturz bringen?

Was geschah kürzlich auf der Reeperbahn in Hamburg, im Varieté für Insider spezieller Vorlieben?

Die Kleine war käuflich und er hatte sie mit auf sein Hotelzimmer genommen. Durfte er sein weiteres Erlebnis preisgeben, ohne nicht sofort wieder negativ beurteilt zu werden?

Schließlich waren sie alle keine Engel. Weshalb sie sich trafen, lag ebenfalls auf der Hand und entsprang bestimmt nicht dem Wunsch nach Beweihräucherung.

Mit einer Ausnahme vielleicht: Schauspieler Richard blieb ein Außenseiter, ein in sich selbst Verliebter. Der schien aus anderem Holz geschnitzt zu sein.

Beim nächsten Treff würde er seine zweite Story zum Besten geben.

Sich nicht darum scheren, was die anderen dachten.

Bestimmt würde Olga, wie gewohnt, seine Glaubwürdigkeit anzweifeln. Leichter verdaulich wurde seine Liebesgeschichte nicht, auch wenn ihr viel Leidenschaft anhaftete.

Am nächsten Sonntag warteten alle darauf, womit Martin ihre Spannung steigern wollte:

DIE TÄNZERIN DER MAORI

Beruflich hatte ich mich zurückgezogen. Auch die Lust, an Wochenenden in Bistros herumzusitzen, um flanierenden Mädchen nachzuschauen, war nicht mehr vorhanden. Nach dem Unfalltod von Madeleine fühlte ich mich ausgebrannt und einsamer als je zuvor.

Zu einem wissenschaftlichen Kongress nach Hamburg, führte mich nicht der Zufall, sondern das Schicksal.

Angie, in Neuseeland geboren, entstammte einer berühmten Artistenfamilie. Alle waren Akrobaten. Als Meister der Akrobatik und Tierbändiger traten sie hauptsächlich mit Schlangen und Krokodilen auf. Seit Generationen unübertroffen in der Zusammenarbeit von Mensch und Tier, hielten sie ihr Publikum in Bann.

Angie in ihrer Unbekümmertheit zu verstehen, war für mich neu.

Nach meiner leidenschaftlichen, jedoch platonischen Beziehung zu Madeleine, durchfuhr mich die Körperlichkeit des Maori-Halbbluts wie ein animalischer Rausch.

Als ich sie in ihrem Programm sah, war ich sofort von ihr fasziniert. Mehr noch, ich schien in meinem Verlangen verloren zu sein.

Angie arbeitete mit einem neuseeländischen Langflossenaal in einer wassergefüllten Halbkugel aus Acryl, mit einem Durchmesser von über zwei Metern.

Alles an dem Mädchen war von großer Zierlichkeit. Ihre Proportionen gefielen mir. Eine süße Frucht, die auf dem Wasserspiegel zu tanzen schien, dann eintauchte und wie die schönste Schaumgeborene wieder hervorkam.

Dick und träge lag bei dem Spiel der anscheinend schlafende Fisch am Boden. Rechts und links der Bühne zeigten Monitore anschauliche Demonstrationen dieser reizbaren Raub-Aale. Anschauliche Informationen über den *Anguilla dieffenbachii*, ließen keine Zweifel über seine Gefährlichkeit aufkommen.

Von den Einheimischen *Tuna* genannt, taucht er in zahlreichen Mythen der Maori, in verschiedenster Bedeutung, als Phallussymbol auf. Um ihn kreisen Sagen grausiger Liebesabenteuer: Vereinigung mit Frauen, bis hin zur Vergewaltigung. Als großer Räuber zieht er alles, sich über ihm Bewegende, in die Tiefe.

Nun lag er im Wasserbecken, einen hypnotischen Eindruck erweckend. Alle waren gespannt was passieren würde, wenn sich die Tänzerin über ihm bewegte.

Schnell und sicher glitt sie, gleich einer Meerjungfrau, über ihn hinweg. Ich bildete mir ein, Angriffslust in seinen kleinen Augen gesehen zu haben.

Der Aal war mindestens eineinhalb Meter lang und lag eingerollt in seinem Wasserbett. Nicht nur ich, alle verfolgten fasziniert ihre zierlichen nackten Füße, mit denen sie ihn, absichtlich oder auch nicht, bei ihrem Spiel berührte. Da die musikalische Untermalung sich nicht gerade vertrauenerweckend anhörte, wagte ich keinen weiteren Blick auf einen der Monitore.

Plötzlich tauchte Angie ganz unter. Dann schob sie ihre kleine Hand in das geöffnete Maul des Fisches, mit Zähnen wie Widerhaken bewehrt. Kurz darauf brachte sie ihr Gesicht nahe an ihn heran, damit sie ihn mit ihren roten Lippen küssen konnte. Dabei drehte sich der Aal auf seinen dunkelgrauen Rücken, zeigte die helle Bauchseite, als würde er sich ihr hingeben wollen.

Gleich darauf schlug er aggressiv peitschend mit der Schwanzflosse, schoss an die Oberfläche, drehte eine Runde, um sofort wieder in seine Ausgangsposition zurück zu gleiten. Diese Reaktion hatte niemand erwartet. Ich glaube, nicht nur ich stieß einen Schrei des Entsetzens aus.

Angies Nummer war die Letzte in einer gelungenen Schau, für alle der Höhepunkt der Vorstellung. Ansonsten stellte sich das Programm aus bizarren Darstellungen zusammen und erinnerte an ein Varieté früherer Zeiten, wo ausnahmslos Kurioses und Absurdes gezeigt wurde.

Angie hatte wesentlich besser Zeiten gesehen. Sie war in der ganzen Welt herumgekommen. Im Alter von sechs Jahren trat sie im Circus als *Mädchen ohne Knochen* auf. Mittels ihrer Gelenkigkeit kroch sie, zum Stauen der Zuschauer, aus kleinsten Kisten und Koffern heraus.

Als sie größer wurde, arbeitete sie als Tänzerin mit Würgeschlangen. Nachdem ihr Vater bei einem Unfall mit einem seiner Nilkrokodile tödlich verunglückt war, verließ sie die Truppe und arbeitete viele Jahre als Stuntfrau für den Film. Ihre aufregende Lebensgeschichte erfuhr ich noch in derselben Nacht.

Da ihre Nummer den Abschluss der Vorstellung bildete und sich alle Artisten unter das Publikum mischten bemühte ich mich, sie persönlich kennenzulernen. Mit einem überteuerten Schampus war das hier kein Problem. Im Gegenteil, das Theater lebte hauptsächlich vom Verzehr und von dem, was getrunken wurde. Angie hatte an diesem Abend zu viel Alkohol konsumiert und mir ging es nicht anders. Sie war bereit mit mir zu kommen.

Nachdem ein Taxi uns ins Hotel gebracht hatte, fielen wir

sehr schnell beschwipst in das breite Doppelbett. Ich war gerade noch Herr meiner Sinne, um warmes pulsierendes Fleisch unter ihrer zarten Haut fühlen zu können. Bevor mich die Arme des Morpheus umfingen, gehörten meine letzten Gedanken einer sinnlich schmutzigen Erotik, die ich gerne mit Angie erlebt hätte.

Madeleine, oh Madeleine, wie hatte ich sie begehrt!

Verzweifel musste ich ihren armen toten Leib allem Irdischen übergeben!

Und nun Angie, die mir neue Kraft schenkte!

Mit Haut und Haaren gehörte ich einer kleinen Artistin aus einem anrüchigen Hamburger Varieté. Dort herrschte sie über einen Aal, fast so groß wie sie, der sich ihr mit Leib und Seele verschrieben hatte. Alles war mir egal, da ich zu den Lebenden zurückkehren durfte.

Vorbei schien die Begeisterung für tote Frauen auf meinem Seziertisch, denn die waren blutleer. Ohne den roten Saft des Lebens glich das, was ich mit meinem Skalpell zu öffnen hatte, eher einem surrealistischen Geschehen.

Ich war froh, in Angie den eigenen Puls zu spüren, obwohl ich nicht verstand, warum sie gerade mich als Geliebten akzeptierte. Wir sahen uns jede Nacht. Nie nahm sie für ihre Liebesdienste Geld von mir.

Angie hatte einen Agenten, den ich natürlich auch kennenlernte. Ein höchst arroganter Orientale, mit ausgeprägter Nase wie der Schnabel eines Vogels. Achmed arbeitete schon lange für die Familie und wirkte vertraut mit ihr. Ich mochte ihn überhaupt nicht. Aber das hatte mit Angie zu tun.

Nachdem der Kopf ihres Vaters auf so schreckliche Weise vom Maul des Krokodils zermalmt worden war, hatte

Achmed sie mit ihrer neuen Nummer unter Vertrag genommen. Was er ihr wirklich bedeutete, erfuhr ich nicht.

Eigentlich sprachen wir bei unserem Zusammensein nie über ihn. Ich spürte, dass neugierige Fragen ungern von Angie beantwortet wurden.

Also verzichtete ich darauf.

Ganz hatte ich mich von der Pathologie nicht verabschiedet. Meine beruflichen Erfahrungen nutzte ich für die Schriftstellerei. Nach meiner Kündigung am Institut wechselte ich zu den Autoren, und schrieb unter einem Pseudonym spannende makabere Krimis.

Damit konnte ich mich vom unschönen pathologischen Geschehen befreien, entfloh dem Moder krankhafter Gedanken. Ich fand einen Psychiater der mir riet, alles Belastende in Schubladen abzulegen, und den Inhalt bei Bedarf zu nutzen. Die Schriftstellerei erlaubt mir, schmerzlos die Büchse der Pandora öffnen zu dürfen.

Längst hätte ich zu Hause sein müssen, denn eine Menge Arbeit wartete. Mein Verleger stand mir auf den Füßen, und angesichts des großzügigen Vorschusses musste ich langsam in die Hufe kommen. Ich verließ Hamburg und fuhr zurück in die Eifel.

Ich glaubte an die Macht des Smartphons, mit dessen Hilfe ich engen Kontakt zu meiner Angebeteten halten konnte.

Sie versprach mir, ihren Vertrag zum Ende der Saison nicht zu erneuern. So jung wie angegeben, war Angie nicht mehr, da hatte sie geschummelt. Als wesentlich älterer Mann sah ich in ihrer Eitelkeit keinen Nachteil.

Wir trennten uns mit unendlichen Liebesbezeugungen und ich hoffte auf eine gemeinsame Zukunft. Dank moderner Technik, ließ sich jede Kommunikation mit meiner Geliebten in Bild und Ton herstellen. Angie beflügelte meine Sinne. Ich startete durch und schrieb besser als je zuvor. Wir hatten gemeinsame Zeiten verabredet, um miteinander flirten zu können. Angie trainierte viel und wirkte schon nachmittags angespannt. Deshalb blieb uns nur der frühe Morgen bis in den Vormittag.

Ich vermisste das gemeinsame ausgedehnte Frühstück im Hamburger Hotel und hatte mir als Ersatz angewöhnt, mit ihr telefonisch lange Gespräche zu führen. Genau wusste ich nicht, ob sie für alle Zeiten mit der Artisterei aufzuhören gedachte. Fest stand, sie wollte eine Ruhepause einlegen. Wahrscheinlich überließ Angie mir die letzte Entscheidung für das Beendigen ihrer Karriere.

Mein Glück schien vollkommen zu sein, und ich fieberte ihrer Ankunft entgegen. Ich hätte sie geheiratet, und bis an das Lebensende den Thron zu meiner Rechten mit frischen Rosen umkränzt. Mein verliebtes Hirn war umnebelt und ich beneidete den Aal, dem sie sich verpflichtet fühlte.

Allerdings verließ mich nie das Gefühl, der Aal könnte eines Tages sein riesiges Maul öffnen und beim Kuss ihre zarten Lippen zerfleischen.

Endlich erhielt ich den entscheidenden Anruf von Angie. Sie gab ihre letzte Vorstellung und wirkte fröhlich wie nie zuvor. Mit Fotos präsentierte sie sich mir in lebhaften Bildern, die ich unglaublich reizvoll fand. In dem Augenblick liebte ich sie, wie nie eine Frau vor ihr.

Ich brachte meinen Junggesellenhaushalt auf Vordermann und versprach ihr, sie in Hamburg abzuholen.

Ihren letzten Auftritt sollte Achmed als Dokumentation mit seinem Handy aufnehmen und mir noch am selben

Abend senden.

Jetzt gestand ich mir ein: Ich war froh, dass dieser Knochenfisch für sie Vergangenheit wurde. Allerdings überlegte ich, was wohl anschließend mit dem Tier geschehen würde. Vielleicht gab man ihn dem Fluss zurück.

Sein Rauben hatte er bestimmt nicht verlernt!

Vielleicht wäre besser, er könnte ein ruhiges Leben in irgendeinem Schau-Aquarium weiterführen. Angie erzählte mir, dass der Aal, übrigens ein Weibchen, mindestens vierzig Jahre alt war, als sie ihn von der Maori übernahm. Diese Gattung wird uralt.

Verrückt nach meiner Geliebten, war ich zu allem bereit. Hätte sie den Fisch in die Eifel mitgebracht, wäre mir das auch recht gewesen.

Spät abends wollte ich mich in die gemütlichste Ecke meines Wohnzimmers zurückziehen, als das Rufzeichen meines Handys eine Nachricht ankündigte. Jedesmal erschrak ich wegen der aufdringlichen Frequenz hellster Pieptöne. Bevor ich das Video öffnete, war ich in freudiger Erregung.

Angies letzten Auftritt sollte ich nie mehr vergessen!

Sie wirkte ernst und blass.

Nachdem sie sich vorgestellt hatte, wie immer nur im Stringtanga, glitt sie mit geschmeidigen Bewegungen in das Becken hinein.

Die Bewegung ihrer Beine erzeugten aufspritzende Wellen, während sie in gewollter Unachtsamkeit die Rückenflosse des Aals mit ihren Zehen berührte. Alles schien wie gewöhnlich zu sein, und doch durchfuhr mich ein grausiger Schauer. Ich konnte erkennen, dass der Fisch, bei jeder ihrer zum Angriff auffordernden Attacke, wie elektrisiert zuckte. Das hatte ich bisher bei ihrem Aal noch nie gesehen. War das überhaupt ihr Tuna?

Unaufhörlich ruderte seine Schwanzflosse, nervös hin und her schlagend, auf dem Grund des Beckens. Bildete ich mir ein, dass Angie unruhig wurde und auf weitere Spiele mit ihren Füßen verzichtete? Ich hätte eine Stoppuhr nehmen können, so genau kannte ich den Ablauf jeder ihrer Bewegungen.

Längst war das anfängliche Lächeln aus ihrem Gesicht gewichen. Beinahe wollte ich nicht mehr hinsehen, denn der Höhepunkt ihrer Show kam noch. Erst dann, wenn sie die rechte Hand in sein leicht geöffnetes Maul schob, um ihm anschließend ihre Lippen zum Kuss entgegenzuhalten, bannte sie ihr Publikum. Zwanghaft verfolgte ich das weitere Geschehen.

Sie tauchte zu ihm hinunter und ich sah, dass sie stutzte. Ihr Erkennen kam zu spät. Diesmal öffnete der Aal sein Maul nicht um ihre Hand hineinzulassen! Tapfer brachte sie anschließend ihr Gesicht in seine Nähe, um ihre Lippen zum Kuss anzubieten. Plötzlich öffnete der Fisch seinen Rachen, zeigte seine scharfen, mit Widerhaken bewehrten Zähne und riss ihr die Halsschlagader auf.

Gleich danach färbte sich das Wasser blutrot und ich konnte nichts mehr erkennen.

Entsetzt schreiende Menschen erstürmten die Bühne und umringten das Becken. In dem Moment stoppte die Übertragung.

Ich hatte das Video unzählige Male angeschaut, was mein Schmerz noch verstärkte. Noch in der gleichen Nacht fuhr ich nach Hamburg. Was war geschehen? Ich musste mir

Klarheit verschaffen.

Die Bestie, auf dem Grund der Acrylschale, war nicht der Aal, mit dem Angie für gewöhnlich gearbeitet hatte.

Ich hätte sofort erkennen müssen, dass der hier gezeigte Fisch einen klobigeren Kopf und einen dickeren Körper aufwies. Angie musste das auch sofort bei ihrem Auftritt bemerkt haben. Jetzt verstand ich, warum sie anfangs so blass und ernsthaft erschien.

Aber, nach dem Motto *The Show must go on,* wollte sie ihr Programm durchziehen. Ich stellte mir vor, mit welcher Unsicherheit sie gearbeitet haben musste. Nie hätte sie ihren Auftritt geschmissen, da kannte ich den Ehrenkodex der meisten Künstler. Das wusste auch Achmed. Seltsam war, dass der Manager mich bisher noch nicht angerufen hatte.

Während der Fahrt im Auto umkreisten mich Unheil verkündende Gedanken. Ich fuhr so schnell ich konnte.

Im Stadtzentrum angekommen, besorgte ich mir am Kiosk eine Zeitung der Sensationspresse. Auf der Titelseite prangte in fetten Buchstaben: *Killeraal tötet Artistin.*
Ein schönes Foto von Angie war auch dabei.

Nahe dem Varieté stellte ich meinen Wagen in einem Parkhaus ab. Dann eilte ich zum Ort des Geschehens.

Im Foyer wies nichts mehr darauf hin, dass hier ein Unglück geschehen war. Menschenleer gähnte mir der notbeleuchtete Zuschauerraum entgegen und die Bühne lag düster drohend in geheimnisvollem Dunkel.

Wie aus dem Nichts kommend, stand plötzlich der Hausmeister und Chef der Abendkasse vor mir. Wir kannten uns von meinen Besuchen und er begrüßte mich, als wären wir alte Freunde. In längeren und kürzeren Gesprächen hatte uns eine gemeinsame Leidenschaft verbunden, die glühende Verehrung zu Angie.

Er schien aufrichtig traurig zu sein. Ich war froh, gerade ihm als erstem Menschen im kleinen Theater zu begegnen. Allerdings konnte ich seinem verwirrten Wortschwall nicht viel entnehmen. Nur, dass die kriminalistischen Untersuchungen abgeschlossen seien und Angie bereits dem Gerichtsmedizinischen Institut überführt worden war.

Nach dem tödlichen Biss des Monsters hatte Achmed gestern Abend in einem Wutanfall den Aal wie immer aus der Acrylkugel genommen, ihm aber sofort mit einem Hammer den Schädel eingeschlagen. Anschließend brachten sie das getötete Tier erst einmal in die Requisite.

Während wir uns unterhielten, stellte ich eine zweite Gemeinsamkeit fest. Ähnlich mir, hasste er Achmed aus tiefster Seele. Der Hausmeister war als wichtiger Zeuge, bei den polizeilichen Ermittlungen anwesend. Jetzt ruhiger geworden, konnte er mir Erstaunliches berichten.

Am Tag der Abschluss Vorstellung starb plötzlich Angies Maori-Aal. Da ihr letzter Auftritt nicht abgesagt werden konnte, musste schnellstens ein anderes Exemplar herbeigeschafft werden. Achmed schilderte den Beamten anschaulich, welchen Stress er hatte, einen passenden Ersatz zu besorgen. Nach vielem Suchen hätte er in einer Fischhandlung einen zur Schau gestellten, zwei Meter langen Atlantik-Conger-Aal entdeckt, der zufällig in der Nordsee gelandet war. Der Manager gab vor, den Fisch nur mit größter Mühe teuer erworben zu haben.

Der Hausmeister bezweifelte, ob Angie vorher von dem Austausch des Fisches gewusst hatte.

Ich konnte nicht glauben, was meine Ohren hörten.

Was für ein Zufall, das sollte alles passiert sein?

Jetzt erwachte der Pathologe in mir, und ich interessierte mich erst recht, warum der erste Aal verstorben und wo er verblieben war. Wurde Angies Aal vergiftet?

Auf Achmeds Veranlassung, kam noch am selben Tag eine Tierkörperverwertung und holte ihn ab. Er hatte es eilig ihn wegzuschaffen.

Ich verstand plötzlich:

»Eines sage ich Ihnen lieber Freund. Achmed tötete ihren Aal, ohne ihr Wissen. Den Austausch beider Fische, vor der letzten Vorstellung, musste er von langer Hand vorbereitet haben. So könnte es gewesen sein. Ist unvorstellbar und gemein. Ich glaube nicht einmal, dass er daran dachte, der Fisch könnte sie töten. Sie wollte das Theater verlassen, und damit auch nichts mehr von ihm wissen. Deshalb verpasste er ihr zum Abschied einen Denkzettel. Vermutlich hatte er nicht mit der Gefährlichkeit dieses Tieres gerechnet. Fest steht, dass er jedes Unglück in Kauf nahm.«

Der Hausmeister war fassungslos:

»Sogar ihren Tod? Ist ja entsetzlich, alles nur aus Eifersucht, weil sie als Artistin aufhören wollte! Sie scheinen mehr zu wissen. Standen Sie ihr sehr nahe?«

»Ja, sie wollte zu mir in die Eifel ziehen. Wir gedachten zu heiraten.«

Mich packte der Schmerz, weil ich jetzt begriff, dass ich meine Geliebte für alle Zeit verloren hatte. Unsere Zukunftspläne waren dahin. Was ließ sich überhaupt beweisen? Angies Tuna gab es nicht mehr. Der mörderische Fisch lag mit zertrümmertem Schädel in der Requisitenkammer, und meine Geliebte seit vielen Stunden im Leichenschauhaus. Wollte ich sie wirklich noch einmal sehen? Längst war sie blutleer und jedes lebensspendende Pulsieren ihrem Körper entwichen.

Ja, Angie wollte ich noch einmal sehen!

Danach entschloss ich mich, so lange in Hamburg zu bleiben, bis sie in allen Ehren und Würden beigesetzt wurde.

Mit Achmed sprach ich kein Wort!

Damian ereiferte sich:

»Da bekomme ich schon wieder so einen Hals. Verbrechen aus Eifersucht und Verlustangst. Wieder so ein Fall, den man schwer aufklären kann. Wer interessiert sich für zwei tote Fische? Ist doch nur was für einen Tag in der Sensationspresse. Noch heute stört Leas Tod meine Gedanken, die ich gerne loswerden würde. Ihre Schatten sind schuld, dass mich auch Inga nach einiger Zeit verlassen hat.«

Stephanus, der sein seelsorgerisches Talent nie aufgegeben hatte, mischte sich ein:

«Die Geister, die ich rief, wie werde ich sie wieder los?«

Kunstmaler Damian fühlte sich angegriffen:

»Indem ich eine Frau aus Haiti heiratete, bemühte ich bestimmt keine Geister. Auch, dass ich nach Leas Tod folgerichtig Inga ehelichte, war für mich nichts anderes als Ehrensache.«

Stephanus lästerte:

»Ach, du glaubst wirklich, dass sich der rollende Stein auf deinem Weg aufhalten lässt? Mich jedenfalls verfolgen die Schatten der Raben noch immer. Leider konnte ich lange nichts dazu beitragen, dem unehrenhaften Abt das

Handwerk zu legen.«

»Richtig, du machtest dich feige aus dem Kloster davon und ändertest nichts. Interessierte dich jemals, was aus Bruder Franziskus geworden war? Den aufrichtigen Menschen hätte ich nie im Stich gelassen.«

Der Priester sackte in sich zusammen, als hätte ein Blitz ihn getroffen:

»Meine Schuld bleibt groß und ich weiß, dass mich am Ende alle gemeinsam steinigen werden.«

Polizist Peter besänftigte:

»Nana, wir sollten nicht übertreiben und zu persönlich werden. Wessen machtest du dich schuldig? Ich an deiner Stelle hätte den Ort des Grauens auch verlassen und wäre nie mehr zurückgekehrt.«

Stephanus hatte sich wieder gefasst. und hob seine Augen in Richtung Himmel, gerade so hoch, dass er alle Anwesenden im Blickfeld hatte und sprach:

»Peter, du hättest mich nicht herausfordern sollen. Wenn ihr wollt, lasse ich meine Raben fliegen:

ODINS RATGEBER

Eines Tages stand ein Rechtsanwalt, als weltlicher Beauftragter des Klosters, in meiner Gärtnerei.

Prior Franziskus hatte ihm kurz vor seinem Tod ein Schreiben übergeben, das erst nach seinem Ableben zu mir gelangen sollte. Ein Testament war es nicht. Ordensbrüder mussten ihren persönlichen Besitz, wissenschaftliche Aufzeichnungen, vielleicht auch kollektiv verbessernde Vorschläge, im Dienst der Gemeinschaft einbringen.

Mein geschätzter Bruder Franziskus hatte mich nie vergessen. Folgende Zeilen schrieb er mir:

Lieber Bruder Stephanus,

manchmal bedarf es großer Entfernungen, um sich einer menschlichen Nähe bewusst zu werden. Mit Ihnen begegnete mir ein Mann des Volkes. Ihre mutigen Gedanken konnte ich immer verstehen, folgen durfte ich ihnen nicht. Mein Orden verlangt unbedingten Gehorsam. So wie Sie für sich entschieden haben, kann ich nicht aus meiner Bedrängnis heraus. Während Ihrer Abwesenheit geschahen weiterhin seltsame Dinge.

In unserem Kloster wurde immer noch exorziert. Ihr Nachfolger, ein junger Priester, auf Ihrer Linie befindlich, riet den Betroffenen zu einer psychiatrischen Behandlung. Das ließ unser Abt natürlich nicht zu. Weil ich mich ihm fügte, lud ich viel Schuld auf mich, und werde letztlich mit meinen Versäumnissen sterben. Die Klarheit des Geistes verliert sich schnell, wenn man ihr keine Aufmerksamkeit schenkt. Ich lernte viel von meinen gefiederten Freunden.

Sie besitzen mehr vorausahnenden Scharfsinn als ich, und von Beginn an verstand ich ihre Sprache. Wie sich an jeder Kreuzung Wegweiser finden lassen, sind meine Krähenvögel die Führer auf dem Pfad meiner Gedanken.

Im Kloster geschieht viel Unrechtes!

Wir leben nicht wie Diener Gottes, die trotz Demut, Gehorsamkeit und Pflicht, Zeugen göttlicher Gnade sein sollten.

Viele unserer Gläubigen wurden abtrünnig, konvertierten und gehen jetzt in die evangelische Kirche unseres Dorfes.

Nachdem eine junge Frau beinahe wieder an den Folgen unserer exorzistischen Rituale gestorben war, wurde ich zum überzeugten Gegner derartiger Reinigungszermonien.

Sie überlebte nur, weil sie sofort ins Krankenhaus gebracht wurde. Erinnern Sie sich noch an die frischen Blumen auf dem Grab des jungen Robert Krings? Sein Todesfall wurde nie aufgeklärt. Ich berichtete Ihnen damals nur die Hälfte der Tragödie, die sich vor Ihrem Eintritt in unser Kloster ereignete hatte. Robert hinterließ ein schwangeres Mädchen und beinahe wäre für sie neben seinem Grab ein neues ausgehoben worden, was unser Abt nicht hätte verhindern können.

Mein Gelübde dem Orden gegenüber verlangt unbedingten Gehorsam, aber der Worte sind schon zu viel geschrieben.

Versiegelten Mundes hoffe ich, dass Sie, nach meinem Tod, mit weltlicher Anschauung diese Abscheulichkeiten aufklären können.

Bitte achten Sie weiterhin auf meine Raben. Verankert im Glauben weiß ich, dass wir uns im Jenseits wiedersehen werden und freue mich darauf. Da ich nie einen ehrliche-

ren Menschen kennen lernen durfte, bitte ich Sie um Vergebung meiner Schwächen und verbleibe in Ewigkeit,
Ihr unwürdiger Bruder Franziskus.

Geheimnis des Glaubens, mit nicht ausgesprochenem Wissen! Was wollte mein Freund mir vor seinem Tod noch vermitteln? Sollte ich wirklich nach so vielen Jahren auf die Suche gehen und längst vergangenen Spuren folgen, angewiesen auf Krähen?

Vom Rechtsanwalt erfuhr ich, dass auch der Abt längst verstorben war. Beerdigt wurden sie alle auf dem kleinen Friedhof der Klosteranlage.

Ich hatte einen Auftrag.

Der dringende Wunsch des Priors verpflichtete mich zu einer Aufklärung. Wie musste er gelitten haben, zerrissen zwischen Qualen seines Wissens und dem demütigen Eingebundensein in seinem Orden.

Gleich einem Blinden machte ich mich ohne Anhaltspunkte auf den Weg. Ich musste mich zurückerinnern und nahm mir vor, für einige Zeit im Gasthof des Dorfes zu logieren.

Wie sagte Franziskus damals:

»Nicht ich rede mit den Vögeln. Sie sprechen mit mir, wenn es ihnen gefällt.«

Ich erinnerte mich seiner Tränen, die aufs Grab fielen, als wir Roberts vergifteten Raben bei ihm begruben. Plötzlich stellte ich mir vor, dass ein pechschwarzer *Corvus,* in der Robe eines Richters, gequälten Seelen zum Recht verhalf. Schon der nordische Gott Odin trug auf seinen Schultern zwei Kolkraben. In der nordischen Mythologie wurden diese als Kundschafter zwischen Leben und Tod verehrt.

Hugin stand für schlussfolgerndes Denken und Munin galt der Erinnerung.

Im Gasthof *Dorfkrug* bekam ich ein hübsches Zimmer und richtete mich auf eine längere Bleibe ein. Vom Fenster, das nach hinten lag, konnte ich weit über die Felder bis zum angrenzenden Wald schauen.

Die Zeit der Ernte war gekommen und alle Äcker glänzten in sattgoldenem Schimmer. Das Kloster in der Ferne wirkte wie ein düsteres Spielzeug geheimnisvoller Mächte, umgeben von undurchdringlichen Mauern. Alles schien mir fremd, als hätte ich nie in diesem Gemäuer gelebt.

Wie lange war ich fort? Ich musste mich erinnern und gleichzeitig mit meinem Unbehagen kämpfen. Sicher waren fünfzehn Jahre vergangen, seitdem Bruder Franziskus und ich uns das letzte Mal umarmt hatten. Er schien damals schon kränklich gewesen zu sein, obwohl wir nie darüber gesprochen hatten.

Vom Rechtsanwalt hatte ich erfahren, woran er verstorben war. Es handelte sich um den Krebs der Männer, worüber niemand gerne sprach. Immerhin hatte er den älteren Abt überlebt und ich dachte, dass der Prior sonst nicht den Mut gefunden hätte, mir den Brief zu hinterlassen. Seinen unerschütterlichen Glauben an Gottgegebenes nicht verlassend, quälten ihn Visionen, mit denen er nicht zurechtkam.

Infiziert von seinem Hilferuf zur Wiedergutmachung war ich nach so langer Zeit wieder an dem Ort gelandet, den ich eigentlich nie mehr aufsuchen wollte.

Ich nahm den bekannten Feldweg, der mich zur hinteren Mauer des Klosters mit der angrenzenden Gärtnerei und den Treibhäusern brachte.

Noch immer ließ sich die Wildwuchshecke aus Ackerwinden, Brombeer- und Hagebuttensträuchern vor den alten Steinen bestaunen. Um Pflege und Schnitt kümmerte sich kaum jemand. Selten wurde das eiserne Tor geöffnet, um von hier zum Kloster zu gelangen. Vor der hinteren Mauer gab es noch einen kleinen Friedhof. Er war nicht für Gläubige und gehörte den Abtrünnigen und Sündern. Hier wurde anonym beerdigt.

An einigen Stellen steckten schlichte Holzkreuze Namenloser, als letztes Zeichen erlebten Trennungsschmerzes.

Rechtsseitig des Tores entdeckte ich einen leuchtend gelben Asternbusch mit einem verwitterten Kreuz. Er wirkte frisch gepflanzt und passte nicht in das ländliche Bild. Aus der Klostergärtnerei schien er nicht zu sein. Was die Brüder in ihren Anlagen und Treibhäusern pflanzten, hatte wenig mit Blumen zu tun, diente ausschließlich der Naturmedizin und dem leiblichen Wohl für Küche und Keller.

Hastig und unangenehm berührt öffnete ich das quietschende geschmiedete Tor. Ich ging vorbei an begrenzendem Spalierobst und sehr hohen alten Bäumen. Er war noch da, der einst vertraute Weg zur Gärtnerei.

Die bereits im beginnenden Herbst gelichteten Zweige der Bäume, verbargen kaum ihre dunklen schweren Krähennester. Auf dem Friedhof stand noch die Bank von damals, und ich empfand ihr Vorhandensein beruhigend.

War der Friedhof des Klosters mein Ziel? Wen glaubte ich zu finden? Überhaupt, was suchte ich hier?

Ich schaute mich um und entdeckte zwei hinzugekommene Gräber mit gravierten Gedenksteinen deren Namen mir bekannt waren. Vor dem Grab meines Freundes Franziskus hielt ich in stiller Andacht inne.

Wieder erweckte der Friedhof den Eindruck vollkommenen Vergessens, wäre da nicht das in hellgelber Blütenpracht leuchtende Grab Roberts gewesen.

Kurz dachte ich, mein Herz wollte stillstehen. Atemholend ließ ich mich auf der nahe gelegenen Bank nieder und verweilte. Was glaubte ich, sollte weiterhin geschehen? Größere Totenstille hatte ich hier nie empfunden.

Entfernt hörte ich das Rufen der Krähen. Ich stellte mir vor, wie sie mit ihren krummen Schnäbeln die letzten Körner von den abgeernteten Feldern pickten, während der Herbstwind die abschreckenden Vogelscheuchen mit ihren Blechdosen zu munterem Klappern antrieb.

Beim Warten auf ein Wunder wurde ich müde und dämmerte ein. Ich erwachte, als sich eine kräftige Hand auf meine Schulter legte:

»Sie scheinen fremd zu sein, oder nicht?«

Prüfend schaute der ältere Mönch mir ins Gesicht:

»Kurz dachte ich, Sie hier schon früher gesehen zu haben. Pardon, ich habe mich wohl geirrt.«

Er lächelte entschuldigend, ging weiter und ich zurück ins Dorf.

In der Gaststube empfing mich Gemütlichkeit. Ich war hungrig und durstig und ließ es mir gut gehen. Die Wirtsleute, ein freundliches Ehepaar, Mitte dreißig, bewirteten mich köstlich.

Ich war nicht der einzige Gast, der ein Zimmer bewohnte. Zwei Verliebte fielen mir auf, die sich intensiv miteinander beschäftigten. Am Stammtisch wurde gekartet. Ich saß in einer Ecke, bei einem vorzüglichen Lammbraten und beobachtete alles. Ein Traminer aus dem Elsass, den ich hier nicht unbedingt erwartet hatte, tat sein Übriges. Danach

bekam ich die nötige Bettschwere und freute mich auf eine ruhige Nacht.
Als die sympathische Wirtin mir den Zimmerschlüssel gab, nahm ich mich zusammen, um halbwegs gerade an ihr vorbeigehen zu können. Ich blieb stehen, drehte mich um, weil sie mir hinterherrief:

»Ich habe Ihnen zur Begrüßung frische Blumen auf das Zimmer gestellt. Sollten Sie gelbe Astern nicht mögen, stellen Sie die Vase einfach auf den Flur. Auch rate ich Ihnen, das Fenster geschlossen zu halten. Wenn es nachts kälter wird, kommen die Krähen oft ins Dorf, lassen sich auf den Dächern und Simsen nieder, um sich zu wärmen.«

Schnell winkte sie ab, weil sie erst jetzt meine Trunkenheit bemerkte:

»Am besten machen Sie was Ihnen gefällt, ich wünsche eine gute Nacht.«

Mein glückseliger Zustand hatte seinen Höhepunkt erreicht und ich fiel halb ausgezogen auf mein Bett. Bevor ich einschlief, nahm ich mir vor, nie mehr so viel Wein zu trinken, weil sich alles drehte.

Endlich kam ich in einen oberflächlichen Schlaf, der mehr einer Betäubung ähnelte:

Robert Krings ritt mit bloßem Oberkörper und nackten Füßen auf einem Kaltblüter über abgeerntete Felder, einen Raben auf seiner rechten Schulter. War es jetzt Hugin, der Schlussfolgernde, oder Munin, der sich Erinnernde? Ich hatte das Gefühl, Odins Geister vereinten sich in meinem Traum und die Frage blieb offen.
Mein Dämmerzustand zeigte mir klar einen Auftrag, und Raben würden mich zu den Anfängen zurückbringen. Vielleicht konnte ich mit ihrer Hilfe einem Täter auf die Spur

kommen. Ein Mensch, der sehen möchte, wird sehend. Also muss ich unerforschte Teile meines Gehirns mobilisieren und hoffe, dass die Kraft meines Freundes Franziskus auf mich übergehen wird.

Nach einer ausgiebigen Dusche erfrischt, ging ich zum Frühstücksbuffet hinunter. Ein befürchteter Kater war ausgeblieben, und ich konnte mir vorstellen, an dem Gewürztraminer demnächst wieder Gefallen zu finden.

Die Wirtin kam mit einer Kanne heißem Kaffee an meinen Tisch, fragte aber, ob ich lieber Tee bevorzugen würde, was ich verneinte.

Sofort fiel ihr das Kreuz am Revers meines Anzugs auf und sie sprach mich darauf an. Als ich ihr erzählte, dass ich vor langer Zeit Priester der Abtei gewesen war, wirkte sie sehr interessiert. Ich hatte das Gefühl, dass sie mich unbedingt unter vier Augen sprechen wollte.

Erst jetzt stellte ich fest, dass nicht nur in meinem Zimmer, sondern auf allen Tischen kleine Vasen mit gelben Astern standen. So fand ich den ersten Schlüssel, um eine Tür des Geheimnisses zu öffnen.

Obwohl ich den Rat der Wirtin befolgt hatte und das Fenster geschlossen blieb, fanden die Raben mich im Traum.

Am folgenden Abend war es sehr ruhig in der Gaststube, und die Wirtin setzte sich zu mir an den Tisch. Sie schien keine Geheimnisse vor ihrem Mann zu haben, der ruhig hinter dem Tresen stand und ab und zu herüberschaute. Trotzdem wirkte sie nervös:

»Beherzigten Sie meinen Rat und hielten in der letzten Nacht das Zimmerfenster geschlossen? Wir haben Vollmond und da geschehen oft seltsame Dinge auf den Feldern. Die Dorfbewohner munkeln, dass Hexen ihren Sabbat feiern und auf Besenstielen durch die Luft jagen. Ich entdeckte bisher nur anklagend krächzend umherfliegende Raben, die verstorbene Seelen des Klosters keine Ruhe finden lassen.

Vielleicht kannten Sie Bruder Franziskus? Er war mir bis zu seinem Tod ein guter Freund. Ohne seine Hilfe würde ich nicht mehr leben. Der Arme war lange krank, obwohl ich glaube, er ist eher an Herzeleid gestorben als an seinem Krebs.

Ich glaube, ich kann Sie ins Vertrauen ziehen und möchte Ihnen mehr erzählen: Einen Menschen gibt es, dessen Geist keine Ruhe finden darf. Von mir aus soll er im ewigen Feuer leiden und keinen Platz im Himmel finden.«

Ihre Stimme ging in ein Flüstern über:

»Es ist der Abt! Als wir von seinem Tod hörten, waren viele im Dorf erleichtert, ich allen voran.«

Ich erschrak über ihre unversöhnlichen Gedanken. Beschwichtigend versuchte ich einzugreifen:

»Über alles wächst Gras, wenn wir genügend Zeit vergehen lassen.«

Dieser Versuch musste fehlschlagen, da auch ich nicht von der Lauterkeit des Abtes überzeugt war.

Sie wirkte noch erregter:

»Achtzehn Jahre warte ich schon, dass mein Schmerz mich verlässt. Wissen Sie, wie alt ich damals war, als ich mein Kind durch eigene Schuld verlor? Das nur, weil ich mit meiner Beichte in ein heuchlerisches Geschehen verwickelt wurde. Damals verführten sie mich, ein unwissendes Mädchen, zu einem ungeheuren Verbrechen.

.Jeder wusste, was der Abt mit seiner Teufelsaustreibung Robert und mir angetan hatte. Wir waren Nachbarskinder und mochten uns von klein an. Deshalb versprachen wir uns schon im Sandkasten, für immer zusammenzubleiben. Als mein geliebter Robert starb, war ich von ihm schwanger. Meine Leibesfülle verbarg ich geschickt unter einem Korsett und weiten Kleidern. Wir wollten beide das Kind.

Seine Eltern liebten und verwöhnten ihn sehr. Als sie von meiner Schwangerschaft erfuhren, waren sie mit einer Heirat einverstanden. Folglich hatten meine entsetzten Eltern auch nichts dagegen, als ich ihnen meinen Zustand offenbarte. Ich war schon im siebten Monat.

Die Zuneigung meiner Eltern änderte sich schlagartig, als Robert auf unerklärliche Weise verstarb. Ihre neue Einstellung zu dem ungeborenen Kind brachte mich an den Rand der Verzweiflung. Ich kannte nur einen Ausweg, mich ans Kloster zu wenden und dort um Hilfe zu bitten.

Der Abt nahm mir die Beichte ab und erfuhr von meiner Bedrängnis. Trotz meiner fortgeschrittenen Schwangerschaft riet er mir unverständlicherweise zu einem Abbruch. Ich erhielt von ihm eine Arznei, die ich tropfenweise einige Tage einnehmen sollte.

Um meine Familie zu beruhigen schlug er vor, an mir das *Rituale Romanum* vollziehen zu wollen. Es sollte so aussehen, als würde Gott mich in seiner Güte wieder aufnehmen, indem er mich von dem ungewollten Kind erlöste.

Nicht naiv genug, an das zu glauben, was der Abt uns riet, war ich vorgewarnt und verhielt mich passiv im weiteren Geschehen. Seine Arznei nahm ich natürlich nicht ein. Das rettete mein Leben und das des Ungeborenen. Bei allem befiel mich unvorstellbare Angst.

Nie werde ich die lauernden Blicke des Abtes vergessen, die während der Zeremonie in der Kapelle meinen gewölbten Leib trafen. Anscheinend war er sehr verwundert. Erst jetzt gestand ich ihm, dass ich nur noch wenige Wochen vor meiner Niederkunft sei, und mein Kind gerne zur Welt bringen würde. Ich sah, wie Prior Franziskus das Turibulum hin und her schwang, bis die Weihrauchwolken mit penetrantem Geruch alles vernebelten. Dann bekam ich wehenartige Krämpfe und fiel in Ohnmacht.

Erst im Krankenhaus wachte ich auf. Eine Krankenschwester sah mich mitfühlend an:

»Mädchen, du hast dein Kind verloren, es war ein Junge. Zum Glück lebst du noch. Wir mussten einen Kaiserschnitt veranlassen. In deinem Alter wirst du dich schnell erholen. Sei nicht traurig. Sag uns Bescheid, wenn du dein Baby noch einmal sehen möchtest.«

Als die Schwester der Wöchnerinnen-Station gegangen war, entdeckte ich Prior Franziskus im Halbdunkel des Zimmers. Von ihm erfuhr ich, was geschehen war. In einer Notoperation hatte man versucht, mit einem Kaiserschnitt das Leben meines Kindes zu retten. Leider kam jede Hilfe zu spät.

Ich wollte die Frühgeburt nicht sehen, bat aber den Prior, nach Erledigung aller Formalitäten, für mich einen Kindersarg zu besorgen. Das tote Kind sollte in aller Stille, auf dem anonymen Friedhof vor der Mauer der Abtei, beerdigt werden. Dieses Geheimnis teilte ich nur mit Bruder Franziskus.«

Als die Wirtin mir das eröffnete, empfand ich die ganze Last eines jungen Mädchens von damals, mit den Qualen ihrer ungewollten Schwangerschaft. Sie hatte sich mir anvertraut, und wir saßen länger zusammen, als es ihre Arbeit zuließ. In meinem Zimmer saß ich noch lange Zeit vor dem geschlossenen Fenster und blickte hinaus.

Auch in dieser Nacht schreckten mich Krähen und Vogelscheuchen nicht. Umsonst wartete ich auf etwas Ungewöhnliches, aber nichts geschah. Wie sollte ich überhaupt die Sprache der Vögel verstehen, als Hilfe zum Aufschlüsseln menschlicher Rätsel!

Munin und Hugin verschmolzen zu einem fernen Geschehen, indem sich Erinnerung und Schlussfolgerung die Hand reichten. Aus ihrem Gekrächze hätte nur Odin etwas heraushören können oder eben Bruder Franziskus.

Plötzlich wurde alles unwirklich, als ich dachte:

Ein wilder Bursche reitet mit nacktem Oberkörper und bloßen Füßen in leidenschaftlichem Galopp auf einem Kaltblüter über Stoppelfelder und Kartoffeläcker und befehligt mit heller Stimme seinen Raben.

Wir nahmen denselben Weg, der Fremde und ich. Schweigend gingen wir ein Stück nebeneinander. Um die Stille zu unterbrechen, verwickelte ich den jungen Unbekannten in ein belangloses Gespräch.

Mit seinen hellblauen Augen und dem straff nach hinten gekämmten blonden Haar wirkte er mehr als attraktiv. Unverschämt jung strahlte er mich an. Ich mochte ihn sofort. Seine offene Art, gepaart mit Intelligenz, ließ uns schneller vertraut werden, als es gewöhnlich bei mir der Fall war.

Wieder wies mich das Kreuz an meinem Revers als Geistlichen aus und ich hielt es für besser, ihn nicht von meiner Abtrünnigkeit in Kenntnis zu setzten.

Er hieß Markus und erzählte mir, dass er vor den Herbstferien sein Abitur bestanden hätte und die Aufnahme in ein Priesterseminar gesichert wäre.

Als wir das eiserne Tor an der hinteren Mauer des Klosters erreicht hatten, blieb ich stehen. Ein morgendlicher Sonnenstrahl streifte gelbe Astern auf einem namenlosen Grab. Er öffnete in galanter Höflichkeit den Riegel und ließ mir den Vortritt. Ich folgte seiner Aufforderung.

Immer noch schienen wir das gleiche Ziel anzustreben, als wir, vorbei an der Gärtnerei und den Treibhäusern, den alten Friedhof erreichten. Ich ließ mich sofort auf der Bank nieder, während er zögernd vor mir stehen blieb:

»Ich muss in die Abtei, leihe mir manchmal ein paar Bücher aus. Vielleicht sind Sie noch da, wenn ich zurückkomme, und wir plaudern weiter.«

Plötzlich wurde er traurig:

»Übrigens, hier liegt mein Adoptiv-Bruder Robert. Er starb vor zwanzig Jahren und von seiner Existenz weiß ich erst seit Kurzem. Meine Eltern adoptierten wenige Monate nach seinem Tod mich, ihr zweites Kind.

Man fand mich in einer Babyklappe. Ich war so schwach, dass ich für ein paar Wochen in den Brutkasten musste. Bruder Franziskus wurde mein Taufpate dem ich, wie meine Eltern sagten, ewig zu danken habe. Wenn Sie hier Priester waren, müssten Sie meinen Bruder eigentlich gekannt haben.«

Ich verneinte, räumte aber ein, vom Prior über das Schicksal seines Bruders informiert zu sein. Mit flotten Schritten entfernte sich mein junger Freund in Richtung Bibliothek und ich ließ mich wie gelähmt auf meine Lieblingsbank fallen.

Robert Krings hatte also einen Stiefbruder und nach dessen Tod adoptierten seine Eltern einen zweiten Jungen, den sie dann Markus nannten. Ich war ganz schön durcheinander. Voreilige Schlüsse durfte ich nicht ziehen, nahm mir aber vor, noch heute das Krankenhaus aufzusuchen, in dem meine Wirtin einst ein totes Baby bekommen hatte. Verzweifelt schaute ich zum Himmel und wünschte mir, dass endlich ein brauchbares Zeichen herunterfallen würde.

Dann erwartete ich die Rückkehr des jungen Mannes. Längst hatte ich mir ein eigenes Bild gemacht. Fest stand, dass der smarte junge Mann auf dem Friedhof der Abtei nicht nur vor dem Grab seines Adoptivbruders stand, sondern gleichzeitig auch vor dem seines leiblichen Vaters. Kannte ich Robert Krings auch nur aus Erzählungen meines Freundes Franziskus, musste sein Sohn ihm aufs Haar gleichen.

Sein Wesen glänzte durch Besonderheiten, die den Vater in Temperament und gewinnendem Charme verrieten. Das wusste ich noch aus den schwärmerischen Erzählungen des Priors über Robert.

Glücklicherweise führte das Krankenhaus, in dem die Wirtin als Mädchen entbunden hatte, eine genaue Liste über die Geburten ihrer Klinik der letzten zwei Jahrzehnte. Beschränkte sich der Eintrag auch auf notwendigste Daten, hatte ich meine Vermutungen schwarz auf weiß.

Sie bekam eineiige Zwillinge, die mit Kaiserschnitt geholt wurden. Einer der Jungen starb bereits im Mutterleib, während das überlebende Frühchen sofort in den Brutkasten kam.

Prior Franziskus leistete als einziger Zeuge seine Unterschrift. Langsam wurde mir mein bester Freund, der mehr als bescheiden wirkende Mönch, unheimlich. Anscheinend hatte er zu Lebzeiten überall seine Hände im Spiel.

Ich begriff schnell, dass er in Vorsehung gehandelt hatte. Um den überlebenden Zwilling vor dem unberechenbaren Abt zu schützen, der schließlich sein Großvater war, musste er zu einer List greifen und den Jungen vor weiteren Zugriffen schützen. Das betraf auch seine Mutter, die sich ebenfalls in Gefahr befunden hätte, wenn herausgekommen wäre, dass eines ihrer Kinder überlebt hatte.

Unter dem Vorwand, der Junge sei in einer Babyklappe gefunden worden, konnte er den seit Monaten um Robert trauernden Eltern zu einer erneuten Adoption verhelfen. Als Taufpate hielt er die ganzen Jahre seine schützende Hand über den heranwachsenden Markus.

Ich stellte mir vor, wie er dem Kind zugetan sein musste. Er vermittelte ihm sein Wissen über die Natur und weihte ihn in die Gepflogenheiten des klösterlichen Lebens ein.

Kein Wunder, dass Markus Geistlicher werden wollte.

Das größte Glück empfanden Roberts Eltern, einige Monate nach dessen Tod seinen Sohn adoptieren zu können. Bestimmt hätten sie sich eher die Zunge herausschneiden lassen, als das dem Prior gegebene Versprechen der Geheimhaltung zu brechen. Je mehr ich begriff, desto vorsichtiger musste ich werden. Wollte ich überhaupt noch aufklären, was Bruder Franziskus von mir verlangte?

Hier kam so viel ans Tageslicht, das besser im Dunkeln geblieben wäre.

Plötzlich empfand ich die Schwarzgefiederten lästig. Für mich blieben sie Krähen und zeigten sich allenfalls in meinen Fantasien oder wenn ich ein Glas zu viel getrunken hatte, als Wahrsager. Sollten sie als geheimnisvolle Botschafter zwischen Leben und Tod gelten, würde ich ihre Sprache nie verstehen.«

Schauspieler Richard ereiferte sich:

»Sagtest du nicht, wer sehen will, wird sehen? Waren Odins Raben, Munin und Hugin auch nichts anderes als Hologramme deiner Gedanken?«

Olga wollte sich ebenfalls zum Thema Wunschdenken äußern, verzichtete aber gleich darauf. Ihren Wunsch, sich mitzuteilen, kaschierte sie mit einem angedeuteten Hüsteln.

»Hört weiter!

In den folgenden Tagen ereignete sich wenig und ich gewöhnte mich an erholsame Stunden, die ich zwischenzeitlich mit Spaziergängen und viel Geruhsamkeit verbrachte. Insgeheim hoffte ich, in einsiedlerischer Stille eine Offenbarung zu erfahren.

Meinen jungen Freund Markus sah ich schnell wieder. Es war Sonntagvormittag und er kam zum Frühschoppen in den Dorfkrug. Einige Burschen seines Alters folgten ihm. Jetzt war er einer von ihnen und verhielt sich auch so.

Sein Hemd trug er offen, sogar einen Knopf zu weit, und seine nackten Füße steckten in Ledersandalen. Er hatte die knappsten Jeans aller Zeiten an, mit modisch herausgeschnittenen Löchern, und ich konnte nur staunen.

Als sich die Tür der Wirtschaft noch einmal öffnete, weil ein Nachzügler der Gruppe hereinkam, flog ihm ein Kolkrabe mit rauschendem Flügelschlag hinterher. Sofort setzte sich der Vogel auf die Schulter seines Herrn.

Markus wandte ihm sein Gesicht zu:

»Ich habe dir doch gesagt, du sollst draußen bleiben.«

Lachend sprach er zu den anderen weiter:
»Er weicht nicht von meiner Seite und fliegt mir überall nach.«
Die jungen Männer seines Alters schienen Respekt vor ihm haben. Anscheinend ahnte jeder im Dorf, dass aus ihm eines Tages etwas Besonderes werden würde. Verführerisches ging von ihm aus, während er seine heimlichen Bewunderer fröhlich beim Biertrinken unterhielt. Mich fröstelte, er war der Enkel seines Großvaters. Ihn konnte ich mir gut als zukünftigen Demagogen vorstellen.
Markus erkannte mich sofort, und winkte mir lachend zu. Dabei zeigte er zwei Reihen schneeweißer Zähne. Wieder nahm er mich gefangen, und ich konnte meine Augen kaum von ihm wenden.
Der Frühschoppen währte nicht lange. Die jungen Leute und auch Markus mit seinem Raben verabschiedeten sich nacheinander, da ihr Mittagessen lockte.
Bestimmt war er das Ebenbild seines Vaters. Darum wunderte es mich, dass niemand hier im Dorf ihn mit Robert in Verbindung brachte, vor allem nicht seine Mutter.
Ich musste die Wirtin sofort darauf ansprechen.
Als ich zu ihr ging war sie noch damit beschäftigt, hinterlassene Spuren am Tresen zu beseitigen.
Trotzdem fragte ich sie:
»Angenommen, Sie hätten einen Sohn von dem Sie nichts wissen, würden Sie ihn erkennen?«
Sie wurde blass, als sie aufschaute und antwortete:
»Nicht jede Erinnerung lässt passende Schlussfolgerungen zu. Manche Mutter muss das Liebste, was sie besitzt, verleugnen, damit ein Kind den ihm vorbestimmten Weg gehen kann. Mein Sohn Markus darf mich nie kennenler-

nen. Nur ich und seine Adoptiveltern wissen um die Wahrheit. Inständig bitte ich Sie, belassen wir es bei dem, was Bruder Franziskus uns vor vielen Jahren zu seinem Schutz vorgeschlagen hatte. Dieses Gelöbnis einzuhalten, ist für mich als seine Mutter schwer genug.«

Ich verstand ihr Verhalten nicht ganz. Eigentlich hätte sich nach dem Tod des Abtes alles aufklären können.

So wandte ich ein, dass ich ursprünglich mit einem Auftrag von Bruder Franziskus in diesen Ort gekommen war, um nach seinem Tod endlich alles in Ordnung zu bringen.

Warum sollte ein Sohn nicht wissen, wer seine Eltern sind?

Verdammtes Dorf, dachte ich!

Sie hielten mich alle zum Narren. Ihnen voran Bruder Franziskus mit seinen Vögeln. Als ich auspacken wollte, wurde mir das Wort von seiner Mutter verboten. Ich nahm mir vor, am nächsten Tag abzureisen und mich eigenen Geschäften zu widmen.

Verstimmt entschloss ich mich, eine letzte Flasche Wein auf meinem Zimmer zu genießen. Trotzig öffnete ich jetzt auch das Fenster. Kalte Abendluft strömte herein und ich legte mir eine Decke über die Schultern. Schlafen wollte ich noch nicht.

Ich ließ mich in den Sessel fallen und wartete auf nichts, wollte weiter nicht mehr denken. Wäre das nur möglich gewesen!

Von den Feldern tönte das blecherne Klappern der Vogelscheuchen Dosen herüber. Es kam mir vor, als wäre es die Kirchenglocke der nahe gelegenen Abtei.

Das Läuten schwoll an, verdichtete sich zu einem Trommelfell belästigenden Klang.

Dann bemerkte ich den schwarzen Raben auf dem Sims meines Fensters. Er hielt seinen Kopf schief, sah mich an und krächzte herausfordernd. Gleichzeitig hörte ich von draußen die helle, Befehl gebende Stimme von Markus:

»Hugin, komm sofort zurück!«

Taumelnd stand ich auf, während ich ans Fenster ging. Ungeschickt versuchte ich, den auffliegenden Vogel zu erwischen. Was ich zu fassen bekam, war nur eine seiner glänzenden Schwanzfedern. Er flog davon, und ich konnte gerade noch erkennen, wie er sich auf der rechten Schulter des Reiters niederließ.

Galoppierend ritt der junge Mann auf einem Kaltblüter und verschwand im Dunkel der Nacht. Allein die Hufe des Pferdes hinterließen tiefe Spuren im gerodeten Feld.

Ich verstand!

Nicht immer sollten wir mit besserem Wissen eingreifen. Als Bruder Franziskus mir den Brief hinterließ, handelte er in gutem Glauben. War es nicht seine Schuld, die es abzutragen galt? Durfte ich überhaupt, nach so vielen Jahren der Geheimhaltung, seine Versäumnisse aufklären?

Anscheinend war hier alles in Ordnung und ich machte mich zum Störenfried. Loslassen sollte ich endlich. Vor allem, wenn eine tapfere Mutter bereit war, mit wundem Herzen weiter leben zu wollen.

Behutsam ließ ich Hugins Feder durch meine Hand gleiten und dachte, dass alle Beteiligten für Markus das Beste getan hatten.

Olga konnte wieder nicht an sich halten:

»Unglaublich, was du erzählst, ist nicht zu fassen. In hundert Jahren glaube ich nicht, dass Raben einen Fall lösen können. Klingt sehr esoterisch. Hast du keine Angst, von deiner Fantasie und Vorstellungsgabe eines Tages eingeholt zu werden?«

Kunstmaler Damian schaltete sich ein:
»Wir leben alle von unseren Visionen. Dazu könnte ich jetzt was beitragen. Auch meine Geschichte findet kein Ende. Mich verfolgt immer noch ein Fluch, aber lasst mich berichten:

LEAS FLUCH

Eines Tages kam eine junge Frau zu mir oder sollte ich besser sagen, ein junger Mann, der das nicht ganz unbedeutende Stück verbleibender Männlichkeit als Symbol mit sich trug.

Michelle war eine Transgender. Ich lernte sie in einer Bar kennen und wünschte mir sofort, sie portraitieren zu dürfen. Sie schien aus dem käuflichen Gewerbe zu sein. Ehrlich gesagt machte mir das nichts aus, weil ich in solchen Etablissements oft die interessantesten Frauen kennenlernte. Auf dem Weg zu irgendeinem körperlichen Ruhm verdiente sie Geld, von dem ich als bildender Künstler nur träumen konnte.

Mit eigenen Worten nannte sie ihre Liebesdienste äußerst erfolgreich. Als ich sie kennenlernte verstand ich auch, warum.

Nach Lea hatte mich Inga längst verlassen. Sie war mit einem Saxophonisten auf und davon, und ich hatte gleich darauf die Scheidung eingereicht.

Die Transgender-Frau interessierte mich und das Künstlerauge verliebte sich sofort in sie. Ihr hoher schlanker Körper wirkte geschmeidig und ein wenig sehnig.

Mit ihrer sonoren Stimme schmeichelte sie meinem Ohr. Eine Wohltat im Vergleich zu Inga, die meistens viel zu laut sprach, und Lea, die in ihrer Hysterie an einen kreischenden Papagei erinnern konnte.

Michelle schlug die dumpfe Trommel zu meinem Herzen und ich brauchte keinen Alkohol, um in verliebte Stimmung zu geraten. Geschlechtsorgane bedeuten nur denjenigen etwas, die durch herkömmliche Praktiken unsensibel gemacht wurden. Allein der Charakter eines Liebhabers oder der Liebhaberin entscheiden über eine glückliche Beziehung.

Ob Mann oder Frau, in erster Linie dienen äußere Merkmale der Fortpflanzung und in letzter Konsequenz sexueller Lust. Vielleicht sollten Transgender in ihrem Dasein nicht an den Weiterbestand der Menschheit denken. Genauso sollten sie nicht als Außenseiter behandelt werden. Schlimm genug, dass sich ihre tiefverwurzelten Gene für die eine oder andere Seite entscheiden müssen.

Michael, später Michelle, wusste sehr früh, dass er sich nicht mit den anderen Burschen seines Alters messen wollte. Ging es darum Mädchen zum Tanz aufzufordern, hielt er sich gerne zurück. Lange fürchte er sich vor der Homosexualität, die ihm später viel Erfolg bei Männern einbringen sollte.

Unbarmherzig kehrte meine Haitianerin nach ihrem Tod, mit Hilfe der Loa, in mein Leben zurück. Wieder fing Lea mich mit ihrer weitreichenden Magie ein, und führte mich auf Wege, die nur von ihr geleitet sein konnten.

Von Beginn an stand meine Liebe zu Michelle unter einem schlechten Stern. Ein gemeinsames Leben schien uns nicht vergönnt zu sein. Schlimmer noch, Lea trieb mit ihrem Voodoo-Zauber weiterhin ihr grausames Spiel, bis ich vor einem bitteren Ende stand. Nie hätte ich gedacht, dass ihr Geist auf Erden immer noch aktiv sein würde.

Zu Lebzeiten bevorzugte sie ihren Gott, *Petro Simbi Andezò* aus dem Meer, mit dem Symbol einer grünen Schlange. Manchmal erwischte ich Lea während sie ihn herbeirief und seinen Namen zwischen ihren Zähnen hervorzischte.

Dann bildete ich mir ein zu sehen, wie gleichzeitig eine Schlange von ihr Besitz ergriff.

Lea kannte viele zerstörerische Götter, wie *Taureau- trois-Graines,* den Stier mit drei Hoden, als Schutzpatron der Haitianischen Stadt Jacmel, unweit ihres Geburtsortes. Auch das einbeinige, rotäugige Skelett *Ti-Jean-Petro,* aus der schwarzen Magie, wurde von ihr im Zorn herbeigewünscht. Rief sie beide auf, befand sie sich auf dem Kriegspfad.

Dann war höchste Vorsicht geboten!

Hier müsste ich eigentlich einiges erklären. Aber mit dem Voodoo-Zauber will ich euch nicht langweilen. Damals verstand ich schnell, warum Lea gerade dem Loa *Petro Simbi Andezò* vertraute.

Dieses Geisterwesen ließ sie meistens mit Bedacht handeln. Vor unserer Heirat war sie schon eine Priesterin und diente als Mambo allen drei Nationen: *Rada, Petro und Ghede.*

Ich war genügend gewarnt und wusste gleichzeitig, dass mir weder Achtsamkeit, noch geschicktes Verbergen nutzen würden. Sollte Lea meinen Untergang wünschen, ließ sich nichts gegen ihre Mächte ausrichten.

Beunruhigt von unbegründeter Angst, weihte ich Michelle ein. Seltsamerweise blieb sie ruhig, entsann sich ihrer nicht so weit entfernten afrikanischen Vorfahren. Dort wird die Göttin *Mami Wata* verehrt, halb Frau halb Nixe, mit weißer Hautfarbe.

Entspannt erklärte Michelle mir:

»Als Geist herrscht sie über das Wasser, ist kraftvoll und fröhlich, schenkt Reichtum sowie Schönheit. In ihrer Ausgelassenheit gibt sie sich als männlich oder weiblich. Seeleute lieben sie als Galionsfigur an ihren Schiffen. In Verkörperung endloser Möglichkeiten der Verwandlung erfüllt sie Träume, schenkt Vorahnungen, um Ängste und Gefahren zu bewältigen. So lässt sie sich auch fürchten, weil Schlangen sie begleiten. Afrikanisch zeigt sie sich puppenhaft weiß geschminkt mit sonst grellen Farben und treibt bei Zeremonien allerlei Schabernack.«

Sich erinnernd, steigerte sie sich immer heftiger in das Thema hinein.

Der Gedanke an heimliche Voodoo-Praktiken hatte bei ihren Erzählungen weder Abstoßendes noch Erschreckendes.

Plötzlich empfand ich die Lippen meiner Schönen noch voller und verführerischer als zuvor. Über ihre Herkunft hatte ich nie nachgedacht. In meiner Verliebtheit verhielt ich mich wie jeder Mann, der bereit war sich seiner Leidenschaft hinzugeben. Ich zeichnete und malte sie in allen Posen, hielt mich auch nicht zurück, wenn es darum ging, ihre Zweigeschlechtlichkeit darzustellen.

Während meiner Arbeit erzählte sie mir von ihrer überlieferten afrikanischen Märchenwelt und ich entdeckte, wie ich ihre Fantasien in meine Arbeiten einfließen ließ.

Manchmal weinte sie, während sie sprach, aus welchem Grund auch immer. Dann erinnerte sie mich an einen geschmeidigen Gepard, dessen tiefe Tränenfurchen sein Gesicht besonders zeichneten. So ließ sie sich als animalisches Wesen erkennen und trotzdem erfreute ich mich an ihrer Menschlichkeit.

Mein bevorzugter Galerist drohte mir wieder eine Ausstellung an und riss mir die schönsten Bilder, mit noch frischer Ölfarbe, aus den Händen.

Nun sollte keiner annehmen, Michelle hätte in unserem Beisammensein nicht auch ihre Krallen herausgefahren. Ich wusste noch nicht einmal, ob sie mich liebte. Dafür blieb sie mir zu fern. In ihren dunklen Augen lag eine Glut die nie erlosch, aber schnell aufflammen konnte.

Dieser Blick ließ weder Treue noch Liebe erraten.

Seit ich mit ihr zusammenlebte überfielen mich Zweifel, ob ich jemals von einer meiner Frauen geliebt wurde. Es waren nur die Rassigen, denen mein Herz gehörte. Auch Inga begeisterte mich durch ihre unberechenbare Wildheit. Als wir uns trennten, zersprangen gemeinsame Erlebnisse wie klirrendes Eis.

Nachdem Inga mich verlassen hatte, um mit ihrem Liebhaber in den Norden zu ziehen, war ich wie ausgebrannt. Dabei lag die Schuld allein bei mir. Egoismus und Nachlässigkeit dem Leben anderer gegenüber waren es, und eine künstlerische Bedeutung, die ich mir als Freischaffender einräumte.

Während ich mir einbildete, alle meine Gefährtinnen geliebt zu haben, hatten sie mich längst verlassen und ließen den Künstler mit seinen Bildern und Erinnerungen zurück.

Bei Michelle war es auch nicht anders. Als ich sie in der Bar kennenlernte und sie mich zum Tanz animierte, ging sofort das Auge des Malers in Konkurrenz mit männlichen Gefühlen. Während ich sie im Rhythmus fester an mich drückte, weil ich mehr Intimität herbeiwünschte, spürte ich ihre nicht erwartete Erregung. Trotzdem hielt ich sie weiter eng umschlungen und dachte nicht daran, sie los zu lassen.

War ich erschrocken oder befremdet? Ich weiß nicht mehr, was ich in diesem Moment empfand. Schließlich hatte ich eine Frau erwartet, mit der ich zu tanzen dachte.

Vielleicht wäre Michelle auch in mich verliebt gewesen, hätte ihr das Schicksal nicht so grausam mitgespielt.

Die Reaktionen ihres Körpers empfand sie als Qual, weil sie ihre Fraulichkeit nicht genießen durfte.

Im Escort buchten die Verehrer sie oft für mehrere Tage. Sie hatte reiche Stammkunden, die mit ihr um die ganze Welt flogen. Alle verlangten von ihr nur eines, das außergewöhnliche Erlebnis mit einem Mannweib.

Dabei wollte sie, nachdem sie ihr Geschlecht erkannt hatte immer nur Frau sein, aufgefangen in männlicher Geborgenheit.

Michelles Veranlagung brachte ihren Verehrern größte Lust, bildete aber auch gleichzeitig ihre Achillesverse. Je bemerkenswerter der Erfolg war, desto größer wurde ihre Einsamkeit.

Eines Tages sagte sie zu mir:

»Du wirst kaputt geboren und bleibst das Produkt deiner Götter.«

Obwohl ich verstand, wollte ich nicht begreifen. Lea durfte nicht mein ganzes Leben bestimmen. Was sollte die *Mami Wata* in Michelles Leben? Sie ging mir nicht mehr aus dem Sinn. Eine Nixe, halb Frau mit beschupptem Schwanz, zeigt sich manchmal auch als Mann?

Bisher dachte ich, die Nixen unserer Vorstellungen seien ausgesprochen weiblicher Natur. Meerjungfrauen stellen das Sinnbild reinster Fraulichkeit dar.

Michelle wusste, dass sie nie um ihrer selbst Willen geliebt werden würde. Ihre Außergewöhnlichkeit war der zu zahlenende Preis für ein wenig Zärtlichkeit und Anerkennung. Freier lagen ihr zu Füßen. Während wundervoller Orgasmen schwärmten sie von extremer Schönheit und der

Nähe zum Überirdischen.

Obwohl Michelle ihren Entschluss eine Frau zu sein nicht bereute, empfand sie ihre Zweigeschlechtlichkeit immer als störend. Eine entscheidende Operation wäre bei ihr nicht unproblematisch gewesen. Für mich hätte sie den Schritt gewagt. Damit wäre sie allerdings nur unter dem Messer meine Frau geworden. Aber das wollte ich nicht!

An ein männliches Glied in unserer Liebesbeziehung hatte ich mich gewöhnt und war froh, wenn ich sie zufrieden und glücklich gemacht hatte. Trotzdem war ich mir nie ganz sicher. Ich fühlte mich verantwortlich, unsere Beziehung mit wachem Verstand zu leiten.

Michelle arbeitete noch für spezielle Kunden und seltsamerweise störte mich ihre Tätigkeit wenig, da sie mir beteuerte, ihre Arbeit würde sie kalt lassen.

Hatte sie auch wenige Freier kam es vor, dass sie viele Tage von mir entfernt war. Zu sehr mit meiner Malerei beschäftigt, fehlte mir ihre Abwesenheit nicht. Eifersucht war mir von jeher ein Fremdwort und meine Erfahrungen mit Lea hatten mich gelehrt, vorsichtig damit umzugehen. Hinzu kam meine angeborene Gleichgültigkeit gegenüber unabänderlichen Situationen.

Am meisten hatte mich Inga mit ihrer aufflammenden Liaison zu dem Saxophonisten überrascht. Danach nahm ich mir vor, dass mich nichts mehr aus dem Gleichgewicht bringen würde.

Inga gelang es dann doch, mich aus der Fassung zu bringen. Eines Mittags brachte der Postbote ein Paket mit dem Absender ihres neuen Lebensgefährten. Als ich es öffnete, rutschte mir ihr Ehering entgegen, zusammen mit einer Traueranzeige und einem Brief. Was ich lesen musste, erschütterte mich. Inga war auf einer Kreuzfahrt tödlich verunglückt. Ihre Familie hatte sie bereits in der Heimat beerdigt und es nicht für nötig gehalten, mich zu benachrichtigen. Mit dabei war ihr großblumiger Morgenmantel, aus dem ein verpackter Gegenstand zu Boden fiel.

Ich bückte mich nicht gleich danach, weil ich in dem Brief auch einen obszön anmutenden Flyer entdeckte.

Die Einladung zu einem Faschingsball auf dem Luxusdampfer einer Kreuzfahrt, animierend in grellen Farben gehalten, stieß mich sofort ab. Sollten das die letzten Erinnerungen an die Zeit mit Inga sein, handelte es sich um einen groben Scherz und schockierte mich.

Nachdem ich die Zeilen ihres Liebhabers gelesen hatte, verstand ich die Zusammenhänge. Sie waren als Musiker auf einem Kreuzfahrtschiff für ein Karnevalsprogramm engagiert, mit kostümierten Vampiren und Zombies als besondere Idee eines Reiseveranstalters. Ich konnte mir gut vorstellen, auf was für einem Kifferschiff Inga mit ihrem Saxophonisten beruflich gelandet war.

Jedenfalls hauchte sie dort ihren letzten Atemzug aus.

Inga war in einer Tanzpause auf dem Oberdeck unglücklich gestürzt und rücklings auf das Geländer der Reling gefallen. Sie trug einen giftgrünen langen Schal, fest um ihren Hals geschlungen, dessen Ende sich an einer vertikalen Verstrebung der Brüstung verheddert hatte und hängen geblieben war.

Ob sie sich das Genick gebrochen hatte oder an einer Strangulation gestorben war, blieb ein Rätsel. Wegen des hohen Seeganges wäre sie in der Nacht besser in ihrer Kabine geblieben. Inga musste sofort tot gewesen sein.

Mein Nachbar, ein begeisterter Angler, hatte am Morgen

einen frischen Karpfen vorbeigebracht. Michelle, als passionierte Köchin, nahm den Fisch eigenhändig aus und entschuppte ihn mit Leidenschaft unter kaltem Wasser.

Als sie aus der Küche kam, weil sie neugierig auf das angekommene Paket war, entdeckte sie sofort den gefallenen, in Papier gewickelten Gegenstand.

Sie hob ihn auf, packte ihn aus und hielt mir Leas Voodoo-Puppe wie eine Trophäe vor das Gesicht. Während sie das scheußliche Indiz in ihren feuchten Händen hielt, rieselten perlmuttfarbene Schuppen auf den Boden. Ich traute meinen Ohren nicht, als sie flüsterte:

»*Mami Wata*, jetzt folge ich dir.«

Darauf entfernte sie sich mit feierlichem Gesichtsausdruck in Richtung meines Schlafzimmers. Ich eilte hinterher und sah, wie sie Leas Fetisch, der nun der ihre geworden war, wie in Trance an die alte Stelle in unserem Schlafzimmer zurückbrachte. Anschließend ging sie mit ekstatischen Bewegungen, an afrikanische Tänze erinnernd, zurück in die Küche.

Als wir uns später am Tisch gegenübersaßen, hatte sie sich auffallend geschminkt. Dazu trug sie ein schlichtes weißes Kleid. Sie roch nach schwerem Parfum. Als sie sich vorbeugte, um mir ihre leicht geöffneten knallroten Lippen zum Kuss anzubieten, entströmte ihrem Mund der Duft von Rosen.

Gleichzeitig roch ich das Talkum, womit sie Gesicht und Brustansatz weiß gepudert hatte. Sie schien mir sehr fremd, obwohl ihre Nähe mich gefährlich ins Wanken brachte.

Während wir uns unterhielten und ich ihre Kochkünste lobte, lächelte sie mir geheimnisvoll zu und sprach mit weicher Stimme:

»Für ihre Rituale im Tempel liebt *Mami Wata* alles Schöne. Weiß ist die Farbe ihrer Feste.«

Ich war sehr verwirrt und vergaß, dass Weiß für einen Maler überhaupt keine Farbe ist. Jetzt war es eine!

Beim Essen fiel mir wieder ein, wie das scheußliche Ding in Ingas Besitz gekommen war.

Als ich mich von Lea an ihrem Totenbett verabschiedet hatte, hielt sie die Puppe fest in ihren Händen. Die Totenstarre hatte sich noch nicht gelöst und ich war froh, dass ich von Inga einer Entscheidung enthoben wurde.

Während Inga den Raum verließ war ich noch den Leichenbestattern behilflich. Sie hatte die hässliche Puppe aus Leas Fingern gelöst! Folgte sie damit vielleicht einem letzten Befehl meiner verstorbenen Frau?

Mich schauderte, und ich hasste Lea wegen ihrer Rätsel, die sie mir schon wieder aufgab.

Der Zustand ihres Fetischs schien unverändert. Zwischen den Augen prangte noch immer die schwarze Nadel und ich wagte nicht, sie einfach herauszuziehen.

Mich beschlich das ungute Gefühl, dass auch ich zu einer ihrer Marionetten geworden war, ausgeliefert ihrer Willkür. Warum ließ sie wieder nicht zu, dass ich glücklich war? Ganz genau spürte ich, dass Michelle darauf wartete, sich mir mit großer Leidenschaft hinzugeben.

Alles kam, wie es kommen sollte.

Lea wurde wieder gegenwärtig, triumphierte über meine Gedanken und Sinne. Michelle wirkte wie ausgewechselt und ihre Begeisterung für die hässliche Puppe war kaum zu bremsen. Ihre Bewegungen, ihr Lächeln bekamen eine Leichtigkeit, die mich mitriss.

Neuerdings wippten ihre schmalen Hüften beim Gehen in

aufreizendem Schwung. Ihr Frohsinn war ansteckend, und ganz gegen unsere Gewohnheit luden wir jetzt oft Freunde ein, um mit ihnen bei Essen und Trinken zu lachen und übermütig bis in die Morgenstunden zu feiern.

Wir hatten nie darüber gesprochen, ob Lea für sich ein Urnengrab gewünscht hätte. Die Entscheidung musste ich damals allein treffen und hoffte in ihrem Sinne gehandelt zu haben. Auf den Friedhof ging ich höchst ungern und nur, wenn es sich nicht vermeiden ließ. Eine schlichte Marmorplatte bedeckte ihr Grab und so sollte es auch bleiben. Ich fürchtete ihre Wiederauferstehung und hatte ganz vergessen, dass der Fetisch nicht mit ihr verbrannt war.

Wieder stand alles vor meinen Augen. Ich brauchte nicht lange zu warten, da quälten mich Albträume, während sich Michelle nachts in friedlichem Schlaf an mich schmiegte.

Die bewusste Ecke im Schlafzimmer ignorierte ich geflissentlich, verhielt mich feige, weil ich die Liebkosungen von Michelle mehr denn je genoss.

Sollte ihr etwas passieren...

In meiner Not ging ich doch zum Friedhof. Vor Leas Grab wollte ich mir Klarheit verschaffen, wieder meinen Kopf freibekommen. Nachdem ich mir nachmittags in meiner Eckkneipe Mut angetrunken hatte, erreichte ich zu Fuß den einsamen Friedhof.

Unsicher stand ich vor der gusseisernen Pforte der Mauer und wurde überraschend von dem rotäugigen, einbeinigen Skelett *Ti-Jean-Petro* freundlichst empfangen. Unter einem lappigen Mantel kam sein knochiger Arm hervor, der mich mit einladender Geste aufforderte, ins Reich der Toten einzutreten. Auf einem Bein am Stock gehend, humpelte er voraus. Nüchtern wäre ich keinen Schritt mit ihm weitergegangen. Der fürchterlichste aller Voodoo-Geister hatte mich gefunden. Sicher waren andere Schergen auch nicht weit.

Am Grab angekommen, entfernte er sich in einer Nebelschwade Richtung Kapelle. Während feuchter Dunst von den Urnengräbern aufstieg, bemerkte ich zu meiner Rechten einen kräftig gebauten, gebückten Mann mit schwarzem Umhang, der eifrig eine Marmorplatte polierte.

Um mich nicht allein zu fühlen, sprach ich ihn an. Was ich sagte schien belanglos, bezog sich auf sein albernes Wischen, das ich bei der Witterung lächerlich fand. Wenigstens blickte er auf. Grausam lachend erhob er sich schwerfällig, wandte sich mir zu und schlug den Stoff seines Umhangs zurück. Darunter war er völlig nackt und präsentierte mir sein unglaubliches Gemächt.

Das konnte nur *Taureau-trois-Graines* sein. Was war hier los? Ich hatte keinen von Leas Geistern gerufen und dachte:

»Nun wird sich bald der Dritte zeigen.«

Zugegeben, im Alkoholrausch geschehen Dinge, die man nüchtern nicht für möglich hält. War ich jetzt so betrunken, dass mir jegliche Realität fehlte? Leas Geister verfolgten mich. Warum sollte ich gerade heute deren Anwesenheit ignorieren. Auch der potente Stier-Mann mit drei Hoden als Zeichen seiner Promiskuität, verschwand nach seinem erschreckenden Exhibitionismus schnell in Richtung Friedhofkapelle.

Er hatte das Poliertuch liegen lassen und ich hob es auf, um Vogeldreck von Leas Grabplatte wegzuwischen. Das

ging leicht, weil der herbstliche Nebel alle Steine feucht werden ließ. Nach getaner Arbeit wusste ich nicht, ob ich den Lappen zurücklegen oder ihn zu den Containern für verwelkte Blumen und Plastikreste bringen sollte. Ich dachte, der Unheimliche könnte zurückkehren und seinen Putzlappen von mir zurückfordern. Während ich unschlüssig stehen blieb merkte ich, dass ich zu viel getrunken hatte. Plötzlich huschte hinter meinem Rücken eine dunkle Gestalt hervor, lief zur nahegelegenen Friedhofsmauer und sprang mit unglaublicher Geschwindigkeit darüber.
Petro-Simbi Andezo musste die ganze Zeit hinter mir gestanden haben und ich hatte ihn nicht bemerkt. Plötzlich war es mir egal, was weiterhin mit dem Lappen geschehen sollte. Als ich ihn fallen ließ, kroch eine grüne Schlange aus ihm hervor. Voller Furcht lief ich nach Hause.

Michelle empfing mich wie gewohnt in bester Stimmung:
»Heute kam noch ein Päckchen. Der Freund von Inga hatte vergessen, ihren Schal mitzuschicken. Du weißt, den grünen, mit dem sie ums Leben kam.«
Ich war verärgert, wie Michelle neuerdings mit meinen persönlichen Dingen umging, und antwortete gereizt:
»Sicher hast du ihn schon anprobiert, bestimmt passt er gut zu deinem weißen Kleid.«
Jetzt wirkte sie verletzt, klapperte wie eine Porzellanpuppe unschuldig mit den Augenlidern:
»Ich habe den Schal nur eingerollt und zu Leas Fetisch auf den Altar gelegt.«
Bisher nahm ich an, dass Leas Geisterwesen nur ihren Befehlen hörig waren. Wie weit reichte eigentlich die Macht ihrer Dämonen? Für mich stand fest, Michelle ver-

hielt sich nicht mehr normal. Das neuerdings Gekünstelte in ihrem Wesen entfremdete sie mir. Die Eigenschaften der von ihr verehrten *Mami Wata*, Göttin der Eitelkeit und Schönheit, des Sexismus und Reichtum, brachten Züge hervor, die ihrer liebenswerten Natürlichkeit nicht gut taten.

Was wusste ich schon von ihr, von ihren Männerbekanntschaften, wo sie sich öfter als ich ahnte, auch als Mann geben musste? Meine Tage und Nächte mit ihr bestanden nur aus Fragen. Früher konnten wir über alles reden. Gehemmt verhielt mich verzweifelt tölpelhaft, weil ich sie nicht mehr verstand.

Mami Wata oder *Papa Wata*, mal als Frau mal als Mann, wozu fühlte sie sich mehr hingezogen? Wie viel Weiblichkeit war tatsächlich in ihr und konnte mich weiterhin verzaubern?

Im Escort nutzte sie ihr männliches Geschlecht, weil spezielle Männer sie nur deshalb buchten. Hätte sie sich nicht ihre wundervollen Brüste machen lassen, wäre sie auch für jeden Homosexuellen ein Leckerbissen gewesen. Eine Bisexualität blieb immer. Erstmalig in unserem Zusammensein störte ich mich daran.

Ich wollte sie von der Taille abwärts nicht mehr berühren und duldete ihre ausgefallenen Zärtlichkeiten ebenfalls nicht mehr.

Michelle spürte meine Verzweiflung, das machte alles noch schlimmer.

Dann geschah etwas Entscheidendes.

Der Fetisch lag nicht mehr an seinem Platz. Ich fand ihn auf dem Boden liegend, hob die Puppe auf und wollte sie zurücksetzten. Die Veränderung an dem plumpen Stoffkörper war nicht zu übersehen. Jemand hatte die Beine mit grobem Garn in der Mitte zusammengenäht. Immer noch steckte die Nadel mit dem schwarzen Kopf zwischen den Augen.

Aus heiterem Himmel kam es nicht als Michelle mir eröffnete, dass sie eine längere Reise plante. Sie hatte ein verlockendes Angebot als Begleitung eines gut betuchten Verehrers zu einer Fotosafari in Afrika.

Normalerweise wäre ich nicht einverstanden gewesen. So aber, in unserem augenblicklichen Zustand, fühlte ich mich erleichtert Abstand gewinnen zu können. Mit dieser Auszeit nahm sie mir Peinlichkeiten ab. Ging unsere Beziehung ihrem Ende entgegen?

Kometenhaft hatte Michelle mein Dasein erhellt. Sie entschwand wie sie gekommen war. Mir war nicht gelungen, herabfallende Funken des Glückssterns aufzufangen. Wochen vergingen, und ich verfiel in meine alten Gewohnheiten.

Überrascht war ich als eines Tages Mona, eine Freundin Michelles, vor meiner Tür stand. Sie arbeitete auch im Escort, und oft wurden beide zusammen gebucht. Wir führten ein langes Gespräch, und erstmals weinte ich über den Verlust meiner Partnerin. Von ihr erfuhr ich, was ich verdrängend nicht zu denken gewagt hatte.

In der letzten Szene ihres erotischen Daseins, musste Michelle ihr Leben lassen

Mit Monas Worten geschah es so:

»In Afrika feierten wir ausgelassene Partys in einem renovierten Landhaus aus der Kolonialzeit.

Schnell kam heraus, dass es sich bei der Gesellschaft nicht

um eine Fotosafari handelte. Unser Kunde, ein Trophäenjäger, hatte uns zu seinem Vergnügen gebucht und dementsprechend ging es zu. Vor allem Michelle stand nur noch unter Drogen. Da Gefahr in der Luft lag entzog ich mich geschickt, indem ich einen bekifften Zustand vorgaukelte. Eine von uns musste wachsam bleiben. Längst hatte unser Gönner bemerkt, dass wir lieber abgereist wären. Er hielt uns mit eisernem Griff, und auszubrechen war nicht ratsam. Überall lauerten Wächter, korrupte Personen, denen wir nicht trauen durften. Seine persönliche Leibgarde ließ alles, was in seinem Umfeld geschah, nicht aus den Augen. Rund um die Uhr bewachte man Fenster und Türen.

In der Nacht vor ihrem Tod lagen wir wieder zu dritt im breiten Bett mit den vier holzgeschnitzten Pfosten unter schützenden Moskitonetzen. Mit schweißnassem Körper benutzte er uns seit Stunden. Er bekam nie genug, der Mann mit dem schwarzen Tattoo eines Stiers auf seinem Nacken. Irgendwann war mir doch gelungen, dieser unersättlichen Bestie im Bett zu entkommen, während Michelle weiterhin sein Opfer blieb.

Als wollte er sie demütigen, sie in ihrer Zwittersituation erniedrigen, verlangte er unvorstellbar grausame Dinge von ihr.

Ich wollte sie schützen, bot mich an, versuchte ihn abzulenken. Aber aus dem Trio war längst ein Duo geworden und ich wurde zur vergessenen Dritten. Ich verfügte eben nicht über ihre männlichen Attribute, wofür er gerade sie gebucht hatte. Michelles gellende Schreie endeten irgendwann in einem letzten Seufzer. Der hinzugerufene Notarzt stellte einen Herzinfarkt fest. Vielleicht hatte sie sich an diesem Abend eine Überdosis Heroin gespritzt. Es fanden keine weiteren Untersuchungen statt. Das ließ sich mit einer angemessenen finanziellen Spende abwenden.

Unsere Gesellschaft war im Privatjet gekommen, und so verließen wir Afrika mit einem schlichten Sarg an Bord. Was hier geschehen war, ging bestimmt nicht mit rechten Dingen zu. Genauso hätte unser Kunde mit Bestechung Michelle ohne Probleme in Afrika verschwinden lassen können. Sicher war er in dunkle Geschäfte verwickelt. Um keine schlafenden Hunde zu wecken, hielt er den amtlichen Weg ein. Er hatte einfach zu viele Mitwisser.

Der Ordnung halber wurde Michelle nach der Ankunft in Deutschland in das Gerichtsmedizinische Institut überführt. Nach kurzer Untersuchung gab man ihre Leiche frei, damit sie beerdigt werden konnte.

Ich war erschüttert und zutiefst traurig:

»Warum erfahre ich erst jetzt davon, wo liegt sie begraben?«

»Da sie keine Angehörigen hatte, wurden die Kosten der Beerdigung von ihm übernommen. Nicht unschuldig an ihrem Tod fühlte er sich verpflichtet, nach der Einäscherung, eine Seebestattung zu arrangieren.«

Warum ging es mir besser? Sollte ich nicht große Trauer empfinden? Geschehenes lässt sich nicht ändern.

»Bestimmt hätte ihr eine Seebestattung gefallen. In der letzten Zeit unterhielten wir uns oft über die von ihr verehrte Meergöttin Mami Wata, zu der sie nun gegangen war.«

Mona verstand natürlich nichts und fuhr fort:

»Michelle liebte Sie. Nach ihrer Rückkehr aus Afrika wollte sie mit Ihnen einen neuen Anfang finden.

Hätten Sie meine Freundin noch gewollt?«

Musste ich mich schon wieder schuldig fühlen? Hatte Michelle vor ihrer Abreise gespürt, dass mich ihre Männlichkeit zunehmend befremdet hatte?

Auf ein vertrauteres Gespräch wollte ich mich mit Mona nicht einlassen. Wir hatten uns nichts mehr zu sagen. Als wir uns verabschiedeten griff sie zögernd in ihre Tasche und holte ein mit einem grünen Seidenschal umwickeltes Ding hervor:

»Ehe ich es vergesse, hier ist ihr Fetisch. Sie trug das Püppchen bei sich, als wir nach Afrika flogen.«

Ich erschrak schon wieder:

»Also wussten Sie was drin ist? «

Errötend gab Mona zu:

»Hässlicheres sah ich selten, als diese verschlissene Puppe aus Sackleinen. Ihre Beine waren in der Mitte grob zusammengenäht, und zwischen den Augen steckte eine Nadel mit schwarzem Kopf. Weil ich nichts anderes fand, nahm ich die Nadel kurz heraus und löste damit den Faden. Als Erinnerung würde ich die Puppe gerne behalten, wenn Sie nichts dagegen haben.«

Während sie sprach, fing sie langsam an das grässliche Ding auszuwickeln. Ich winkte heftig ab, weil ich befürchtete, gleich würden perlmuttfarbige Schuppen herausrieseln:

»Nein, nein, lassen Sie alles wie es ist. Behalten Sie Schal und Puppe als Andenken an Michelle.«

Polizist Peter wirkte erregt und verärgert:

»Eine große Liebe wie die deine gibt man doch nicht so einfach auf. Warum hattest du überhaupt zugelassen, dass deine Freundin nach Afrika flog? Entschuldige, lieber Damian, wenn ich deine Geliebte jetzt als Edelhure bezeichne. Genauso hätte natürlich auch sie nicht fortgehen dürfen, um ihrem Gewerbe nachzugehen. Allerdings könnte man dir den Vorwurf machen, dass du nicht ehrlich zu ihr standest. Ich denke, deine Beziehung hatte von Anfang an keine Chance, dafür war ich viel zu lange bei der Sitte. Diese Frauen sind kaputt. Ich lernte sie zur Genüge kennen. Mit ihrem Gewerbe stehen sie für alle Zeiten am Rande der Gesellschaft. Soll ich euch eine wahre Geschichte darüber erzählen? …«

Olga unterbrach und wehrte ab:

»Nicht gleich wieder das Thema Huren«.

Sie trug einen locker gefertigten Schal um ihren Hals. Draußen verlangten herbstliche Oktobertage bereits nach Wärme. Weil sie den Rundschal mit ihren Fingern gestrickt hatte, und stolz auf ihre Leistung war, legte sie ihn auch nicht im Raum ab. Er umhüllte sie mit Sicherheit und Zufriedenheit.

Peter sprach weiter:

»Was du schon wieder zu motzen hast! Olga, du stehst nicht mit beiden Füßen auf dem Boden. Dir kann ich nur raten ehrlicher mit dir selbst umzugehen, liebe Freundin.«

Wären ihre Wangen nicht vom schützenden Schal erhitzt, würde sie jetzt erröten. Der Polizist hatte sie an einem wunden Punkt getroffen. Sie musste ihre Geschichte neu überdenken, aber die Beleidigte durfte sie spielen.

»Ich kann ja gehen wenn mir das, was du erzählen willst, nicht gefällt.«

»Wusste ich es doch, jetzt bist du pikiert. Vergiss das mit der Sitte.

Dann gibt es eben eine andere Geschichte aus meinem polizeilichen Alltag:

VENEZIA ALAAF!

»Meine Nichte Andrea war ein schönes Mädchen und gerade achtzehn geworden. Sie verdrehte allen Männern im Dorf den Kopf.
Ihr älterer Bruder Erwin kam mit seinen selbstauferlegten Bewachungsriten für die hübsche Schwester kaum nach.

Endlose Gespräche über pubertierende Jugendliche erschöpften sich in meiner Gegenwart. Wir waren Kollegen und manchmal bereute ich es, ihn zum Berufsweg eines Polizisten ermuntert zu haben.

Während ich im gehobenen Dienst meine zwei Sterne in Silber auf den Schulterstücken tragen durfte, also im Rang eines Oberkommissars stand, hatte Erwin als Polizeianwärter im mittleren Dienst gerade Hoffnung auf den ersten Stern in Blau. Er führte sich gut und niemand auf der Wache zweifelte daran, dass er als angehender Polizeioberwachtmeister einer steilen Karriere entgegenging.

Seine körperlichen Voraussetzungen waren unschlagbar. Dafür hatte schon mein Schwager gesorgt, der in väterlichem Eifer oft des Guten zu viel tat.

Seinem Elite-Denken etwas entgegenzusetzen hatte wenig Sinn, weil auch meine karrieresüchtige Schwester mit ihm an einem Strang zog.

Eines stand jedenfalls fest. Andrea wurde wie das Kostbarste aller Fabergé-Eier gehütet. Trotzdem schaffte sie es, mit ihrer Begabung fürs Ballett sehr schnell aus dem Ensemble der Tanzgarde unseres Karnevalsvereins heraus und avancierte zur Solotänzerin.

Der Elferrat wurde sich schnell einig, als man sie zum Prinzenmariechen der Session kürte. Beste Voraussetzungen, wo doch ihr Vater im Vorstand saß, die Mutter Ballettmeisterin war und der Bruder sowie der Onkel bei der Polizei arbeiteten.

Andrea hatte eine gleichaltrige Freundin, namens Salina. Sie war Griechin, in Deutschland geboren und der ganze Stolz ihrer Eltern. Ihr Vater, Vasil Metropolus, lebte mit seiner Frau schon lange in der Eifel. Er führte das Bistro an der Ecke der Hauptstraße. Lange konnte sich niemand mehr daran erinnern, wie der Espresso vor seiner Ankunft in unserem Dorf geschmeckt hatte. Abends wurde sein Lokal zur Taverne und der Griechische Wein schmeckte allen.

Auf der anderen Straßenseite, schräg gegenüber, lag ein türkischer Kolonialwarenladen mit bestem Obst, Gemüse und Backwaren. Bei Mehmet kauften alle ein. Seinem Geschäft haftete ein fremdländischer Luxus an. Die kandierten Früchte und mit Puderzucker überzogenen Süßigkeiten sollten auf keinem Eifeler Kaffeetisch fehlen. Der Türke wohnte mit seiner Familie schon lange in Deutschland. Nach anfänglicher Odyssee, konnten sie letztlich in der Eifel Fuß fassen.

Ihre Beliebtheit kam nicht allein durch die täglich frische Ware, auch wegen ihrer Freundlichkeit wurden sie geschätzt. Mehmet galt als Vorbild männlicher Verhaltensweisen und wirkte sogar auf mich, den eingefleischten Junggesellen, ansteckend.

Er hatte einen stattlichen Sohn, genannt Deniz, schätzungsweise im Alter meines Neffen. Ging es um die Gunst Salinas, standen beide jungen Männer in Konkurrenz. Dabei war klar, welchem der beiden Männer sie, allein vom Optischen, den Vorzug gab. In der letzten Zeit liebäugelte sie mit Deniz, dem Türken.

Wie schon erwähnt, beschränkten sich deshalb die Gespräche auf der Wache, zwischen meinem Neffen und mir, ausschließlich auf sein unglückliches Verliebtsein in Salina. Als ob gerade ich Erfahrung in Liebesdingen haben sollte! Meine abenteuerlichen Einlagen beschränkten sich auf das Rotlichtmilieu, Überbleibsel aus der Zeit meiner nächtlichen Streifen. Die Arbeit bei der Sitte lehrte mich allerdings noch ganz anderes über das Wesen der Frauen.

Meistens konnte ich wenig Unterschied zwischen einer angeblich braven Hausfrau oder einer Prostituierten feststellen. In meinen beruflichen Erfahrungen, lernte ich kaum Frauen kennen, die nicht auch ihren Körper eingesetzt hätten, um ein sich gestecktes Ziel zu erreichen.«

Schnell schaute Peter noch einmal zu Olga:

»Verehrte Freundin, du brauchst dich nicht gleich wieder aufzuregen. Die Damen in unserer Runde sind natürlich ausgeschlossen, frei von Fehl und Tadel. Umso mehr verstehe ich eine Prostituierte, die wegen familiärer Not, aus welchem Grund auch immer, ihr Geld verdient. Außerdem ließe sich dem ältesten Gewerbe der Welt erst dann ein Riegel vorschieben, wenn wir Männer nicht mehr zu den Huren gehen würden. Damit wäre bereits das Thema Angebot und Nachfrage beendet. Aber lasst mich meine Geschichte weiter erzählen:

»Andrea und ihre Freundin Salina kannten schon früh alle Tricks weiblicher Verführungskünste. Sie verbrachten viel gemeinsame Freizeit und ihr Hobby, das Tanzen, entwickelte oft eine gesunde Rivalität.

Jedes Mädchen war bemüht, mit besten Leistungen zu glänzen.

Leider bevorzugte Andreas Mutter die eigene Tochter beim Training. Auch Salina hatte beim Vortanzen gute Chancen, landete aber auf dem zweiten Platz.

So war es keine Frage, dass meine Nichte Prinzenmariechen der Garde wurde. Unter dem Motto *Karneval in Venedig* sollte die Session eröffnet werden. Nun stand noch die Wahl des Prinzenpaares an.

Erst nach vielen Diskussionen einigte sich der Elferrat, sehr zum Missfallen meines Schwagers, auf das Angebot von Vasil Metropolus der bereit war, mit seiner Frau das Prinzenpaar zu stellen. Zudem waren seine finanziellen Argumente überzeugend und unschlagbar.

Schließlich wurde es von Jahr zu Jahr schwerer, willige Anwärter für dieses Amt zu finden.

Da ihn alle im Dorf kannten, respektierte man seine griechische Herkunft. Die mittlerweile grau gewordenen Schläfen verliehen ihm Seriosität und Respekt.

Um das Familienglück zu vervollkommnen, hätte er gerne seine Tochter Salina, da sie hübsch und temperamentvoll war, als Gardemariechen auf einem der Themenwagen gesehen.

Längst machte keiner mehr ein Geheimnis daraus, was sich intern zwischen den beiden, eigentlich drei Familien abspielte. Die Geschäftigkeit und das Brodeln im Blut aller Herzen waren kaum zu überhören. Vasil hatte sein Bistro neuerdings ganztägig geöffnet und sich kaum eine Pause gegönnt.

Erwin nutze die Freundschaft Andreas zu Salina aus, um bei ihr für sich zu werben. Salina allerdings, bestrafte ihn weiter mit Nichtbeachtung. Ich hätte meinen Neffen ohrfeigen können, genauso wurde ich auf meinen Schwager böse, der nicht unschuldig an seiner Halsstarrigkeit war.

Immer beleidigten sie Griechen und Türken, wenn man darauf zu sprechen kam. Ich hatte begründete Angst, dass beide fremdenfeindlich waren.

Blieben wir bei dem Thema allgemein, brachten sie Ansichten hervor, bei denen mir die Haare zu Berge standen.

Saß Erwin auf der Wache an seinem Schreibtisch, beobachtete ich ihn insgeheim, wenn er in seinen Computer vertieft war. Dabei strich er sich über seine glatten nach hinten gekämmten blonden Strähnen, während ein harter Zug um seinen Mund lag. Seine Kiefer bewegten sich knirschend, und ich wollte nicht zwischen das Mahlwerk dieser Zähne geraten.

Seinen Zynismus präsentierte er auch öffentlich. Unserer Obrigkeit gefiel sein Verhalten.

Es hatte den gewünschten militärischen Anstrich, zeugte von ungebrochener Gesundheit und Willensstärke.

Mir bereitete seine Rigidität Sorgen und ich verstand, warum ein Mädchen wie Salina ihn ablehnte. Deniz passte viel besser zu ihr. Bei der Arbeit bewegte er sich flink wie ein Wiesel, wobei sein gewelltes schwarzes Haar in kaum zu bändigenden Locken über die Stirn fiel. Jeder mochte ihn. Mit ihm verglichen, wirkte Erwin wie ein grober Klotz.

Als Deniz Eltern vor einigen Jahren nach Deutschland kamen, holte der junge Mann sein Fachabitur nach. Er sprach fließend Deutsch. Als Orientale machte er seiner Heimat alle Ehre, indem er mit seinem Wesen türkischen Traditionen unvergänglichen Glanz verlieh.

Trotz nationaler Probleme war Salina, aus dem Bistro gegenüber, für ihn eine griechische Göttin. Wenn er sie sah, ging für ihn die Sonne auf. Beschränkte sich seine Anbetung auch hauptsächlich auf eilig ausgetauschte Briefe, die Salina beflissentlich beantwortete, waren schon die kurzen Berührungen ihrer Hände tausend Träume wert.

Aus dem Splitter im Auge meines Neffen wurde langsam ein Balken. Ich hatte berechtigte Sorgen, ob Erwin noch lange seinen Verstand behalten würde.

Wir waren eingeteilt, die Vorbereitungen für den Rosenmontagszug unter Kontrolle zu halten. Schon lange wartete der Prachtwagen für das Königspaar mit Gefolge unter großen Planen, versteckt in der riesigen Scheune eines Bauernhofs.

Unter dem Motto *Karneval in Venedig* durfte natürlich das Panorama des Dogenpalastes nicht fehlen. Die dazu gehörige Fußtruppe sollte das historische Leben von früher zeigen, mit venezianischen Masken, Kostümen, Tierkämpfen und Feuerspielen, natürlich alles symbolisch.

Der Fantasie wurden keine Grenzen gesetzt. Jeder glaubte die schönste Verkleidung erdacht zu haben, für die es einen Preis geben sollte.

Es war erstaunlich, was die Karnevalisten alljährlich auf die Beine stellten. Schon lange vor Beginn der tollen Tage konzentrierte sich unsere Aufmerksamkeit auf das fröhliche Geschehen, um einen reibungslosen Ablauf zu gewährleisten. Das alles hatte seinen Grund, jetzt mit besonderer Sorgfalt vorzugehen.

Schließlich gab es vor Weihnachten auf dem Marktplatz einige Demonstrationen von Emigranten für bessere Bedingungen. Wenige Tage später geschah ein Brandanschlag auf ein Ausländerwohnheim, mit glücklicherweise nur leicht Verletzten. Damals leitete ich den Einsatz.

Danach wurde das Problem überregional angegangen, da sich die Anschläge häuften, und richtige Banden dahinterstanden.

Wir waren gut vorbereitet. Besonders mein Neffe Erwin erweiterte seitdem seine Kenntnisse über angewandte Terror-Praktiken und deren Bekämpfung. Grundsätzlich war dagegen nichts einzuwenden. Wie er das machte, gefiel mir nicht. Seine Gesichtszüge, während der Arbeit am Computer, verhärteten sich auffällig und in seinen Augen entdeckte ich gefährliches Glimmen. Neuerdings suchte er nach Gründen, sich über Ausländer aufzuregen. Am meisten ärgerte ihn, dass Salina von dem Türken erfolgreich umworben wurde.

Ich befürchtet das Schlimmste. Die Situation eskalierte, als Salinas Cousin Theos, ein Kunststudent aus Griechenland anreiste. Er war ein richtiger Frauentyp, und machte Erwins Schwester Andrea schöne Augen. Sie war ihm sofort verfallen.

Eigentlich sollte Theos seinem Onkel im Bistro während der Karnevalstage hilfreich zur Seite stehen. Stattdessen feierte er schon im Vorfeld lustig mit, ließ kaum eine Veranstaltung aus und führte sich auf wie Apollo.

Andrea himmelte ihn an, sehr zum Missfallen meines Neffen, der nun auch noch seine Schwester in ausländischer Umarmung sah. Ich fand sein Verhalten lächerlich und zog ihn deshalb bei jeder Gelegenheit auf, was ihn noch mehr ärgerte.

Fettdonnerstag, Punkt elf Uhr, wurden auf dem Bürgermeisteramt die *drei tollen Tage* offiziell eröffnet.

Als einige Herren mit abgeschnittenen Krawatten herumliefen, kamen die alten Weiber auch zu uns auf die Wache.

Erwin versprach sich gleich mehr von ihren Späßen und präsentierte sich, allen Kollegen voran, als männliches Opfer ihrer Willkür.

Schließlich hielten sich unter den entstellenden Möhnenmasken die hübschesten Mädchen verborgen, und vielleicht waren auch Salina und Andrea darunter. Die Freundinnen verfügten während der Karnevalszeit über eine knapp eingeteilte Freizeit.

Die Mädchen des Balletts mussten fit bleiben, und gerade Andrea als Prinzenmariechen trug eine besondere Verantwortung. Salina ging es nicht viel anders, da man sie als zweite Besetzung eingeteilt hatte. Also durfte auch sie sich weder erkälten oder durch irgendeinen Unfug außer Gefecht gesetzt werden. Wir hatten Februar, Tage mit empfindlich kalten Temperaturen, sogar heftigem Schneefall. Die Gruppe lustig herumtanzender Weiber verzog sich schnell. Ich zweifelte, ob die zwei überhaupt unter den Maskierten waren.

Während im Innendienst lustig weitergefeiert wurde, hatten wir einige Kollegen abgestellt, das fröhliche Geschehen auf den Straßen und in den Lokalen im Auge zu behalten. Unsere Tätigkeit im Büro stellte eine Art Notdienst dar, diente der Aufrechterhaltung des Mobilfunks. Wir vertilgten jede Menge Schmalzgebackenes, das mit halbtrockenem Rotkäppchensekt herunter gespült wurde. Lag unser Dorf auch am Rande der Hochburgen des Karnevals, hofften die Mitglieder des Vereins, dass ihre Inszenierung zum Rosenmontagszug ein Erfolg werden würde.

Vasil Metropolus wirkte sehr stattlich in seiner Prinzenuniform. Er war froh, dass sich seine Frau bereit erklärt hatte, mit ihm das Prinzenpaar bilden zu wollen. Sie gönnte ihrem Mann seine öffentlichen Auftritte. Er wusste aber, dass sie lieber bescheiden im Hintergrund geblieben wäre, um im Bistro nach dem Rechten zu sehen. Das ließ Vasil nicht zu. Er liebte seine schlichte, rundliche Frau Estefania, die ihm ein so hübsches Mädchen geschenkt hatte.

Nun gab es seit kurzem Deniz von gegenüber, der täglich frisches Obst, Gemüse, Fladenbrot und anderes zu ihm brachte. Alles sah danach aus, dass die jungen Leute viel füreinander übrig hatten.

Vasil mochte den jungen Mann! Würde nicht immer dieser Polizist Erwin, den er gar nicht schätzte, im Bistro herumsitzen, brauchte er sich weniger Sorgen zu machen. Lüstern schaute der seiner Tochter beim Bedienen nach, als wolle er sie gleich anmachen. Seinem gierigen Blick war nicht zu trauen, und deshalb sollte Salina sich vor ihm in Acht nehmen.

Fettdonnerstag, nach Mittag, saßen wir alle beim Griechen. Da lernte ich auch Theos kennen. Er hatte Onkel und Tante versprochen, während ihrer Auftritte als Prinzenpaar, den Lokaldienst zu übernehmen. Zusätzlich waren zwei Aushilfskellnerinnen eingestellt und es ging lustig zu. Natürlich gab der schöne Apollo wieder den Clown ab, was allen gefiel, besonders meiner Nichte Andrea.

Treffpunkt war das Bistro des Prinzenpaares. Andrea und Salina trugen schon ihre Gardekostüme, weil alle später ihren ersten Auftritt in unserem sehr schönen Seniorenzentrum hatten. Draußen auf einem Parkplatz wartete der Bus auf die Offiziere und die ganze Mannschaft.

Als die fröhliche Gesellschaft aufbrach, sahen es alle. Andrea küsste Theos zum Abschied auf seinen lachenden Mund und das vor den Augen meines Neffen. So angetrunken wegen seiner Eifersucht, wie am Ende dieses Altweiberdonnerstags, hatte ich ihn noch nie gesehen.

Am Freitagmorgen erschien Erwin völlig marode auf der Wache. Er hatte tiefe Augenringe und ich bezweifelte, ob er in der Nacht überhaupt eine Stunde geschlafen hatte.

Als ich ihn am Tag davor, spät abends mit dem Polizeiwagen zu Hause ablieferte, war natürlich die ganze Familie längst fort, um Andreas Auftritt als Tanz-Mariechen auf der Bühne zu erleben. Wegen seiner Trunkenheit dachte ich, er würde sich gleich zu Bett legen wollen.

Während ich ihn ansprach, murmelte er nur unverständliches Zeug und vertiefte sich schlecht gelaunt in seinen Computer.

Unerwartet stieß er hervor:

»Andrea hat heute Nacht nicht in ihrem Bett geschlafen. Ich sag es dir, die Ausländer machen aus unseren Frauen alles Huren. Mein Alter muss mit Blindheit geschlagen gewesen sein, den Griechen als Prinzen durchgehen zu lassen.«

Schon wieder spürte ich seinen Hass auf alle Ausländer, versuchte ihn zu besänftigen und erwiderte:

»Soviel ich weiß, war er entschieden dagegen, wurde aber überstimmt.«

Er schrie noch heftiger:

»Multi-Kulti, mit dem ganzen Quatsch kommen wir alle noch in Teufelsküche. Wenn ich diesen Türken, den Deniz, noch mal auf der Straße sehe, kann er was erleben. Ich sah ihn letzte Nacht mit Salina vor seinem Laden, und das war in den frühen Morgenstunden.«

Jetzt staunte ich wirklich:

»Wie, so betrunken wie du warst, bist du wieder rausgegangen? Hast du sie noch alle, wenn dich jemand gesehen hätte. Damit machst du mich unmöglich!«

Erwin wurde unsachlich und ich wollte ihm einfach nicht länger zuhören. Wäre er nicht mein Neffe gewesen, hätte er eigentlich von mir für seine gestrige Sauferei eine saftige Abmahnung bekommen müssen.

Nachdem ich ihn gestern Abend zu Hause abgesetzt hatte, weil ich schnellstens meinen Aufsichtsdienst im Festzelt antreten musste, hatte ich die Mädchen auf dem Vereinsball mehrmals gesehen.

Zuerst bei ihrem Bühnenauftritt und danach, während sie sich unter das Volk mischten, entdeckte ich auch Theos, als Narr verkleidet. Er hatte sich für den Rest des Abends frei machen können.

Später begegnete mir Deniz im prachtvollen Kostüm eines Sultans. Beide jungen Männer schienen sich angefreundet zu haben, da ich sie ständig zusammen sah.

Während der Kern der Karnevalsgesellschaft noch Hof hielt, sich gegenseitig mit Alaaf-Rufen und salbungsvollen Reden bejubelte, hatten die Jungs längst anderes im Sinn. Jetzt hatten sie nur noch Augen für ihre hübschen Mädchen, die sich nach dem offiziellen Teil zu ihnen gesellen durften. Der Saal war prächtig geschmückt.

Mit dem Bühnenhintergrund hatten die Verantwortlichen, wie durfte es anders sein, als Motto das Panorama des Dogenpalastes gezaubert. Wegen der vielen Etagen des Originals musste geschummelt werden, woran sich niemand störte. Hauptsache blieb der untere Bogengang, mit den Säulen und Kapitellen darüber. Aus den oberen Fenstern schauten lustige Narrenköpfe aus Pappmaschee auf den Elferrat hinunter.

Glücklicherweise achtetet niemand darauf, dass ich ohne unseren angehenden Polizeioberwachtmeister angetreten war. Erwin verhielt sich bisher als pflichtbewusster Polizist und ich gab die Hoffnung nicht auf, ihm seine rechte Gesinnung austreiben zu können. Ich verließ mich nicht auf die Unterstützung seines Erzeugers, der mir bei meinen Bemühungen bestimmt nicht zur Seite stehen würde.

Allerdings musste ich meinem unglücklichen Neffen zustimmen, die Würfel in seinem begonnenen Spiel waren längst gefallen. Das hatte er richtig erkannt.

Ich hoffte, dass Erwin letztlich ein fairer Verlierer sein würde.

Mit heftigem Schneeregen entwickelten sich die Ereignisse an dem Freitagmorgen weiterhin höchst dramatisch. In der vergangenen Nacht mussten wieder Rechtsradikale zugeschlagen haben. Fenster und Türen der Geschäfte einiger Ausländer im Zentrum waren mit Farbe beschmiert.

Während die ersten Hiobsbotschaften per Mobilfunk unsere Wache erreichten wurden wir zum Einsatz gerufen, um vor Ort zu sein. Längst war die Spurensicherung eingetroffen, wodurch wir erste, wenn auch spärliche Informationen erhielten. Wir waren zu dritt, Erwin, ein älterer Kollege und ich als Gruppenleiter. Vor den betroffenen Läden wurde die Straße von uns mit Bändern abgesperrt.

Es handelte sich um die türkische Änderungsschneiderei mit Reinigung, das Bistro von Vasil Metropolus, und besonders hässlich bemalt, Mehmets Fensterfront.

Der oder die Täter hatten für ihre obszönen Verunstaltungen farbige Fettstifte benutzt, wie sie zur Karnevalszeit als Schminke und Übermalung in den Supermärkten zu kaufen waren.

Wir sammelten fleißig Restestummel ein, die wie bunte Krümel im getauten Schnee auf dem Bürgersteig lagen. Dabei entdeckte ich das Unterteil einer Lippenstifthülle, mit hell rosa Fettresten. Der Inhalt schien herausgebrochen zu sein, deshalb suchte ich weiter. Schließlich hatte ich Erfolg. Insgeheim triumphierte ich, als ich den leuchtend rosa Lippenstiftrest zwischen meinen behandschuhten Fingern hielt.

Was für eine DNA, dachte ich!

Vorsichtig ließ ich das eingetütete Indiz in der Tiefe meiner Uniformtasche verschwinden und hoffte, dass mich niemand dabei beobachtet hatte, besonders Erwin nicht. Ihn stellte ich mir plötzlich als einen betrunkenen, rachsüchtigen Wüstling vor, der irgendwann in grauen Morgenstunden noch einmal seine Wohnung verlassen hatte. Das nur, um Fenster und Türen unbescholtener Ausländer provozierend und beleidigend mit Wachskreiden und Sprühfarben zu beschmieren. Vermutlich hatte er das Zeug aus dem Zimmer seiner Schwester gestohlen, und ein Lippenstift war auch dabei.

Der konnte nur von meiner Nichte sein!

Diesen auffälligen Lippenstift benutzte sie erst seit kurzer Zeit. Aus der kleinen Lolita war eine junge Frau geworden. Ich nahm mir vor, unbedingt in den nächsten Tagen ein ernstes Gespräch mit Theos zu führen. Der Kunststudent sollte nicht glauben, dass er sich nach den tollen Tagen so mir nichts dir nichts aus dem Staub machen konnte.

Viel ließ sich nicht vor Ort klären, eigentlich gar nichts.

Es hatte aufgehört zu schneien und wir gaben nach Abschluss unserer Untersuchungen und Gespräche die Geschäfte wieder für den Einkauf frei. Die Betroffenen reinigten Fenster und Türen selbst, was sollten sie auch sonst tun? Nachdem sich Vasil Metropolus lange mit Mehmet unterhalten hatte war auch der bereit, sein Geschäft zu öffnen.

Der Grieche nahm sofort eine große Menge Orangen und Bananen für Shakes mit zu sich herüber. Anschließend warf er die Espressomaschine an, weil gleich der Elferrat mit seinem Gefolge bei ihm zum Frühschoppen einkehren wollte.

Salina und Deniz waren nach der offiziellen Sitzung nicht mehr lange auf dem Fest geblieben. Die jungen Leute hatten sich vorgenommen, dass es in dieser Nacht passieren würde.

Als sie gemeinsam den Saal verließen und sich auf dem Nachhauseweg engumschlungen hielten wussten sie, dass sie nur noch füreinander da sein wollten. Deniz bewohnte den hinteren privaten Teil der Geschäftsräume, während seine Eltern sich auf die zweite Etage zurückgezogen hatten.

Das Haus war mittlerweile Eigentum und ihr ganzer Stolz. Der Junge würde das Geschäft eines Tages übernehmen und weiter ausbauen. Gerade das Warenangebot türkischer Spezialitäten zog viele Kunden an.

Mit seinem Sultan-Kostüm konnte Deniz bei der Karnevalssitzung bei Salina überzeugend punkten. Er liebte sie schon lange, schließlich wurde er bald dreiundzwanzig. Es war an der Zeit, endlich mehr zu unternehmen, und da ließ er sich auch nicht von den Eltern hineinreden. Lieber heute als morgen hätte er seine Auserwählte geheiratet. Deshalb vergaß er in der vergangenen Nacht Moral und Tugend, damit es endlich für seinen Heiratsantrag kein Zurück mehr gab. Als Salinas Eltern zurückkamen, lag sie längst wieder zu Hause in ihrem Bett.

Niemand hatte mitbekommen was, in den Stunden vor oder nach Mitternacht, auf der Straße geschehen war. Wer sollte auch bei dem Wetter, zudem in stockdunkler Nacht, auf mit Farbe beschmierte Fenster und Türen geachtet haben? Gerade in der närrischen Zeit ließ jeder gerne eine Fünf gerade sein, schließlich hatten alle einen Schwips. Deshalb konnte auch niemand den Zeitpunkt des Geschehens festlegen. Mit anderen Worten, es gab keine Zeugen. Darüber war ich nicht böse. Wäre es nach mir gegangen, hätte ich den hässlichen Zwischenfall am liebsten ignoriert.

Am meisten regte sich anschließend Erwin auf der Wache auf. Allerdings mied er mich auffällig, als wäre ich nicht im Raum, und unterhielt sich mit unserem älteren Kollegen, der ein geduldiger Zuhörer war.

Die Karnevalstage wurden für mich immer grotesker. Ich spitzte meine Ohren, um alles Gerede mitzubekommen. Sollte ich meinen Neffen im Auge behalten? Bekanntlich kehrt der Täter an seinen Tatort zurück.

Nach diesen Ereignissen wurden die Vorsichtsmaßnahmen für den Rosenmontagszug verstärkt. Wegen der Geschehnisse vor einigen Wochen waren wir alle im Einsatz.

Ich persönlich hatte ja nur meine Vermutungen.

Rosa Lippenstifte gab es wie Sand am Meer. Mein zufälliger Fund vor dem Geschäft des Türken konnte ganz andere Ursachen gehabt haben. Wer weiß, wie lange die leere Hülle schon da gelegen hatte, bevor sie von mir mit der Fensterschmiererei in Zusammenhang gebracht wurde. Unzählige Frauen hätten das Stückchen Lippenstift auf der Straße verlieren können. Aber, Erwin hatte, nachdem ich ihn zu Hause abgeliefert hatte, anschließend die Wohnung noch einmal verlassen.

Polizist war ich geworden, um eigenen Folgerungen nachzugehen. Wie sich sobald herausstellte, hatte ich die richtige Spürnase und mich auch nicht geirrt.

Andrea war stolz, Onkel und Bruder bei der Polizei zu wissen. Früher tauchte sie häufig überraschend in der Wache auf und brachte Leben in unseren täglichen Trott. In der letzten Zeit wurden ihre Besuche seltener, da sie mit Salina für ihre Karnevalsauftritte proben musste.

Prinzenmariechen zu werden, entsprach hauptsächlich dem Wunsch ihrer Mutter, die sich immer gegen den Vater durchsetzte. Meine Schwester war und blieb eine karrieresüchtige Frau, und ich hatte mit ihr weniger gemein als ein Elefant mit der Maus. Da fand sie in meinem Schwager schon den passenderen Mann, und Sohn Erwin entsprach in seinem Werdegang beider Vorstellungen.

Allerdings sah ich zweifelnd seiner beruflichen Entwicklung entgegen. Ich verspürte nicht wenig Lust, ihm einen dicken Strich durch die Rechnung zu machen.

Samstagnachmittag tauchten Andrea und Salina in der Wache auf. Sie trugen ihre Gardekostüme, aus denen jetzt kaum noch ein Mitglied des Karnevalsvereins herauskam.

Abends stand ein Auftritt in einem großen Autohaus an, einer der wichtigsten Sponsoren.

Erwin warf sich angesichts seiner angebeteten Salina sofort in die Brust und sprang hinter seinem Schreibtisch hervor. Die Mädchen hatten Puffel dabei, und Andrea lief sofort zur Kaffeemaschine, um sie einzuschalten. Ihre Freundin zierte sich und blieb bei mir stehen. Wegen Erwin verstand ich ihre Zurückhaltung und bot dem Mädchen einen Stuhl an. Beim Hinsetzen schlug sie dann doch kokett ihre rot bestiefelten Beine übereinander, wodurch sie einen kurzen Einblick auf ihr spitzenbesetztes Höschen zuließ. Wahrscheinlich stellte ich nicht allein fest, dass die Mädchen ihre Plisseeröckchen wirklich ziemlich kurz trugen! Erwin sah das auch und wurde rot.

Mir war nicht klar, ob aus eifersüchtigem Frust oder Verliebtsein. Als Andrea Kaffee einschenkte, bemerkte ich ihr auffällig geschminktes Gesicht.

Viel zu oft schlug sie die Augenlider mit den Wimpernverlängerungen unschuldig auf und nieder.

Sie hatte viel Rouge aufgelegt und im Gegensatz dazu ein zu helles Make-up gewählt. Am auffälligsten fand ich ihren Lippenstift. Diese dunkle Farbe mochte ich nie auf den Mündern von Frauen. Selbst junge Mädchen sahen damit alt und verbraucht aus.

Auch Andrea wirkte mehr als unvorteilhaft. Ich konnte nicht an mich halten sie zu fragen:

»So willst du nachher auftreten? Du siehst schrecklich aus Kind, wisch das Zeug von deinen Lippen!«

Andrea antwortete uninteressiert:

»Ich weiß, Onkel Peter, ist ja auch Muttis Lippenstift, habe in der Eile keinen anderen gefunden.«

Jetzt war es raus. Sie hatte mein Korpus Delicti gesucht und nicht gefunden. Schnell sprach Andrea weiter:

»Was ich gesucht habe, sind meine ganzen Schminkstifte und Farbtöpfe für Karneval. Theos will sich nämlich für die nächsten Tage als Oceano verkleiden.«

Ich wurde neugierig:

»Oceano, wer ist denn das?«

»Na ja, so eine Art Neptun, nur viel phantasievoller. Dieses Kostüm machte 2012 in Venedig den ersten Platz in der Sonderkategorie als originellstes Kostüm. Die Parade mit Preisverleihung ist Sonntag in der Festhalle und Papa wünscht, dass ich bei der Übergabe dem Elferrat assistiere. Außerdem müssen wir auch auftreten.«

Ich verstand nicht viel. Also stellte ich mich dumm:

»Was will Theos mit deiner Schminke. Sicher hat der Kunststudent mit dem prachtvollen Kostüm auch die passende Schminke im Koffer mitgebracht.«

Verlegen neigte Andrea ihr hübsches Köpfchen:

»Er will aber, dass ich ihm beim Maskieren helfe.«

Gleich darauf lachte sie wieder:

»Konnte die Wachsstifte nicht finden und im Supermarkt waren alle ausverkauft.«

Spöttelnd reichte ich ihr ein Papiertaschentuch:

»Hättest dir besser einen neuen Lippenstift gekauft. Schmink das Zeug endlich ab, es steht dir nicht.«

Während ich mit Andrea sprach, hielt ich Erwin die ganze Zeit im Auge, bemerkte aber nichts Auffälliges. Als die Mädchen sich verabschiedeten, nahm alles Weitere seinen gewohnten Lauf.

Ich kannte Theos nur flüchtig, dafür hinterließ er bei mir einen guten Eindruck. Es war nicht schwer zu verstehen, warum Frauen ihn liebten. Andrea schien die Glückliche zu sein, der er sein Herz schenken wollte. Ich hoffte, dass aus der Schwärmerei eine feste Beziehung werden würde.

Deshalb nahm ich ihn mir am Samstagvormittag im Bistro gehörig zur Brust und stellte fest, dass er sympathisch blieb. Er beabsichtigte die letzten Semester Kunst in Aachen zu belegen, um in ihrer Nähe bleiben zu können. Also schien er ernste Absichten zu haben, und ich beruhigte mich fürs Erste.

Allerdings stellte auch ich fest, dass Südländer einen besonderen Reiz auf deutsche Frauen ausübten. Salinas Interesse für den Türken Deniz beschäftigte mich weniger, eigentlich nur aus der Sicht meines Neffen.

Zu keiner Jahreszeit wurden Solarien mehr von Männern frequentiert, als vor der Karnevalssaison. Das lag bestimmt nicht an der Sehnsucht nach Sonne und sollte auch nicht aus gesundheitlichen Gründen geschehen.

Deshalb wunderte sich niemand, dass unseren naturgebräunten südländischen jungen Helden, am Sonntagabend bei der Parade bewundernswerter Kostüme, dann auch den zweiten und dritten Platz belegten.

Deniz trug noch einmal sein Sultan-Outfit. Theos, als *Oceano,* übertraf für mein Gefühl den ersten Preis bei Weitem. Mit knappem Vorsprung gewann eine Frau in venezianischer Maske. Ihr Kopfschmuck war aufwendig von Tüll und kostbaren Stoffen umkleidet, mit Perlenketten und teuer erscheinendem Zierrat geschmückt.

Wir hatten Dienst und bewachten unauffällig den Eingang und den Notausgang der Festhalle. Langsam war ich meiner Aufgabe als Teamleiter nicht mehr gewachsen, da ich mich zwanghaft durch Erwins Verhalten irritieren ließ. Besser gesagt, empfindlich gestört fühlte.

Betrachtete ich seinen blassen, verbissenen Gesichtsausdruck, kräuselten sich meine Haare. Daran konnte ich nichts ändern, spürte aber, dass gleich etwas geschehen würde. In meiner beruflichen Laufbahn blieben diese Vorahnungen eine große Hilfe, mit ein Grund, warum ich Polizist geworden war.

Erwin stand nur wenige Meter von mir entfernt, verschwand aber plötzlich, ohne mich zu informieren. Ich vermutete, dass er zur Toilette musste.

Beunruhigt ging ich ihn suchen, als er nach längerer Zeit nicht zurückkam. Kaum stand ich vor der Herren-Toilette, als sich die Tür öffnete, und mir ein gründlich derangierter türkischer Sultan entgegenlief. Wütend hielt der junge Mann seine Hand vor das rechte Auge und schimpfte! Ihm folgte Erwin, die Handschellen bereithaltend.

Um die beiden zu trennen, ging ich dazwischen und fuhr meinen Neffen an:

»Was ist hier los, bist du verrückt geworden? Mach dich nicht unglücklich, Junge. Was hat er dir getan?«

Erwin war kaum zu stoppen und versuchte mich zurückzustoßen:

»Peter, lass mich in Ruhe! Jetzt ist das Fass übergelaufen, der provoziert mich nicht mehr. Tritt hier als vornehmer Sultan auf. Seinen Turban schlage ich ihm gleich auch noch runter.«

Ich griff noch energischer ein:

»Nichts wirst du ihm runter schlagen, besser ist, du entschuldigst dich gleich. Dir lass ich nichts mehr durchgehen. Woher bei dir der Wind weht, weiß ich schon lange.

Nun bist du fällig.«

»Ha, wer hier fällig ist, wird sich noch zeigen. Ich reiße dem ganzen Pack die Masken von ihren Gesichtern. Dieser *Oceano*, sowas Lächerliches habe ich noch nie gesehen. Der spielt sich auf, als wäre er der schönste Mann im Ort, und wir Deutschen geben denen auch noch Preise.«

Ich verstand:

»Ach, darüber hast du dich geärgert, du bist eifersüchtig.«

Erwins Lippen wurden weiß und er presste heraus:

»Du scheinst immer noch nicht verstanden zu haben. Die müssen raus, nehmen uns die Luft zum Atmen. Ihr kapiert einfach nichts, dafür seid ihr alle viel zu blöde.«

Inzwischen hatten sich Neugierige dazugesellt und gaben mit ihren grotesk wirkenden Masken ein schauriges Bild.

Längst war auch mein älterer Kollege zur Stelle, der sich um den völlig verstört wirkenden Deniz kümmerte. Erwin musste den Armen kräftig vermöbelt haben, und sein angeschwollenes Gesicht verfärbte sich schnell.

Während ich meinen Neffen an die frische Luft brachte, rief ich ihn zur Ordnung. Ich befahl ihm nach Hause zu fahren, um sich abzureagieren.

Dann ging ich zurück zu Deniz und fragte ihn, ob er eine Anzeige erstatten wolle. Ich war erstaunt und erleichtert, dass der Türke davon Abstand nahm. Mittlerweile waren auch Salina, Andrea und Theos bei ihm. Salina schluchzte und hielt ihren Freund tröstend im Arm.

Seit der letzten Nacht gehörten sie zusammen und sie fühlte sich ihm innig verbunden.

Alle schienen sich beruhigt zu haben.

Schließlich war Karneval und die Jecken fieberten dem Rosenmontag mit seinem prächtigen Umzug entgegen.

Immer wieder ließ sich feststellen, dass die kleinen Städte und Dörfer mit unendlichem Enthusiasmus und finanziellem Aufwand den Vereinen der Großstädte erfolgreich nacheiferten. Auch bei uns war ein herrliches Spektakel zu erwarten, da die Wagenbauer sich mit dem Motto *Karneval in Venedig* große Mühe gegeben hatten.

Für die Sicherheitskontrolle der einzelnen Wagen traten wir mit der ganzen Mannschaft an. Alles wurde aufs Genaueste inspiziert, damit nichts während des Zuges passieren konnte.

Erwin, als einer der Eifrigsten, war nicht zu halten. Wahrscheinlich wollte er alles wieder gutmachen, wozu ihm nur zu raten war. Zusammen mit dem älteren Kollegen kontrollierte er alle Fahrzeuge und besonders sorgfältig den Prinzenwagen. Ich war beruhigt als ich feststellte, wie er um die Sicherheit bemüht war.

Nach der Aufstellung um 11:00 Uhr startete der Rosen-Montagszug um 12:00 Uhr bei Kälte, aber strahlendem Sonnenschein. Teilnehmer und Zuschauer waren bester Laune und fieberten dem Höhepunkt am Marktplatz entgegen.

Der Prinz sollte hier mit seinem Gefolge auf dem venezianischen Prunkwagen einen repräsentativen abschließenden Auftritt haben.

Da geschah es, mitten in die Alaaf-Rufe hinein!

Alle jubelten Vasil Metropolus zu, der eifrig seine Kamellen warf.

Plötzlich quoll Rauch unter seinem Wagen hervor, woraus sich eine dicke blaue Wolke entwickelte. Gleich einem hohen Tsunami schoss sie hervor und verdichtete sich über der zurückweichenden, kreischenden Menschenmenge.

Explodierte jetzt der Dogenpalast?

Die anschließend eintretende Stille war nicht zu beschreiben. Das Warten auf den großen Knall wurde übermächtig. Wir Polizisten mussten sofort einschreiten, ohne zu wissen ob eine Explosion folgen würde. Tapfer rannten wir auf den Wagen zu.

Schnellstens mussten wir den Prinzen und sein Gefolge in Sicherheit bringen. Erwin stand dem Wagen ganz nahe. In dem Gerangel sah ich gerade noch, wie Salina von ihm mit beiden Armen aufgefangen wurde, während ich schnell Andrea umfasste, um ihr herunterzuhelfen. Der Prinz verließ als Letzter seinen Dogenpalast.

Was war geschehen? Hatte es wieder einen Anschlag gegeben?

Nachdem der blaue Qualm sich verzogen hatte, war nichts weiter passiert. Wir entdeckten, unter dem Prinzengefährt eingeklemmt, eine dicke Rauchbombe. Unverständlich, dass Erwin und der Kollege diese bei ihrer Kontrolle übersehen hatten. Jemand musste die große Blechdose im Vorbeigehen mit einem kurzen Ruck an der Schnur aktiviert haben.

Für mich bestand kein Zweifel wer das getan hatte, wären da nicht schon wieder hemmende familiäre Bande gewesen.

Über die Karnevalstage hätte man besser einen anderen Einsatzleiter als mich wählen sollen. Ich fühlte mich vollkommen fehl am Platze. Schlimmer noch, ich lief ständig mit einem schlechten Gewissen herum. Wieder wurde kein Übeltäter gefunden. Außer einem gehörigen Schrecken, der

uns lange in den Knochen saß, war glücklicherweise niemandem etwas passiert. Trotz meines Verdachtes wollte und konnte ich Erwin nicht überführen.
Blut ist eben doch dicker als Wasser.«

Olga entrüstete sich:

»Der Mann ist doch wohl nicht im Polizeidienst geblieben? Erzähl mir bloß nicht, dein Neffe erlebte noch eine Beamtenlaufbahn. Unmöglich sowas!«

»Liebe Olga, du wirst es nicht glauben. Erwin erklomm noch ganz schön seine Karriereleiter.«

Damian mischte sich ein:

»Wäre nicht der erste Polizist auf falschem Posten. Bemerkenswerter finde ich, dass wir wieder von einer Geschichte aus Eifersucht hörten.«

Bestatter Harald warf ein:

»Die meisten Verbrechen geschehen aus Eifersucht bis hin zu Mord und Totschlag? Wenn ich einem anderen Menschen aus Habsucht sein Geld neide, bin ich dann nicht auch eifersüchtig auf sein finanzielles Wohlergehen? Wo liegt der Unterschied zwischen unseren missgünstigen Veranlagungen. Was glaubst du wie viele Leute ich unter die Erde gebracht habe, die anderen nicht das Schwarze unter dem Nagel gönnten? Beerdigungsinstitute sind eine wahre Fundgrube für Verbrechen dieser Art.

In meiner ersten Geschichte erzählte ich euch, wie schwer es ein Bestatter hat, wenn er am Stammtisch um Freunde buhlt. Als säße der Tod persönlich unter ihnen, tauen sie erst nach dem dritten Bier oder Schnaps auf, um einem offen in die Augen schauen zu können. Erst dann siegt der Verstand über ihre Ängste und sie können sogar in einen

Überschwang der Gefühle geraten. Unser Apotheker gehörte zu einer besonderen Sorte Menschen. An Jahren weise, zählte man ihn als approbierten Chemiker auch zu den Alchimisten alter Schule.

Schicksalhafte Pfade waren es, die uns gemeinsam an frisch ausgehobene Gräber führten. Hier traf ich ihn überraschend oft. Langsam wurde er mir unheimlich, weil wir uns bei Beerdigungen häufig begegneten.

Am Stammtisch führte ich mit ihm, wenn längst alle gegangen waren, höchst interessante Unterhaltungen über das Ableben im Allgemeinen.

Das ermutigte mich, ihn auf die kurz nacheinander geschehenen Todesfälle in unserem Städtchen anzusprechen.

Es ging um vermögende Witwen, die ihre verstorbenen Ehemänner nicht lange überlebt hatten. Keine von ihnen war einen natürlichen Tod gestorben, alle wurden mit Arsenik vergiftet.

Mein Stammtischfreund klärte mich gründlich darüber auf, warum dieses Spurenelement in der Giftküche sogar dem Strychnin den Rang abläuft.

Bei geschickt eingesetzter Dosis können die Vergiftungserscheinungen nicht so ohne Weiteres festgestellt werden. Das weiße Pulver lässt sich in den Zellen eines jeden Lebewesens finden und wirkt in homöopathischen Dosen als Roborans kräftigend und stärkend. Oft schwärmte er, dass ihm die Kuren mit arsenhaltigem Quellwasser Besserung seiner Leiden gebracht hätten.

Ich fand interessant, was er mir zu erzählen hatte.

Nach Abschluss eines Apothekerstudiums promovierte über dieses Thema mit Summa cum Laude. Seine wissenschaftlichen Erfolge kannte jeder, da er keinen Hehl daraus machte. Die Leute in unserem Ort nannten ihn Doktor Arsen. Viele sahen in ihm tatsächlich einen begabten Alchimisten. Er schien ein Hexer zu sein, und niemand bezweifelte, dass er fähig war, aus irgendeinem geheimnisvollen Material sogar Gold gewinnen zu können. Seine Apotheke war nicht die einzige, aber die meist besuchte, aus welchem Grund auch immer.

Mit seinem umfassenden Wissen wurde er gerade für die Bauern auf dem Lande zum Heiler. Mancher niedergelassene Arzt holte sich Rat bei ihm, wenn es um therapieresistente Patienten ging. Bei aller Hochachtung und Verehrung fühlte sich dennoch keiner in seiner Nähe wohl. Jeder hatte Angst, er könnte von ihm verwandelt oder mit unangenehmen Dingen in Kontakt gebracht werden.

Beneidenswerte Chancen hatte er bei gewissen Frauen. Frisch gebackene Witwen mittleren Alters verfielen seinem Charme. Wie ein Magnet zog er sie in seinen Bann, und das fing schon am Grab ihrer verstorbenen Ehemänner an.

So dachte ich!

Starb jemand in unserem Ort, wusste natürlich jeder, allein schon durch die Tageszeitung, wer das Zeitliche gesegnet hatte. Als einziges Beerdigungsinstitut der Gegend landeten die Sterbefälle in meinem Haus. Zum Krematorium, etwas außerhalb gelegen, war es nicht weit. Wir arbeiteten eng zusammen, da die Feuerbestattungen zunahmen. Die meisten Angehörigen entschlossen sich für eine Grabstätte auf unserem Friedhof.

Aber lasst mich von Anfang an berichten:

DER WITWENTRÖSTER

Nährst du eine Natter an deiner Brust, achte tunlichst darauf, dass sich ihr Biss nicht gegen dich selbst wendet.

Apotheker Dr. Arsen, wie ich ihn jetzt auch nannte, musste man schon als einen außergewöhnlichen Mann bezeichnen. Für einen Wissenschaftler im fortgeschrittenen Alter wirkte er sportlich, fast asketisch.

Er trug am linken Arm eine Handprothese, die er geschickt unter einem feinledernen schwarzen Handschuh verbarg. Sehr oft sprach er über den zweiten Weltkrieg.

Nicht selten schimpfte er über den Einsatz Jugendlicher, die am Ende völlig sinnlos als Kanonenfutter herhalten mussten. Altersmäßig konnte er nicht dabei gewesen sein. Was es auch immer war, diesen Unfall hatte er überlebt.

Er blieb mir unheimlich! Vielleicht lag es an seinen kohlschwarzen Augen die umherwanderten, als würden sie ständig alles beobachten.

Seine Tochter Irma, mittlerweile ein altes Mädchen, führte den Haushalt und vertrat ihn manchmal in der Apotheke.

Neuerdings hatten sie zusätzlich eine Angestellte, von der die Kunden sich gerne bedienen ließen. Vor Kurzem verlor Helene ihren zwanzig Jahre älteren Mann, für den sie vor der Heirat ihr Pharmaziestudium abgebrochen hatte. Sie zögerte nicht, als Dr. Arsen ihr die Stelle in seiner Apotheke anbot. Eigentlich brauchte sie nicht zu arbeiten, da sie vermögend war. Aber sein unwiderstehlicher Charme ließ sie auf einiges mehr hoffen.

Mein Apothekerfreund pflegte seltsame Angewohnheiten, von denen ich mich persönlich überzeugen durfte. Einmal in der Woche ging er in den nahe gelegenen Wald. Da auch ich gerne wanderte, begleitete ich ihn auf seinen ausgedehnten Spaziergängen.

Wir liefen sehr tief in einen Kiefernwald hinein. Hier kannte er einige Waldameisenhügel, und ich wurde Zeuge eines zeremoniell anmutenden Vorgangs.

Sorgfältig entledigte er sich seiner Prothese. Als ich ihm behilflich sein wollte, steckte er überraschend seinen entblößten Unterarmstumpf tief in die lockere Erde des Insektenbaues. Dabei schaute er mich vielsagend an. Seine tiefliegenden Augen wurden ruhig und dunkel wie zwei Briketts, mit denen gleich etwas passieren würde. Während er seinen Arm nicht einen Millimeter von der Stelle bewegte, vergrößerten sich seine Pupillen. Dieser Zustand währte einige Minuten.

Als er den Stumpf herauszog, war dieser knallrot angeschwollen. Tiefes wohliges Stöhnen seinerseits, legte sich über mein erleichtertes Ausatmen.

Ich konnte nur herausbringen:

»Machen Sie das oft?«

Niemals sah ich den Mann fröhlicher als in diesem Moment. Der Waldboden unter unseren Füßen bebte von seinem Gelächter. Anscheinend hatte die Radikalkur ihm Erleichterung seiner Phantomschmerzen verschafft.

Er hatte noch eine Leidenschaft, die ich auf unseren Spaziergängen entdeckte!

Auf dem Heimweg mussten wir an einem Bauernhof vorbei, den er zu kennen schien und der auch mir nicht unbekannt war. Im Vorbeigehen winkte er einer drallen Bäuerin mit roten Wangen und einladendem Dekolleté zu.

Sie schien gerade Kühe gemolken zu haben und schleppte

eine schwere Milchkanne zur Wirtschaftsküche.

Mein Freund zögerte nicht, ihr behilflich zu sein. Wartend blieb ich am Weg stehen. Als er zurückkam, sagte er beiläufig:

»Die arme Frau ist vor kurzem Witwe geworden, ich kümmere mich ein wenig um sie.«

Ich erinnerte mich einer Beerdigung, die höchstens sechs Wochen zurücklag. Dabei ging es um eine Bäuerin, deren Ehemann das Zeitliche gesegnet hatte. Schließlich war es meine Aufgabe, alle Toten in Würde unter die Erde zu bringen.

Diese Witwe hatte ich zusammen mit ihm am offenen Grab stehen sehen und mich gewundert, dass sie so intim miteinander wirkten.

Plötzlich fiel es mir wie Schuppen von den Augen.

Bei jedem Todesfall, wo eine Frau um ihren Mann trauerte, war auch mein seltsamer Freund anwesend. Kannte er die Frauen wirklich nur als Kundinnen seiner Apotheke? Wie viele Tränen der Damen trocknete er heimlich im stillen Kämmerlein?

Als Bestatter sollte man über psychologische Grundkenntnisse verfügen. Sonst könnte geschehen, dass bei der alltäglichen Routine das Wesentliche übergangen wird. Die Hinterbliebenen brauchen professionelle Hilfe, erwarten Empathie. Ich hätte kein Beerdigungsinstitut, würden mich menschliche Schicksalsschläge kaltlassen.

Mein fotografisches Gedächtnis funktionierte auch ganz gut. Personen, die ich einmal gesehen hatte, behielt ich lange im Gedächtnis. Die Bäuerin mit der gesunden Wangenfarbe gehörte dazu. Allerdings war mein Eindruck der ersten Begegnung mit ihr noch sehr frisch, als ich sie auf dem Bauernhof wiedererkannte. In meinem Bestattungsinstitut stand sie natürlich noch unter einem erheblichen Schock.

Ihr Mann war beim Füttern der Schweine unter mys- teriösen Umständen neben den Trögen im Stall zusammengebrochen. Er wurde erst nach Stunden gefunden und die Todesstarre hatte bereits eingesetzt. Sein Gesicht war bis zur Unkenntlichkeit von den Tieren angefressen und Teile seiner Gliedmaßen lagen abgetrennt herum. Man fand ihn in seinem getrockneten Blut.

Ich war mit meiner Mannschaft viel zu früh erschienen, da die Polizei ihre kriminalistische Untersuchung noch nicht beendet hatte.

Anschließend wurde der Tote zur Gerichtsmedizin gebracht. Dort stellte man fest, dass er vorher innerlich verblutet war. Zusätzlich ergab eine Haarprobe einen hohen Anteil an Arsen.

Jeder landwirtschaftliche Betrieb machte Gebrauch von arsenhaltigem Rattengift auf seinem Hof. Das todbringende Mittel musste dem Bauer in kleinen Dosen über einen längeren Zeitraum verabreicht worden sein. Wieder hatte das Gift der Kaiser und Könige unserer Weltgeschichte ein Opfer gefunden. Der von mir vermutete Mordfall wurde trotzdem nicht aufgeklärt.

In seinem pathologischen Erscheinungsbild ähnelte er der vorhergehenden Vergiftung eines Goldschmieds aus unserem Ort. Womit wir bei der Angestellten des Apothekers angekommen sind, der schönen Helene.

Ihr Ehemann verstarb auf gleiche Weise. Plötzlich kränkelte dieser Mann, litt an Bauchkrämpfen, Muskelversagen und Nervenschmerzen. Die Laboruntersuchung ergab eine massive Blutbildveränderung. Nach dieser Diagnose kam bereits jede Hilfe zu spät. Sein baldiges Ableben stand ihm überdeutlich ins Gesicht geschrieben.

Er verstarb unter heftigen Schmerzen im Krankenhaus. Nachdem der Totenschein ausgefüllt war, wurde er in mein Institut überführt.

Unser Apotheker unterstützte die Behörden und sorgte für einen schnellen amtlichen Ablauf. Bei seinem autoritären Verhalten kam niemand auf die Idee, einige genauere Fragen zu stellen. Schließlich waren die empfohlenen arsenhaltigen *Fow'lerschen Tropfen* immer noch eine stärkende Medizin und gerade auf dem Lande sehr beliebt, sollte man sie auf irgendeinen Nachttisch finden.

Auffällig blieb bei unserem Apotheker, dass er besonders den frisch gebackenen Witwen zur Seite stand. Helene war eine attraktive Frau mittleren Alters und die engste Freundin seiner Tochter Irma.

Beide Frauen kannten sich aus der Schulzeit. Wen wunderte es, dass die vereinsamte Schöne sehr bald Trost bei Vater und Tochter fand. Auch nicht, als beide darin übereinstimmten, die trauernde Witwe erst einmal bei sich aufzunehmen. Trotzdem wäre so viel Sorge unnötig gewesen, da Helene im Ort als kokett galt und bei den Männern äußerst beliebt war. Sehr schnell hätte sie auch einen anderen Anschluss finden können.

Mit Vorliebe pirschte sie sich an ältere Herren heran und erlegte erfolgreich das zum Abschuss freigegebene Wild. Warum gerade sie mit der jüngferlich wirkenden Tochter des Apothekers freundschaftlich verbunden geblieben war, bestätigte nur die Regel: *Eine Schöne sucht sich als Freun-*

din nie eine Schönere aus!

Das Dreiergespann funktionierte so gut, dass sich eine bevorstehende Heirat zwischen Irmas Vater und Helene vermuten ließ. Dazu kam es nicht, weil die hübsche Witwe überraschend schwer erkrankte und in sehr kurzem Zeitraum verstarb. Ich brauche nicht zu erwähnen, dass auch sie durch Arsen vergiftet schien. Da sie keine Verwandten hatte, wurde vom Apotheker eine Feuerbestattung in meinem Institut in Auftrag gegeben.

Den Tag ihrer feierlichen Beerdigung werde ich nie in meinem Leben vergessen. Tief verschleiert, heftig schluchzend und vom Vater gestützt, folgte Irma dem Urnenwagen. Nach dem Versenken des Gefäßes, warf sie einen großen Strauß roter Rosen hinterher. Hätte ihr Vater sie nicht zurückgehalten, wäre sie auch noch auf die Knie gefallen. Theatralischer konnte ein Trauerspiel nicht wirken.

Wieder vermutete niemand, dass hier möglicherweise ein Verbrechen geschehen sein könnte. Ich aber hatte ganz andere Gedanken!

Es wagte einfach keiner, diese honorige Familie anzutasten. Ich befasste mich ja auch erst viel später mit der auffallenden Sterbeserie in unserem Ort. Nicht nur die Todesfälle der Witwen stimmten mich misstrauisch, auch deren verstorbene Ehemänner waren bestimmt auf unnatürliche Weise verstorben.

Wie viele Feuerbestattungen hatte es in der Vergangenheit gegeben, die nicht aufgeklärt werden konnten?

War er ein Massenmörder im Gewand eines Wohltäters? Welche Rolle spielte Irma in seinem Leben? Hatte sie ein Verhältnis mit ihrem Vater? War sie wirklich seine leibliche Tochter?

Irgendwann tauchte das kleine Mädchen bei ihm auf. Man dachte, sie sei vielleicht ein uneheliches Kind. Jeder wusste, dass der Apotheker ein eingefleischter Junggeselle war und sich eigentlich nur für seine Wissenschaften interessiert hatte. Aber das schloss keine Amouren aus.

Als Irma ein Kind war, wurde sie von einer Haushälterin aufgezogen. Ich konnte mir gut vorstellen, dass sie viel zu früh erwachsen werden musste. Mittlerweile kümmerte sie sich schon lange allein um den Haushalt. Sie verhielt sich wie eine altjüngferliche Magd, die allein dem Vater diente.

Wie hatte sie sich gefühlt, als sie mit der hübschen Schulfreundin unter einem Dach wohnen sollte?

Wenn es stimmte, dass ihr Vater die Frau zu heiraten gedachte, musste sie geradezu außer sich vor Wut gewesen sein. Sicher bestand auch ein verständlicher Neid auf die Schönere. Schließlich fiel Helene alles in den Schoß.

Nach dem Tod ihres Mannes erbte sie ein beträchtliches Vermögen aus seinen Gold- und Edelsteingeschäften, für die sie sich zu seinen Lebzeiten nie interessiert hatte.

Jeder wusste, dass der Goldschmied zwanzig Jahre älter war. In Anbetracht ihrer besonderen äußeren Reize, hatte sie ihn bestimmt nur wegen seines Geldes geheiratet. Auch das war Irma nicht entgangen. Bestimmt hatte sie nicht damit gerechnet, dass die Freundin dann auch noch in ihrem Vater ein neues Opfer für ihre Verführungskünste gefunden hatte. Ich vermutete, dass diese sexuelle Verbindung schon vor dem Ableben des Goldschmieds bestanden hatte, und vielleicht war Irma anfangs nicht gegen diese Beziehung. Warum sollte der Vater keine heimliche vermögende Geliebte haben?

Dass der Apotheker die Hand auf seinem Geld hielt,

wusste jeder. Irma, die nie einen Beruf erlernt hatte, war finanziell von ihm abhängig. Aber sie brauchte nicht viel, kleidete sich bescheiden und nie nach der letzten Mode, wie es ihre luxuriöse Freundin Helene getan hatte. Oft trug sie deren abgelegte Sachen und fand das in Ordnung. Allerdings jetzt auch noch mit ihr die Liebe zum Vater zu teilen, wurde dann doch zu viel des Erträglichen.

Als ich Irma dann vor dem offenen Urnengrab ihrer Freundin nach Art einer billigen Theateraufführung zusammensacken sah wurde mir bewusst, wie sehr sie schauspielerte.

Stolz erzählte mir der Apotheker am Stammtisch, dass seine Tochter deren gesamtes Vermögen geerbt hätte. Es lag mir auf der Zunge zu fragen, wie er mit der Situation umgegangen sei. Aber, seine dunklen Augen warnten mich und ließen meine Lippen schweigen.

Sein Umgang mit Frauen beschäftigte mich immer dringlicher. Auch ging mir die Bäuerin nicht aus dem Kopf. Bei der Beerdigung ihres Mannes konnte ich mich glaubhaft davon überzeugen, dass sie ein Techtelmechtel mit ihm haben musste. Er kniff ihr zärtlich in den Hintern und das hatte nichts mit Anmache zu tun. Es entsprach einem vertrauten Einverständnis zweier Menschen, die sich schon länger kannten. War das mit den anderen Frauen verstorbener Männer genauso, hatte er ein Witwen-Syndrom?

Mir kam ein neuer Gedanke. Möglicherweise half er allen Ehefrauen, sich ihrer ungeliebten Männer zu entledigen versuchten. Machte er sie sich vielleicht sexuell hörig?

Gerade seine gezeigte Emotionslosigkeit war es, die ihn für mich verdächtig machte. Ich stellte mir vor, wie er in seiner Umarmung die Witwen mit kalten Küssen umgarnte.

Gleichzeitig holten mich Bilder seiner Vergangenheit ein. Es war Nachkriegszeit!

Witwen und Frauen, die auf ihre heimkehrenden Männer warteten, räumten fleißig Trümmerhaufen weg. Ich musste an ein kleines Kind denken, dass von seiner Mutter am Straßenrand abgesetzt wurde, um zu arbeiten.

Dann ein luftzerreißender Knall!

In unmittelbarer Nähe war eine Granate explodiert. Schreiend lief die Mutter zu ihrem Kleinen, der bewusstlos schwer verletzt am Boden lag. Ein Splitter der Granate hatte ihn getroffen und seinen Unterarm abgerissen.

Es konnte aber auch ganz anders gewesen sein: Das Kind spielte in der Nähe seiner Trümmer räumenden Mutter als eine Bombe hochging. Sie wurde tödlich verletzt. Der Kleine überlebte mit abgerissenem Unterarm.

Ich konnte meine Gedanken nicht loswerden. Je tiefer ich in sie hinein tauchte, desto wirklicher wurden sie. Welche Version hätte es gewesen sein können?

Was geschah mit einem zutiefst traumatisierten Kind, das seine Mutter auf schreckliche Weise verloren hatte und dazu lebenslang zum Krüppel wurde?

Das ließ sich für mich nicht klären.

Attraktiv war der Apotheker nicht. Möglicherweise reagierten auf seine Ausstrahlung nur gewisse Frauentypen. Aus eigener Erfahrung wusste ich, dass zielbewusste Hartnäckigkeit zum Erfolg führen konnte. Auch mir war die Wirkung tröstender Worte, gerade bei frischgebackenen Witwen, bekannt. Wie erst musste ein versprochener Neuanfang, vor dem Ableben des lästig gewordenen Partners, einen unwiderstehlichen Reiz ausgeübt haben.

Wie ließ sich das verstehen?

Während die untröstlich wirkenden Frauen mir in meinem Büro tränenüberströmt gegenüber saßen, um alles Notwendige für die Beerdigung zu regeln, entwickelten sie gleichzeitig aufkeimende Gefühle und Hoffnung für einen Neuanfang. Mit vorsätzlichem Mord hatte das natürlich erst einmal wenig oder überhaupt nichts zu tun.

Bei genauerer kriminalistischer Untersuchung hätte man bestimmt einiges ans Licht bringen können. In meinen Unterlagen fand ich Hinweise, wobei der Apotheker als *Witwentröster* den Frauen zur Seite gestanden hatte.

Immer wieder tauchte sein Name als Trauerbegleiter oder was auch immer auf.

Ein beschützender Erzengel Michael der bereit war, für Witwen in den Krieg zu ziehen?

Jeden Mittwoch war ich mit dem Apotheker im Wald unterwegs. Auch heute besuchten wir die Bäuerin nach unserem Spaziergang. Die Tür zur Wirtschaftsküche war nur angelehnt und wir traten ein. Wir fanden die Tote auf den Fliesen der Wirtschaftsküche, inmitten einer großen Lache Milch. Neben ihr lag eine Zinkkanne, deren Inhalt sich über ihren fülligen Körper ergossen hatte. Lange konnte sie noch nicht verstorben sein.

Dr. Arsen beugte sich sofort über sie, um ihre weit geöffnete Bluse zu schließen. Solange die Polizei nicht eingetroffen war, hätte er sie nicht berühren sollen. Zugleich aber konnte ich seinen ersten Impuls verstehen, denn auch für mich lag sie entblößt da. Wahrscheinlich hatte sie sich aus Atemnot im Todeskampf selbst die Bluse aufgerissen. Von meinem Freund wusste ich, dass sie nach dem schlimmen Tod ihres Mannes schwer herzleidend war und seine Tochter Irma sich um sie gekümmert hatte.

Nach unserem Notruf ließen Polizei und Amtsarzt nicht lange auf sich warten. Der Arzt stellte an Ort und Stelle fest, dass sie einen Herzinfarkt erlitten haben musste und ordnete eine Autopsie an. In der Pathologie wurde die gleiche Diagnose festgestellt. Da offensichtlich keine Fremdeinwirkung bestand, konnte ihr Körper anschließend meinem Institut übergeben werden.

Bei der Vorbereitung der Leiche wollte ich heute allein sein. Eine falsche Bemerkung, ein unkontrolliertes Lachen, würde mich bei der Arbeit irritieren. Ich wollte sie waschen, kämmen, schminken und würdevoll einkleiden. Alle Toten wurden von mir mit Pietät und Respekt behandelt. Allerdings war es besser, wenn ich sie vorher nicht gekannt hatte.

Wahrscheinlich führte die Bäuerin an der Seite ihres Mannes kein einfaches Leben. Deshalb sollte ihr letzter Weg ein friedvoller sein.

Ihre Ehe war kinderlos geblieben und der Apotheker hatte eine Patientenverfügung und ein Testament von ihr. Er wusste, dass sie ihn als Erben eingesetzt hatte. Deshalb übernahm er auch hier, wie bei Helene, alle weiteren Vorbereitungen für ihre Bestattung.

Also ordnete er eine Feuerbestattung an. Kurz nach dem Tod der Bäuerin erzählte er mir, wie gut Irma ihn unterstützt hatte, als er sich wieder einer trauernden Witwe angenommen hatte. Die Verstorbene wäre so ganz anders gewesen als ihre Vorgängerin. Sie hatte nichts von Helenes Luxusgebaren und war durch ihre Natürlichkeit und angeborene Lebensfreude für ihn die passendere Freundin.

Nach diesen Worten zweifelte ich begründet, ob alles mit rechten Dingen zugegangen war. Ich ging davon aus, dass Vater und Tochter, als eingespieltes Team, mit unterschiedlichen Beweggründen vorgegangen waren.

Seine Motivation hatte ich längst erkannt, ihn konnte ich nur bedauern. Dachte ich an Irma, lief mir ein Schauer über den Rücken. Was für ein armseliges Dasein stand hinter ihrem Leben? Irgendwann bekam auch sie ihre Chance, hatte endlich einen dicken Fisch an der Angel und griff zu. Beide wurden von mir verdächtigt gemeinsame Sache zu machen. Allerdings konnte ich mir nicht vorstellen, dass der herrische Vater sich seiner angeblichen Tochter anvertrauen würde.

Irma hatte sich nach Helenes Tod gemausert. Als wäre mit deren großzügigem Erbe auch ein Lichtstrahl auf ihre verkümmerte Seele gefallen, erblühte sie zu einer schlichten, beinahe damenhaft wirkenden Schönheit. Längst ging niemand mehr unbemerkt an ihr vorbei.

Flanierte sie neben ihrem Vater auf der Straße, grüßte man auch sie neuerdings überfreundlich.

Als hätte man einer Puppe Leben eingehaucht oder sie ermuntert, in immer waghalsigeren Schritten ihre Gliedmaßen zu bewegen, lernte Irma laufen. Ihre Entwicklung konnte dem Vater nicht entgangen sein. Ich sprach ihn darauf an. In heftigem Ton antwortete er mir:

»Sie wissen nichts, gar nichts wissen Sie! Lassen Sie meine Tochter in Frieden.«

Gleichzeitig erschien das Flackern in seinen sonst tot wirkenden Augen. Dieses Aufglimmen sah ich jetzt zum zweiten Mal. Zuerst bei unserem Waldspaziergang mit dem Erlebnis am Ameisenhügel, das mir unvergesslich blieb.

Dort wurde ich Zeuge wie er, ungestört durch meine Anwesenheit, seinen Phantomschmerz mit erneutem Schmerz betäubte. Warum dachte ich Böses, ertappte ich ihn bei seinen Leidenschaften?

Bewusst hinterließ er mir Rätsel. Besser gesagt, er verschaffte mir einen Einblick in seine Seele, ohne mich wirklich hineinsehen zu lassen.

Der Verdacht ließ mich nicht mehr los. War der Apotheker ein gefährlicher Mörder? Immer musste ich daran denken, dass er möglicherweise viele Seelen auf dem Gewissen hatte.

Vielleicht war er der schlechteste Mensch den ich kannte. Wie andere, ging ich ihm auf den Leim. Genauso konnte er ein Massenmörder sein, und Irma steckte mit ihm unter einer Decke.

Sofort nach der Testamentseröffnung stellte sich heraus, dass die Verstorbene ihr Vermögen nicht wie vermutet dem Apotheker, sondern seiner Tochter vererbt hatte.

Sie war jetzt sehr reich. Als größte Milchbäuerin der Gegend verfügte die Verstorbene über ausgedehnte Ländereien. Nicht, dass Irma deren wirtschaftliche Aufgabe zu übernehmen gedachte, nein, das lag nicht in ihrem Sinn.
Sie hatte nichts Eiligeres zu tun, als eine Agentur mit der Vermarktung des Anwesens zu beauftragen. Geplant war die Neugestaltung eines großzügigen Reiterhofes.

Heilpraktikerin Sonja merkte, dass Olga, die neben ihr saß, etwas einwenden wollte und hielt ihr die Hand vor den Mund.

»Pst, sei still meine Liebe, gönnen wir ihm eine Verschnaufpause oder möchtest du lieber weitererzählen Harald? Du könntest deine Geschichte hier auch enden lassen. Wir alle vermuten, dass die Toten mit Arsen vergiftet wurden. Bestimmt machten Vater und Tochter gemeinsame Sache. Würde mich nicht wundern, wenn sogar Hypnose im Spiel war. Zumindest hatte der Täter äußerst suggestiv beängstigende Fähigkeiten.«

Olga platzte doch heraus:

» Sonja entschuldige, darf ich auch was sagen?

Harald, in deiner Geschichte geht es nicht mit rechten Dingen zu. Diese Irma war die Handlangerin ihres Vaters, ihm hörig und vollendete nur sein Werk. Aber, was hatte sie denn eigentlich getan?«

Harald lachte:

»Nicht ganz richtig, liebe Olga, sie verbrach mehr, als sich überhaupt ahnen ließ. Umgekehrt war es! Irma wusste von der Leidenschaft ihres Vaters für Frauen und seinen vorausgeplanten Morden an ihren Ehemännern. Die Witwen hätte er bestimmt in bester Absicht geehelicht. Seine Tochter, die ihn liebte, räumte deshalb aus Eifersucht die verhassten Nebenbuhlerinnen aus dem Weg.

Bevor sie das tat, erpresste sie die Damen, mit dem Vater gemeinsame Sache bei der Ermordung ihrer Ehemänner gemacht zu haben. Für ihr Stillschweigen verlangte sie von den Witwen, als Erbin eingesetzt zu werden. Das war bei Helene der Fall, und bei der Bäuerin genauso. Von diesem erpresserischen Verhalten wusste der Vater nichts. Soviel Raffinesse hatte der Apotheker seiner Tochter nicht zugetraut.«

Pathologe Martin mischte sich ein:

»Der Apotheker musste sich doch gewundert haben, als die Witwen plötzlich wie die Fliegen verstarben. Schon bei der ersten Frau hätte er Verdacht schöpfen müssen. Alle Leichen hätten vor ihrer Feuerbestattung auf meinem Tisch landen müssen. Beide Täter wären von mir überführt worden!«

Harald glättete die Wogen indem er aufstand, den Raum verließ, um an der Theke beim Wirt eine Runde Bier zu bestellen. Er war aufgewühlt und nutzte die Denkpause um sich neu zu sammeln. Seine Geschichte glich nicht einem Märchen aus Tausendundeiner Nacht, eher einem Horrorgeschehen. Da war er jetzt schon auf Olgas ungläubigen Gesichtsausdruck gespannt.

Alle hatten sich beruhigt, prosteten sich zu und Harald erzählte weiter:

»Eine längere Zeit hörte ich nichts mehr von meinem unheimlichen Freund. Er war wie vom Erdboden verschwunden.

Die Apotheke blieb auf Weiteres geschlossen und für mich begann ein entspanntes Arbeiten. Ich äugte nicht mehr bei jeder Bestattung beunruhigt herum, ob hinter einer der Buchsbaumhecken auf dem Friedhof plötzlich Dr. Arsen hervortreten könnte. Fortan fühlte ich mich wieder sicher, den Toten und ihren Angehörigen eine würdevolle, feierliche Zeremonie garantieren zu können.

Das befreiende Gefühl währte nicht lange!

Gleich einem Geist erschien Dr. Arsen unerwartet in meinem Büro. Er übergab mir eine Urne mit den Worten:

»Beerdigen Sie Peter Meier für uns, er machte Irma zur Witwe.«

Gleich dachte ich, schon wieder ein Sterbefall bei ihm.

Abwartend hielt ich mich zurück, weil er sich wie selbstverständlich auf den Stuhl vor meinem Schreibtisch fallen ließ. Sofort sprach er weiter:

»Ich wünschte so sehr, dass Irma mit ihm glücklich geworden wäre. Sie lernten sich auf unserer Reise nach Las Vegas kennen. Er war ein armer Teufel, ein Spieler, und ich dachte gleich, er würde ihr nur Unglück bringen, aber sie wollte ihn.«

Ich war erstaunt:

»Da dachte ich immer, Irma würde nur Sie lieben. Natürlich geht das ja nicht bei Vater und Tochter …«

Der Apotheker gebot mir Einhalt:

»Gemach, gemach, das werde ich Ihnen gleich erklären. Irma ist nicht meine Tochter. In Amerika ließen wir einen Vaterschaftstest machen und es stellte sich heraus, dass mir das Kind damals untergeschoben wurde. Es bewahrheitete sich nur, was ich längst vermutet hatte. Sie glauben nicht, wie froh wir darüber waren. Endlich konnte auch ich jetzt ihrem Drängen nachgeben.«

»Verstehe ich nicht, Sie heirateten Irma anschließend?«

»Sage ich Ihnen doch, es ist komplizierter als Sie denken. Aber bitte üben Sie sich ein wenig in Geduld, eins nach dem anderen. Bestatten Sie die Asche dieses Mannes auf deutschem Boden. Er soll hier begraben werden. Wir wünschen einen Grabstein aus Granit und …«

Umständlich kramte er in der Brusttasche seines Sakkos und holte einen Zettel heraus, den er mir hinhielt.

»Beauftragen Sie Ihren Steinmetz mit dieser Darstellung.«

Dabei grinste er maskenhaft, wie ein gequälter Mensch, der angesichts seines Todes noch einmal lächeln wollte.

Auf der Zeichnung erkannte ich sofort den Äskulapstab, aus der griechischen Heilkunst, mit der ihn umringenden Natter.
Den Auftrag wollte ich ihm gerne erfüllen.

Abends am Stammtisch trafen wir uns wieder. Er erzählte mir, dass er die Apotheke neu eröffnen würde. Das entsprach auch Irmas Wunsch, obwohl sie zu arbeiten überhaupt nicht mehr nötig hätte.

Jetzt erfuhr ich auch Genaueres, warum Vater und Tochter die letzten Monate in Amerika verbracht hatten. Da Irma reich geworden war, wollte sie endlich die weite Welt kennen lernen. Vor allen Dingen dachte sie daran zu heiraten.

Irma war also nicht seine Tochter. Jetzt hätte er sie heiraten können. Warum war das nicht geschehen? Ich musste ihn noch einmal darauf ansprechen:

»Verstehe ich richtig, Irma wollte immer Ihre Frau werden?«

Er warf sich stolz in die Brust, was lächerlich wirkte.

»Von Anfang an wollte sie mich heiraten.«

»Also war sie doch verliebt in Sie?«

Er winkte ab:

»Was heißt bei Kindern schon das Wort Liebe. Die meisten Mädchen wollen ihren Vater heiraten. Sie verwechseln elterliche Zuneigung und Fürsorge mit falsch verstandener Liebe. Aber so konnte ich sie nicht heiraten. Sie müssen sich mit dem Gesagten zufrieden geben.«

Ich wurde ungeduldig. Er wollte mir etwas erzählen und kanzelte mich ab. Ironisch rutschte mir heraus:

»Dann war es nicht schade, dass Irmas Ehemann verstarb,

als Witwe wäre sie doch jetzt die ideale Partnerin für Sie.«

Ohne die Unergründlichkeit seiner Augen zu verändern, zog er grinsend die Mundwinkel hoch.

»Ich weiß längst, dass Sie mich mit den Todesfällen der letzten Monate in Verbindung bringen. Ein Bestatter und ein Apotheker, welch finsteres Geheimnis mag beide verbinden. Gehen Sie zur Polizei und zeigen mich an. Welchen Verbrechens halten Sie mich für schuldig? Seien Sie ehrlich, Sie finden nicht das kleinste Indiz gegen mich. Mit Ihrem Wissen beweisen Sie nur, dass Sie gar nichts wissen. Hören Sie lieber zu, was uns in Las Vegas passierte.

Irma war wie ausgewechselt. Man könnte sagen, besessen. Ich wusste nicht, ob ich sie wirklich von ihren Heiratsgedanken abbringen wollte. Ich wusste aber, dass ich Irma so nicht heiraten konnte.«

»Wie, Sie stellten fest, dass Sie ihre angebliche Tochter nicht liebten, nie geliebt hatten?«

Dr. Arsen klopfte mit dem Zeigefinger der rechten Hand bedeutungsvoll auf seine Prothese.

»Dieses dumme Ding hier ist an allem schuld …«

Für einen kurzen Moment tat er mir leid.

»Erzählen Sie mir, wie Sie zu Ihrer künstlichen Hand gekommen sind?»

Er wurde still und ich dachte, er würde nichts mehr sagen wollen. Ich hatte mich weit vorgewagt. Konnte ich ein Geheimnis lüften, indem ich von einem anderen erfuhr? Glücklicherweise besann er sich und seine Worte trafen mich in tiefster Seele:

»Um Irma begehrenswert zu finden, musste sie erst heiraten und Witwe werden, da nur solche Frauen mich reizen.«

Seine Stimme wurde heiser und ich dachte sie würde brechen wollen. War das jetzt ein Eingeständnis, am Tod der Ehemänner mitschuldig zu sein? Ließ er sich darauf festnageln? Ich war so durcheinander, dass mir die Worte fehlten. Ich fühlte mich wie ein ausgehungerter Hund, dem er nach Gutdünken Brocken zuwarf.

Gleich darauf hatte er sich wieder gefangen.

Ruhig sprach er weiter:

»Neuerdings war mir nicht entgangen, dass einige Herren ihr schöne Augen machten. Wahrscheinlich schielten alle nach ihrem Geld. Ich schlug Irma vor, besser einen jüngeren Mann zu heiraten. Wider Erwarten ging sie auf meinen Vorschlag ein.

Es dauerte nicht lange, da lernte sie beim Roulette im Casino einen traurigen Menschen kennen, der sein ganzes Geld verzockt hatte. Mit ihm hatte sie leichtes Spiel. Peter Meier, ein Deutscher, schien Irma auch zu gefallen. Sie beteuerte ihm, wie gut sie sich eine gemeinsame Zukunft vorstellen könnte.

Das nahm ich ihr natürlich nicht ab. Ich wusste, dass sie mir etwas vormachen wollte, um mein Interesse an ihr zu steigern. In Wahrheit stellte ich sie mir mehr als verzweifelt vor. In unserem gefährlichen Spiel, musste sie sich als Opfer vorgekommen sein. Diesen Schmerz fügte ich auch mir zu. Jetzt müssen Sie mich für einen Perversen halten, Ich war erst zufrieden, als ich sie leiden sah. Die Ehe zwischen Irma und dem Unglücklichen wurde sehr schnell in Las Vegas vollzogen.«

Darauf musste ich ihm antworten:

»Was soll ich dazu sagen? Ließ der Mann sich auf ein Geschäft ein, war das seine Sache. Ihr Verhalten, lieber Freund, finde ich mehr als verwerflich und Irma sollte zum

Psychiater gehen. Was erlauben Sie sich, so mit den Menschen spielen zu wollen! Eigentlich möchte ich jetzt nur noch eines wissen, erhielten Sie beide letztendlich was Sie wollten?«

Er triumphierte und sein Gesicht verzog sich zu einem echten Lachen:

»Irma ist jetzt meine Frau. Auch wir heirateten noch in Las Vegas.«

»Dann muss ich Ihnen doch noch eine Frage stellen: Wie wurde sie Witwe?«

Ein bedauernder Zug verwischte sein Lachen:

»Leider verstarb er kurz nach der Hochzeit und die Urne brachte ich Ihnen heute Morgen vorbei. Ich muss Ihnen unbedingt in den nächsten Tagen die Videoaufnahme unserer Hochzeit zeigen. Mein Mädchen, ganz in Weiß …«

Am Stammtisch war es noch spät geworden. Ich hätte am nächsten Tag fast meinen Termin beim Steinmetz verpasst. Mit dem Künstler arbeitete ich schon sehr lange zusammen. Als meisterhafter Bildhauer beeindruckte er mich mit seinen Arbeiten. Obwohl er eigene Ideen einbrachte, entsprachen sie auch den geäußerten Wünschen des Auftraggebers. Sicherlich hatten seine Projekte einen höheren künstlerischen Anspruch.

Darüber diskutierten wir oft. Mittlerweile kannte und respektierte ich seine Einstellung zum Thema Kunst.

Da ich von meinem Auftraggeber nur eine flüchtige Zeichnung besaß, ließ ich ihm bei der Gestaltung des Reliefs freie Hand. Ich wusste, dass er unbeeinflusst eine bessere Arbeit leisten würde. Zudem hatte ich, die Schlange betreffend, eigene Vorstellungen. Insgeheim hoffte ich, dass er mein Ansinnen erraten könnte, und mit seiner Hilfe würde die vermutete Wahrheit ans Tageslicht gebracht. Er war nicht der Typ Bildhauer, der einfach drauflos meißelte oder schnitzte. Vorher sah ich ihn Skizzen machen, und er verließ sich dabei ausschließlich auf seine Intuitionen. Das zu Bearbeitende mit den Händen prüfend, fiel er in eine Art Trance, als wollte er das Leben aus dem Material herauslocken. Ich sah ihn nie konzentrierter als zu Beginn einer Arbeit. Anschließend ging alles voran, als würden Hammer und Meißel wie von selbst über den Stein gleiten. Allerdings musste ich ihm, bevor er begann, über jeden Sterbefall berichten.

Auch jetzt fragte er neugierig:

»Was sagten Sie, die Urne kommt aus Amerika? Peter Meier ist doch ein deutscher Name. War der Verstorbene vielleicht Arzt oder Apotheker, da man einen Äskulapstab wünscht. Ich frage nur wegen der Vorlage. Sieht mir nicht gerade menschenfreundlich aus. Darauf wirkt die Natter, als wollte sie zubeißen, und ihr Gift gleich in den Trichter des Stabes speien. Normalerweise gibt es an der Stelle nur einen Knauf. Sieht fast so aus, als müsste ich einem Opfer der Heilkunst seinen letzten Gruß in den Granit schlagen.«

Das Einfühlungsvermögen des Künstlers überraschte mich erneut und mein Herz pochte heftig.

»Ich glaube, das Relief auf dem Grabstein dieses Unglücksvogels soll an ein ungeklärtes Geschehnis erinnern. Schuldige werden sich darin erkennen. Damit befreien Sie mich aus meiner Passivität, und ich kann endlich loslassen. Aber ich merke, Sie verstehen! Meißeln Sie die züngelnde Schlange um den Stab nach seiner Vorstellung. Entsprechen Sie dem Wunsch meines Auftraggebers, und lassen

Sie ihr Gift in den Trichter speien. Er nährte eine Natter an seiner Brust und dachte …«

Der Steinmetz unterbrach mich, indem er meinen Satz vollendete:

»eines Tages wird sich die Schlange auch gegen ihn wenden.«

Sonja, die Heilpraktikerin, war mit dem Ausgang der Geschichte nicht zufrieden.

»Verlief die Bestattung anschließend ohne Vorfälle, oder tanzte wieder jemand aus der Reihe? Ich hätte mir den Film mit der Hochzeitszeremonie des Apothekers in Las Vegas gerne angeschaut. Vielleicht stimmte das ja alles gar nicht und in der Urne von Peter Meier lag nur Wüstensand. Harald, ich denke dein Dr. Arsen war ein armer Teufel mit seinen nicht verarbeiteten Nachkriegserlebnissen. Aus der Sorte intelligenter Menschen, gepaart mit übersinnlichen Kräften, entstanden die größten Magier und Frauenverführer aller Zeiten.«

Olga wirkte abgeklärter als sonst, verschaffte sich deshalb gleich Zuhörer.

»Was Harald uns erzählte, entsprach doch nur seiner gewünschten Wahrheit. Die Mordfälle, wenn sie sich überhaupt ereignet hatten, sollten in seinem Kopf aufgeklärt werden. Vor allen Dingen wollte er die Täter moralisch bestraft sehen. Den Schluss überlässt er uns Zuhörern.«

Sie lachte triumphierend auf:

»Ich ahne wie es weitergehen könnte. Wollt ihr wissen was passieren wird? Die beiden, Vater und Tochter, werden sich am Ende gegenseitig umbringen.«

»Ich stimme dir zu Olga, das würde eine neue Story ergeben und könnte so enden. Leider verloren der Apotheker und ich uns später aus den Augen.«

Olga wurde mutig:

»Eigentlich sollte ich den Ausgang meiner Geschichte mit Anton nochmals erzählen. Die Wahrheit zu sagen traute ich mich nicht, weil das zu schmerzlich für Erna gewesen wäre.

Dem Kranken ging es nach seiner Chemo schlechter und alle befürchteten, dass sein Immunsystem letztlich doch versagen würde. Besonders Erna war in größter Sorge und Verzweiflung. Hatte sie sich zu viel für die gemeinsame Zukunft vorgenommen, und könnte das am Ende noch vereitelt werden? Längst wusste sie, dass Jakob Händel an dem Jungen einen Narren gefressen hatte. Für wen hätte Anton sich letztlich entschieden, wenn er vor die Wahl gestellt worden wäre?

Als Nachtschwester hatte sie den Zauberer ja nicht oft gesehen. Aber sie konnte sich gut vorstellen, wie der Junge den Artisten bewunderte, wenn der bei ihnen im Krankenhaus war und seine Späße trieb.

In letzter Zeit war Erna einfach verunsichert, was in Zukunft weiter geschehen würde. Jetzt ging es ihm auch noch so schlecht, dass man das Schlimmste befürchten musste.

Schon lange freute sie sich nicht mehr auf die nächtlichen Begegnungen an seinem Bett. Mütterliche Ambitionen hatten sie verlassen, und machten anderen Gefühlen Platz.

Anton gehörte ihr nicht mehr allein!

Wie ein langsam wirkendes Gift schlichen sich Empfindungen ein, die sich zwischen Anton und liebende Aufopferung stellten.

Würde er doch sein Gesicht und den Kopf nicht immer

mit den verunstaltenden Symbolen bemalen. Das befremdete Erna täglich mehr. Keiner vom Krankenhauspersonal schien sich an der Kriegsbemalung aller Kinder auf der Station zu stören, nur sie.

Neuerdings machte Anton ihr sogar Angst!

Als sie vor seinem Bett stand, und behutsam den Lichtstrahl ihrer Taschenlampe über sein Gesicht gleiten ließ, schlief er fest. Das beruhigte sie, weil er in den letzten Nächten kaum ein Auge zugemacht hatte. Wie erwähnt, wollte die Therapie nicht anschlagen. Entsprechend waren seine Blutwerte nicht zufriedenstellend.

Während sie ihn betrachtete, konnte sie ihre Gefühle nicht ordnen. Heute Nacht lagen seine geschlossenen Lider mit den seidig blonden langen Wimpern, wie schützende Schmetterlinge über den Augen. Ihr Verzücken ging in Verärgerung über als sie feststellen musste, dass er sich das furchterregende Symbol erneut auf die Stirn gemalt hatte. Ein riesiges Auge mit blauer Iris und übergroßer Pupille starrte sie hämisch an. Hatte es sich sogar bewegt? ...«

Olga rückte sich nervös auf ihrem Stuhl zurecht, hob aber die Hand als Zeichen, dass sie sofort weitererzählen und nicht unterbrochen werden wollte:

»Das unheimliche Auge hörte nicht auf, sich zu bewegen. Es blieb nicht in der Mitte stehen, ging hin und her wie das Pendel einer Wanduhr. In panischer Angst zog sie Antons Bettdecke hoch und drückte sie fest auf sein Gesicht. Lange danach zog sie Decke zurück um zu schauen, ob das Auge endlich still stehen würde.

Es bewegte sich nicht mehr und Anton auch nicht!

Im Strahl der Taschenlampe sah Erna was sie getan hatte.

Hatte sie ihn erstickt? Nein, so lag er vorher schon.

Als sie das Zimmer betrat, musste er bereits tot gewesen sein. Erschrocken wollte sie Hilfe holen. Ihre Beine versagten, und sie stürzte vor dem Bett ohnmächtig zu Boden.

Als Erna von ihrer Kollegin Ina gefunden wurde, wusste sie nicht mehr, wie lange sie da gelegen hatte.
Stand es auch schlecht um Anton, hatte mit seinem plötzlichen Tod niemand gerechnet. Man nahm an, dass er in der Nacht ruhig eingeschlafen war.«

Sonja, die Heilpraktikerin, war von Olga enttäuscht:

»Warum hast du die Geschichte über Erna nicht von Anfang an richtig erzählt? Wolltest du sie anders enden lassen?«

Peter unterbrach sie, als müsste er Olga zur Seite stehen:

»Sollten wir nicht alle mit einem schlechten Gewissen herumlaufen, weil wir in unserem Leben Fehler gemacht haben?
Niemand wird gleich zum Mörder, wenn seine Gedanken ihn dazu verleiten wollen. Ich denke, Anton wurde von Erna nicht getötet.«

EPILOG

Als Olga an diesem Abend nach Hause ging, haderte sie mit sich. Warum fiel es ihr schwer, wahrhaftig zu sein?

Das Zusammenleben mit den Menschen wäre um so vieles leichter. Sie hatte ihre Geschichte zweimal erzählt und immer noch das Gefühl, wieder nicht alles offenbart zu haben.

Die Erzählungen der anderen wirkten so, dass sie geschehen sein konnten.

Trotzdem blieb für Olga ihre Geschichte die einzig wahre, weil sie ihren verschiedenen Empfindungen entsprach. Gerne hätte sie noch eine dritte Version erzählt. Das wäre die richtige gewesen. Die, welche sie am liebsten für sich gewünscht hätte. Aber dann würden ihre Bekenntnisse auch den anderen gehören.

Als Olga jetzt das Bikerlokal verließ war sie froh, einen anderen Namen für die Frau in ihrer Geschichte gewählt zu haben.

Ein weiteres Erlebnis würde ihr nie mehr über die Lippen kommen. Dabei vergaß sie ganz, dass in ihrem langweiligen Leben eigentlich nur dieses eine Geschehen von Bedeutung war. Die ganze Wahrheit preiszugeben war für Olga nicht möglich. Weiterleben konnte sie nur in dieser Verdrängung.

Hocherhobenen Hauptes ging sie, mit sich zweifelnd, in die dunkle Nacht hinaus. Sie nahm sich vor, diesen Ort der Seelendiebe besser nicht mehr aufzusuchen.

Vielleicht demnächst doch wieder? Wenn ja, wären nur die langweiligen Sonntagnachmittage daran schuld.

DIE AUTORIN

Elke Haut wurde 1941 in Stettin geboren, lebte viele Jahre in Berlin und Düsseldorf, und wohnt seit fünfzig Jahren in Stolberg Rhld.
Sie ist Grafikerin mit Designer-Studium in Krefeld, Aquarellmalerin, Heilpraktikerin und Schriftstellerin.

Veröffentlichungen der Autorin:
»Skurrile Geschichte« ISBN 978-3-86870-946-9
»Von Eitelkeit und Sucht« ISBN 978-3-96103-023-1
»Das Mehndi« ISBN 978-3-96103-188-7
»Berliner Erinnerungen« ISBN978-3-934648-20-3
»Düsseldorfer Erinnerungen« ISBN978-3-96103-554-0
»Stolberger Erinnerungen« ISBN978-3-96123-003-7
»Nackengriff« ISBN978-3-98527-213-6
»Der Rummelplatzkater vom Öcher Bend«
ISBN978-3-96123-001-3